曹雪芹丛考

吴恩裕 著

时代出版传媒股份有限公司
安徽教育出版社

图书在版编目（CIP）数据

曹雪芹丛考 / 吴恩裕著.—合肥：安徽教育出版社，2019
ISBN 978-7-5336-8954-4

Ⅰ.①曹… Ⅱ.①吴… Ⅲ.①曹雪芹(1715—1763)－人物研究 Ⅳ.①K825.6

中国版本图书馆 CIP 数据核字（2019）第 079011 号

曹雪芹丛考
CAOXUEQIN CONGKAO

出 版 人：费世平
质量总监：姚　莉
策划编辑：钱　江
责任编辑：钱　江
装帧设计：陈熙颖
责任印制：王　琳

出版发行：时代出版传媒股份有限公司　安徽教育出版社
地　　址：合肥市经开区繁华大道西路 398 号　邮编：230601
网　　址：http://www.ahep.com.cn
营销电话：(0551)63683012，63683013
排　　版：安徽时代华印出版服务有限责任公司
印　　刷：安徽新华印刷股份有限公司

开　　本：720×1000　1/16
印　　张：20.5
字　　数：292 千字
版　　次：2019 年 7 月第 1 版　2019 年 7 月第 1 次印刷
定　　价：78.00 元

（如发现印装质量问题，影响阅读，请与本社营销部联系调换）

目　次

1 /　自序

1 /　卷一　曹雪芹的佚著
　　第一篇　曹雪芹的《废艺斋集稿》概述 / 1
　　第二篇　曹雪芹《南鹞北鸢考工志》残卷校补 / 10
　　第三篇　《此中人语》中关于肥扎燕画法的一页 / 22
　　第四篇　曹雪芹的《题自画石》诗 / 24

25 /　卷二　新发现的曹雪芹传记材料
　　第一篇　《南鹞北鸢考工志》董邦达序校补 / 25
　　第二篇　《南鹞北鸢考工志》的附录敦敏《瓶湖懋斋记盛》残文校补 / 27
　　第三篇　《瓶湖懋斋记盛》阙文钩沉 / 37

46 /　卷三　曹雪芹佚著和传记材料浅诂
　　第一篇　《南鹞北鸢考工志》的成书年代 / 46
　　第二篇　曹雪芹的《题自画石》诗解 / 52
　　第三篇　《南鹞北鸢考工志》董邦达序书后 / 64
　　第四篇　关于敦敏的《瓶湖懋斋记盛》 / 69

卷四　曹雪芹生平事迹杂考　73 /

第一篇　曹雪芹和右翼宗学——"虎门"考 / 73

第二篇　结合文献和传说看曹雪芹 / 91

第三篇　曹雪芹在北京西郊的居处 / 105

第四篇　敦敏、敦诚和曹雪芹 / 122

第五篇　记张永海关于曹雪芹的传说 / 130

卷五　曹雪芹卒年考辨存稿　137 /

小引 / 137

第一篇　曹雪芹的卒年问题 / 138

第二篇　曹雪芹卒于壬午说质疑
　　　　——答陈毓罴和邓允建两同志 / 143

第三篇　考证曹雪芹卒年我见
　　　　——再答陈毓罴和邓允建两同志 / 153

卷六　有关曹雪芹诗文考略　161 /

第一篇　敦诚挽曹雪芹诗的两首初稿
　　　　——乾隆抄本《鹪鹩庵杂诗》和《四松堂诗钞》的发现 / 161

第二篇　敦敏的《懋斋诗钞》稿本考 / 170

第三篇　新获《延芬室集》底稿残本
　　　　——永忠吊曹雪芹三首诗的发现 / 174

第四篇　明义的《绿烟琐窗集诗选》及其《题红楼梦》二十首诗 / 181

第五篇　敦诚的《鹪鹩庵笔麈》手稿残卷 / 187

卷七　现存己卯本《石头记》新探　190 /

前言 / 190

第一篇 《石头记》残抄本发现的经过和现存己卯本是弘晓
过录本的证实 / 192

第二篇 现存己卯本《石头记》底本来源的推测
——弘晓和曹家、曹雪芹及敦诚、墨香、明义等《石头记》
早期抄本收藏者的关系 / 201

第三篇 弘晓过录己卯本《石头记》时的一些情况及其反映的
问题 / 220

第四篇 据己卯、庚辰本《石头记》校《乾隆抄本百廿回红楼梦稿》
看高鹗窜改《石头记》前八十回所反映的问题 / 231

241 / **卷八 早期抄本《石头记》批语试解**

第一篇 读靖藏本《石头记》批语和《瓶湖懋斋记盛》谈脂砚斋、
畸笏叟和曹雪芹 / 241

第二篇 甲戌本《石头记》中的孔梅溪和吴玉峰 / 265

第三篇 松斋考 / 276
附记之一：答一粟同志 / 278
附记之二：松斋并非杏斋 / 279

第四篇 "壬午九月索书甚迫"解
——答吴小如同志 / 281

284 / **附录 敦诚《四松堂集》集外诗文辑（增补）**

图片目录

第一图　刘继卣绘曹雪芹像

第二图　《南鹞北鸢考工志》曹雪芹自序双钩

第三图　曹雪芹所做的风筝孔祥泽的复制四种：比翼燕之一、肥扎燕之二、彩锦倒图之三、苍鹰风筝的鹰头——用脱胎法制之四、七字风筝之五

第四图　敦敏《瓶湖懋斋记盛》原抄本的孔祥泽摹本

第五图　右翼宗学

第六图　白家疃石桥

第七图　贤王祠

第八图　永忠吊曹雪芹的诗的手迹

第九图　书影（一）

第十图　书影（二）

第十一图　书影（三）

第十二图　书影（四）

图一　曹雪芹像　刘继卣　绘

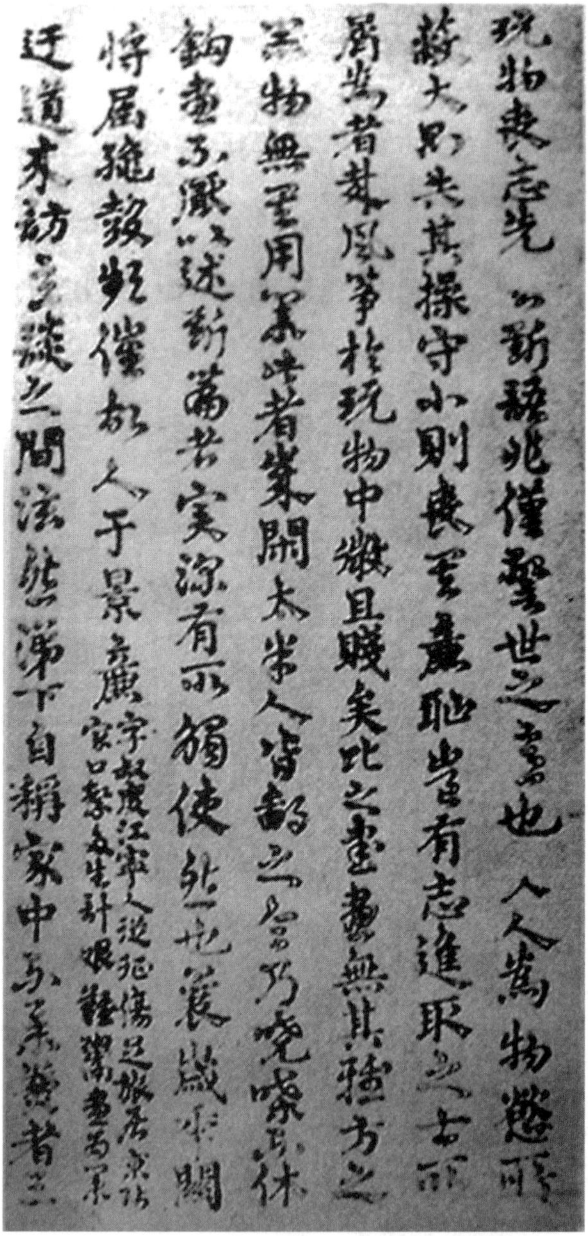

图二　曹雪芹《南鹞北鸢考工志》自序手迹的孔祥泽双钩摹本，与新发现的曹雪芹两个书箱上的曹亲笔字完全相同

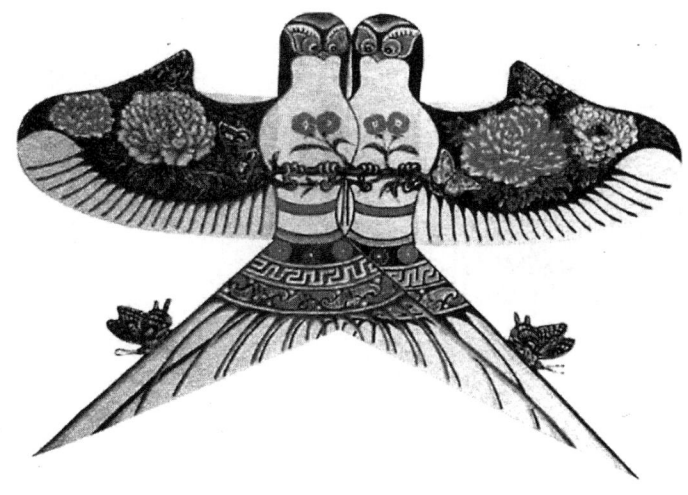

图三之一　比翼燕

图三之二　肥扎燕

图三之三　彩锦倒图

图三之五　曹雪芹七字风筝原迹摹本

图三之四　苍鹰风筝的鹰头——用脱胎法制

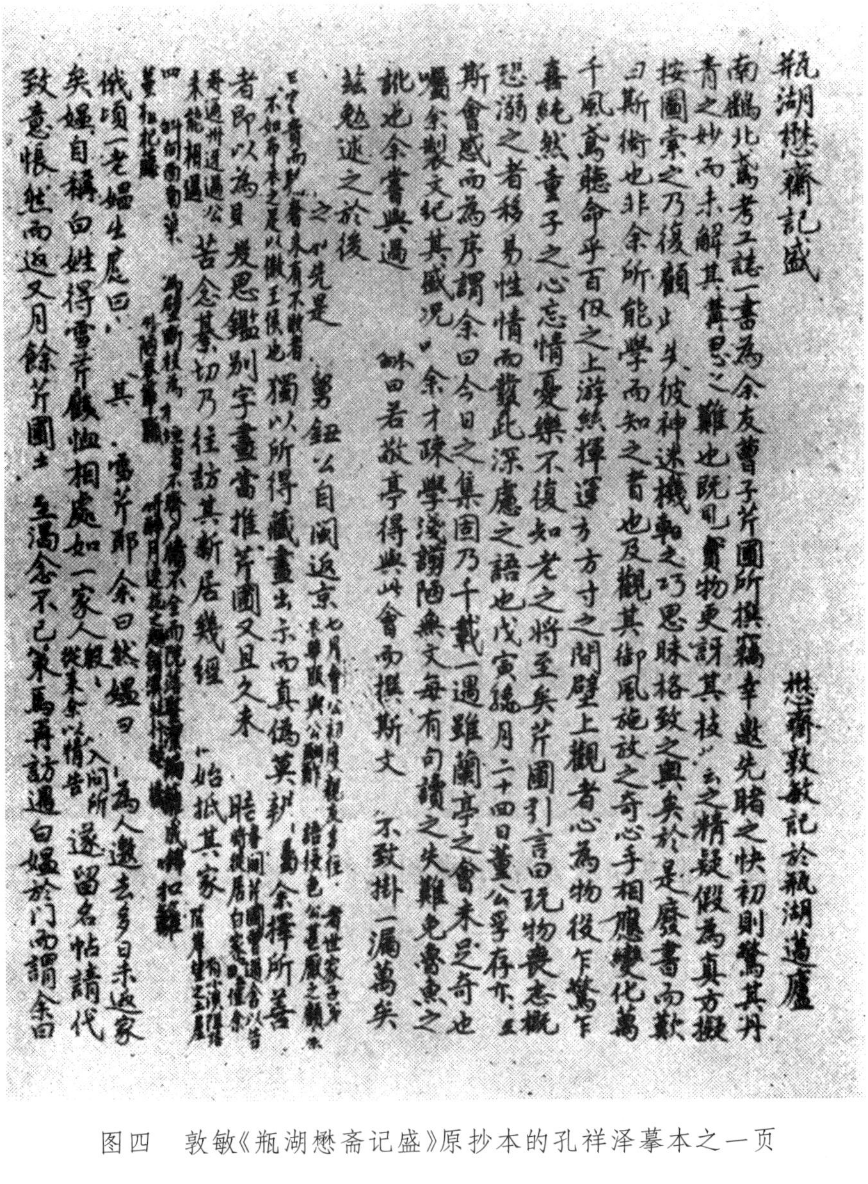

图四　敦敏《瓶湖懋斋记盛》原抄本的孔祥泽摹本之一页

图五　北京瞻云坊北石虎胡同的右翼宗学校舍之一

图六　曹雪芹晚年居处白家疃的石桥

图七　白家疃的贤王祠现为白家疃小学

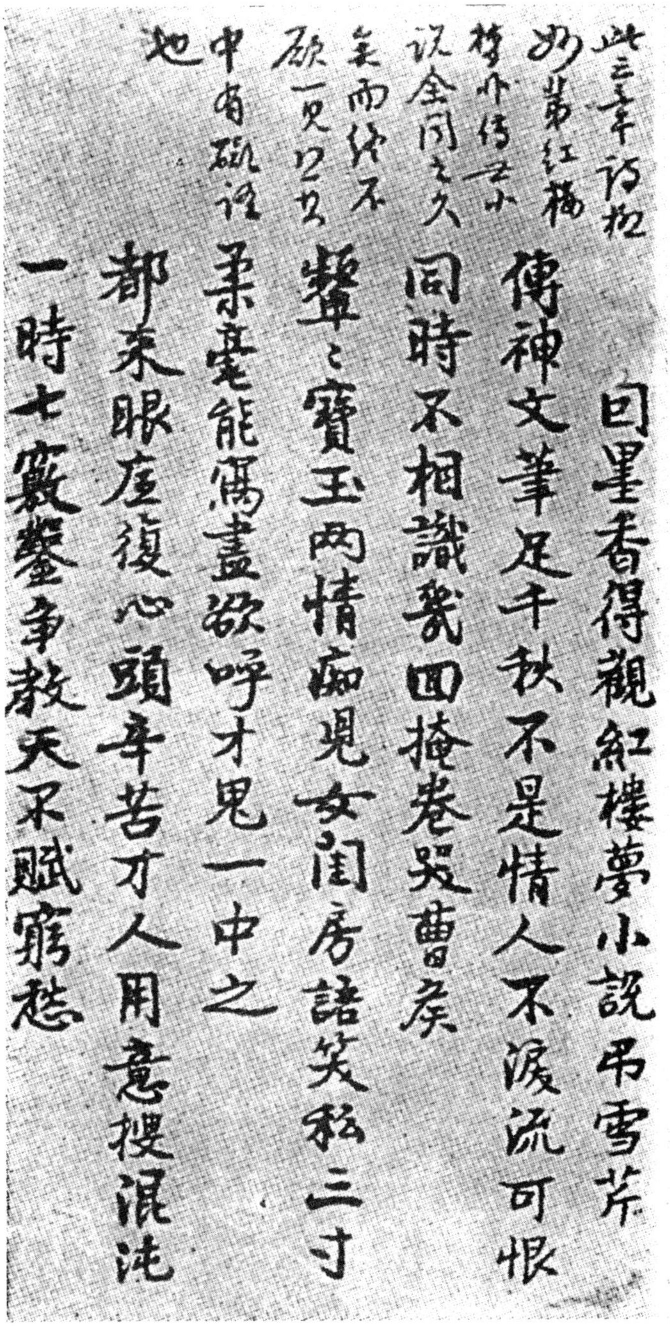

此等笔墨却非
一时千秋所能
梦作传奇小
说今同之久
矣而竹不
欲一见以为
地中有砚谁

因墨香得观红楼梦小说吊雪芹
传神文笔足千秋不是情人不泪流可恨
同时不相识几回掩卷哭曹侯
颦々宝玉两情痴儿女闺房语笑私三寸
毫能写尽欲呼才鬼一中之
都来眼底复心头辛苦才人用意搜混沌
一时七窍凿拿教天不赋穷愁

图八　永忠吊曹雪芹诗和弘旿的批语手迹

甲	乙	戊	己	庚
第一行之"晓"字最后一笔朱笔,陶洙所加	第一行之"晓"字最后一笔朱笔,陶洙所加	第二行之"晓"字缺笔	第一行之"晓"字最后一笔朱笔,陶洙所加	第二行之"晓"字缺笔
见第十四回。	见第四回。	见第三十八回。	见第十三回。	见第三十回。

图九　己卯本《石头记》书影之一：说明抄者甲、乙、戊、己、庚是弘晓的晚辈

丙	丙	丙	丙	丁	丁	丁
第二行之「玄」字最后一点缺。见第六十三回。	第一行之「祥」字最后一竖缺。见第三十三回。	「祥」字缺一横。见第三十三回。	「晓」字不缺笔。见《怡府所抄中之书目》一条。	第二行之「弦」字最后一点缺。见第一回。	「祥」字最后一竖,朱笔,陶洙加。见第十八回最后一页。	一、二两行「晓」字都不缺笔。见第二回。

图十　己卯本《石头记》书影之二和《怡府书目》书影:说明抄者丙(参看《明善堂诗集》书影)是弘晓自己,抄者丁是丙的同辈

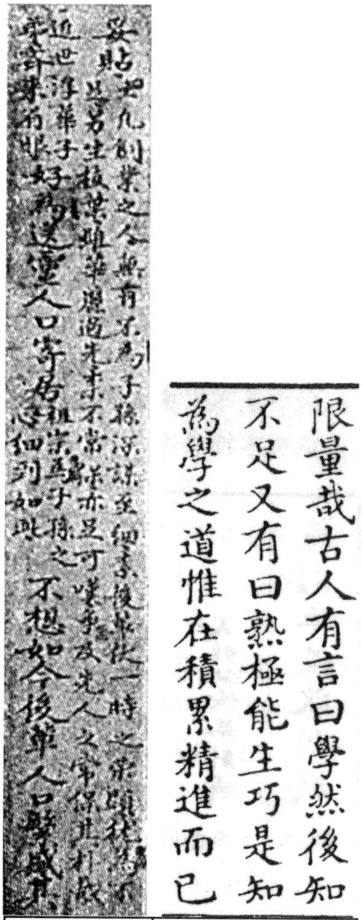

丙	丙
第三行之『為』字第二笔到第五笔交接处止，不过头。	上面诸『為』字都是第二笔到第五笔交接处止，不过头。
见弘晓的《明善堂诗集》手书自序刻本。序中『為』字尚多，均如此写法。	见第十五回。

图十一　己卯本《石头记》和《明善堂诗集》的书影：说明抄者丙是弘晓自己

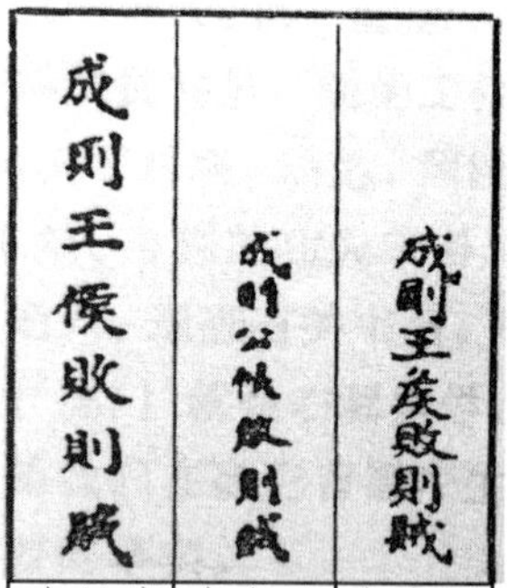

甲戌本	己卯本	庚辰本
作『王』侯。	作『公』侯。	作『王』侯。
见第二回。	见第二回。	见第二回。

图十二　甲戌、己卯和庚辰三个抄本所抄“王侯”“公侯”之不同

自 序

今年我把我研究曹雪芹和《红楼梦》的文章,收集在两本书里。一本就是这《丛考》,另一本是天津人民出版社出版的《曹雪芹佚著浅探》。结合我的年龄和一九七八年大病之后的身体情况,虽然将来增补这两个集子不无可能,但再出一本将近三十万字的研究文字,恐怕种种条件都不许可了。因此,我有回顾一下从事这方面探讨过程的必要。

我本是学哲学的,后来改学了西方政治思想史,我的工作一直是教这方面的课程。在教学和研究过程中,我接触的是柏拉图、亚里士多德、马开维里、布但、洛克、卢梭这些人的著作。中国这方面的东西,我也搞些。解放前我在北京大学除了教西方政治思想史、西方政治学名著研究等课外,也准备开中国政治思想史。对于秦汉魏晋隋唐以及宋元明清的主要政治思想著作,也有些浅尝的知识。可是对于文学方面的东西,特别是小说,我只是一般地浏览。读的东西,不论是旧的、新的,也还不少,但从来没有对它们做过认真的研究。《红楼梦》我在青年时代就读过,但对它的兴趣不大。倒是王国维慨叹不知《红楼梦》作者的身世、胡适对于《红楼梦》的考证,引起了我对这部书——实际上是对研究它的作者——的兴趣。尽管如此,我在解放前除给《观察》杂志写过几条关于《红楼梦》的文言杂记外,并没有做什么这方面的工作。解放后一九五二年院系调整,作为政治系的教授,我当然被分配到集北大、清华、燕京几个大学的政治、法律系而建立的北京政法学院。该校本是为了培养公、检、法方面工作人员而建立的保卫政权的专门学校,虽然我在该校开过两次西方政治思想史的课程,后来在它存在的二十余年间,一直没有这门课。北京大学法律系和国际政治系三次调我讲这门课,但一直没有调成。在当时,三十多年从事的专业不能继续,心情的苦闷可知。恰好周汝昌同志的《红楼梦新证》、俞平伯先生的《红楼梦研究》相继出版了。特别是周汝昌的《新证》,搜集了远比胡适为多的曹雪芹家世的资料。对曹雪芹本人的经历虽然材料很少,但比起胡适的《红楼梦考证》来,却有进境了。

从一九五四年起,我决心要搞一本曹雪芹的传记,但直到现在我认为严格的曹雪芹传所需要的材料还远远不够,无法写成。可以说从那时起直到今天,我一直是一个从各方面访求、搜集关于曹雪芹生平材料的资料员。我的工作有以下几个方面:

第一,关于已有的文字材料,胡适、周汝昌所不得其解或错解了的,我下了一番推敲、考据的功夫求得其解。例如我整整用了一年多的时间请教老人、遍查有关书籍,考得了敦诚"当时虎门数晨夕"这句诗里的"虎门"就是右翼宗学,从而知道曹雪芹在右翼宗学任过事。这是我们在研究曹雪芹生平的过程中所知道他的第一件可靠而重要的事实。

第二,关于曹雪芹的居处,前人只从文字上推测,做不出较明确的论断。我则跑遍了北京西郊一带,访问了许多当地的老人,得到了不少可贵的传说。经过去粗取精、去伪存真之后,我才可能写出曹雪芹在西郊的居处问题的文章。

第三,从一九五四年以来,我也不断访求有关曹雪芹的著作和曹雪芹自己的佚著和遗物。二十多年来,我发现了《懋斋诗钞》手稿、永忠的《延芬诗集》稿本、《鹪鹩庵笔麈》手稿、《四松堂诗钞》手稿,介绍了明义的《绿烟琐窗集》诗选,介绍了《南鹞北鸢考工志》,考证了曹雪芹所用的两只书箱及其写在书箱上的亲笔字和他续妻的悼亡诗手迹,等等。听说有人提出这样的问题:"怎么这些东西都让某某人发现了呢?"这有什么奇怪?我口勤,不断地问;手勤,不断地翻阅和抄录;腿勤,我不是总坐在书斋里,而是各处访问口碑和遗迹。

第四,对版本,除了在《考稗小记》中有几条涉及以外,我本未想在这方面下功夫。一九七四年十二月王宏钧同志把历史博物馆收藏的一个孤本只有三回半的《脂砚斋重评石头记》送来给我看,经过一个月的探索,我先和冯其庸同志合写了那篇一九七五年三月二十四日发表在《光明日报》上的《己卯本〈石头记〉散失部分的发现及其意义》一文,后来我就写成了本书中的《己卯本新探》。

第五,近年来孔祥泽同志又不断地告诉我一些《废艺斋集稿》中其他各册的残篇断简,其中最重要的是曹雪芹论光与画,讲织锦、编织、泥塑、金石的残文。这些资料对于我们了解曹雪芹的后期生活及其思想都很重要,尤其是作为《集稿》附录的《瓶湖懋斋记盛》以及董邦达写的《南鹞北鸢考工志》序言,都是我们写曹雪芹传的极好材料。结合上面提到的书箱上的文字,可以说,我们已经对曹雪芹在北京西郊的生活,知道一个相当明确的轮廓了。

第六,我在一九七八年四月中到五月初、九月底到十一月中,两次去南方与曹家和曹雪芹有关的地方做访问故老和调查遗迹的工作。曾到南京、扬州、瓜洲、三汊河、镇江、无锡、苏州、上海、杭州等地,承各地学校、研究机构和宣传部门的协助,我得到不少可贵的材料。重要的有:

一,在扬州看到了曹寅当年的盐署、天宁寺和他的其他游踪所至之处。

二,在瓜洲看到了康、雍、乾时期的新、老渡口。老渡口是当时经运河由南到北和由北到南的必走之路。曹家被抄家后雍正五年北上和曹雪芹于乾隆二十四年南下,都得经过这个地方。

三,三汊河是康熙行宫所在地。高旻寺虽已拆除,但行宫和水榭仍在。其地北通运河、西通仪征、南通扬州。曹寅当年接驾就在那里。

四,在南京除了大家已经注意的织造府和织造局旧址外,我还到了织造府的花园旧址,其地经改建挖掘,只剩残砖片瓦而已。曹寅和康熙一起去过的香林寺倒还保存着一定的规模。天津桥近在汉府咫尺,是二百多年前的故物,应该是曹雪芹幼年经过之地。明孝陵有一康熙三十八年二月南巡为赈恤淮扬水患所建碑记,碑文中言及曹寅之名。但最重要的是发现了自明末以来就没有改变、一直沿用至今的曹家任织造时织造局所用木制织机。我由康、雍、乾时期这种织机的操作方法和嘉、道以后其操作方法之不同,证明曹雪芹《废艺斋集稿》中讲织锦一册的残文不伪,并从而断定雪芹离南京时是十三岁而非五岁,因此他在南京、苏州、扬州一带,当有较多的游踪。

五,苏州十分重要。李煦的织造府遗址现为苏州第十中学。院中旧圃内之花石纲为李煦时故物。曹雪芹十三岁前往苏州住织造府必为所见。阊门外的景象,由阊门到虎丘的七里山塘,当时岸上商店林立,富贵繁华;河中画舫连绵,歌舞不断,当是曹雪芹《红楼梦》中所称十里铺"最是人间一等富贵风流之地"所本。虎丘山门内的各种摊贩,如制风筝、塑泥人等等,也应该是曹雪芹少年时学这些东西的渊源。重要的是苏州名园对他的影响。近来还有人认为北京的这里、那里是《红楼梦》里讲的大观园。我认为大观园和贾宝玉一样,都是艺术的创造。说恭王府是大观园的人不见得比说贾宝玉是曹雪芹的人高明。这还是自传说的余毒。作为艺术构成的大观园,它的素材与其求之于北京的王府,远不如求之于苏州的名园。曹雪芹十三岁以前在南方所受的影响甚深。

六,《红楼梦》中提到的惠泉酒,是无锡产,现称二泉酒。曹雪芹可能到过无锡。镇江,脂评里提过;但是,曹雪芹少年时去过镇江与否,无确证。相传他于乾隆二十四年去江宁,行至瓜洲,为江涨所阻,不得渡镇转宁。他那次滞留瓜洲时还给一个接待他的沈家画了一幅天官图。我去镇江时,虽然只匆匆一日,却也与一九七三年告诉我这一消息的江慰庐同志和收藏该图人之弟晤面。进一步的线索还在访求中。

七,我认为当一些新材料(我不是说只限于我发现的材料,当然也包括旁人发现的有关曹雪芹生平的材料)发现之后,我们在对《红楼梦》及其作者的研究中就应该分析、利用这些材料,通过对这些材料的研究,来看看曹雪芹到底是怎样一个人,他的思想到底是怎样一回事。只根据《红楼梦》一部书来研究曹雪芹是不够的:说来说去用书中人物的行为和思想来比附甚至代替作者的思想,这是很不科学的。我们既然有直接表达曹雪芹的为人和思想的材料出现,为什么不以直接的材料为主而以间接的材料《红楼梦》为辅呢?根据曹雪芹的佚著及其传记材料所表明的,他不但是一位伟大的现实主义的文学家,也是一位杰出的工艺美术家,还是一位憧憬着美好的未来社会的政治思想家。

至于有人否定《废艺斋集稿》是真的,我在一九七九年《中华文史论丛》第四辑中作了答辩。我的答复也收在我的另一本书《曹雪芹佚著浅探》里了。

八,我这部《曹雪芹丛考》的基础是《有关曹雪芹十种》,而《十种》则是《有关曹雪芹八种》的扩大。关于《八种》和《十种》我都在两书的"序言"和"说明"里谈过了。但《八种》是从何而来呢?当我这本《丛考》几乎可以视为我的最后结集之际,有说明一下的必要。一九五五年,文学古籍刊行社要把《四松堂集》、《懋斋诗钞》、《绿烟琐窗集》、《枣窗闲笔》等书影印出版之前,他们约了几个人给这些书写跋。我的《懋斋诗钞》、《绿烟琐窗集》、《鹪鹩庵笔麈》等篇,就是给他们写的跋文。后来,他们改变了计划,一律不用跋文,而以一个极其简单的出版说明代替。我遂将这几篇文章和其他有关的文字收集在一起,就成为我的《有关曹雪芹八种》。经过几年之后又增加了新写的文章,就改为《有关曹雪芹十种》。现在的《丛考》是《十种》的扩大,是《八种》的再扩大。天津人民出版社出版我的《曹雪芹佚著浅探》一书,本来可以算是我的《八种》的第三次扩大,但因该稿本身已有二十三四万字,就不便放在一起了。在《八种》、《十种》、《丛考》、《浅探》的各篇写作和结集的编定过程中,我得到了邓之诚、张国淦、叶恭绰、张次溪、"杭州一老人"诸先生和侯仁之、文雷、刘梦溪、赵国璋、吴新雷、魏绍昌、徐恭时诸位同志的鼓励和帮助。

如果今后我能再写出一些这方面的东西的话,那就不能不感谢邓广铭、季羡林、赵宝煦诸同志的热情鼓励和中国社会科学院有关同志的大力支持了。

最后,我对沈老雁冰的鼓励并为本书题签,谨在此致以感谢之意。

一九七九年七月二十八日于沙滩。

卷一　曹雪芹的佚著

第一篇
曹雪芹的《废艺斋集稿》概述

一　《废艺斋集稿》的发现

《红楼梦》的读者,从书中广泛涉及绘画、医学、建筑、烹调、小手工艺等等,很自然地会推测:作者是个多才多艺的人,除写小说外,他还有其他方面的艺术才能。过去二百多年来读《红楼梦》的人,不论赞成或反对它的,都认为作者是个"博于材艺"(见二知道人:《红楼梦说梦》)的人,是"于学无所不窥"(见洪秋蕃:《红楼梦抉隐》)的人。比较全面一些的,如说:"一部书(裕按:指《红楼梦》)中,翰墨则:诗词歌赋、制艺尺牍、爱书戏曲,以及对联匾额、酒令灯谜、说书笑话,无不精善。技艺则:琴棋书画、医卜星相,及匠作构造、栽种花果、畜养禽鱼、针黹烹调,巨细无遗。……"(见王希廉:《新评绣像红楼梦全传》)

可是,从曹雪芹逝世到现在已经二百一十多年了,他的著作,除《红楼梦》外,我们连一首完整的诗、一张字或画也没有发现。当然,他在当时不是一个闻人,《熙朝雅颂集》、《八旗人诗钞》(法式善编,未刊,我是在恩华氏藏书中看到的)、《八旗文经》这些书里没有他的诗文,是不足怪的。这样说,难道曹雪芹的诗文书画,就没有一些流传在民间的么?

据我们所知,敦敏在乾隆二十五年(庚辰,1760)就给曹雪芹写过一首《题芹圃画石》。乾隆二十七年(壬午,1762),曹雪芹又给敦诚写过《题琵琵行传奇一折》的诗。敦氏弟兄以及新材料《瓶湖懋斋记盛》中的白媪,都是直接接触过曹雪芹的人,他们都说曹雪芹贫居西郊时卖过画。在曹雪芹死后,敦诚在其所辑的《闻笛集》里,还搜集过曹雪芹给他的诗文书信。难道这些东西一点都没有流传下来么?

实则,有是有的。不过我们直到现在还没有看到。陶北溟先生告诉过我,抗日战争爆发之前,他在武昌看见过曹雪芹画的扇面《海客琴樽图》,上面还有他自题的一首绝句。张政烺同志对我说,他在一九四六年看见过署名"梦阮"画的一幅石,画旁有从上端直到下端的题诗。魏宜之先生说一九五四年有人以曹雪芹的书简求售,并看见过曹画的《抚松远眺图》。这些都是曹雪芹的遗作流传下来的证明。

我在一九七三年二月份《文物》上发表的《曹雪芹的佚著和传记材料的发现》一文中的材料,是二百多年来有关曹雪芹文献的首次重要发现。这项材料包括:曹雪芹的佚著《废艺斋集稿》里面的《南鹞北鸢考工志》的文字和图式残稿,讲烹调一种的几页残文。另外还发现了曹雪芹的一首《红楼梦》外的诗。这里先讲一下发现《废艺斋集稿》的经过及其大概内容。

这部包括曹雪芹八种遗著的《废艺斋集稿》手稿的内容,是抄录其中的一种——《南鹞北鸢考工志》的孔祥泽君在一九七一年告诉我的。关于原稿怎样在抗日战争时期在北京被发现、又怎样在抗战胜利后被一个日本商人带走的经过,大概如下。

大约在一九四三年,孔祥泽在北京的北华美术专门学校习绘画和雕塑。当时有个日本籍教雕塑的教师高见嘉十,曾偶然同孔祥泽谈起中国的风筝。高氏表示愿与孔君合作,编印一部风筝谱。后来就由孔君到各图书馆借这类书籍作为参考。在他们的研究过程中,孔祥泽自己也曾向以制风筝著名的赵雨山,画家关广志、金仲年和杨啸谷等人请教。赵于一九四六年在北京大学的图书馆工作。当时我正任教于该校,可惜没有什么接触。否则,很可能提早知道《废艺斋集稿》的消息。解放后北京大学的老人还有和赵熟的。他们都知道赵是北京一位著名的风筝爱好者和扎糊者。赵雨山于一九六七年逝世。关、金和杨三人，也在前些年相继逝世了。

孔祥泽与高见的工作开始不久，高见就从另外一个日本商人金田氏那里借到一部手稿。这部手稿共八册，锦套，封面题签"废艺斋集稿"。他们细检之下，才知道是《红楼梦》作者曹雪芹的遗著。由于他们当时主要目的是要搞风筝谱，所以便由赵、关、金和孔祥泽抄摹《废艺斋集稿》中讲风筝扎绘方法和风筝图的《南鹞北鸢考工志》。他们对其余七种，都没有十分注意。

据说，那个日本商人金田氏很看重《废艺斋集稿》，在他们描摹《南鹞北鸢考工志》的时候，金田氏每天都亲自把书送来，坐待到一定时间，又拿回去。为了怕损伤原稿，他还限制用铅笔描。在孔祥泽、赵雨山、金仲年、关广志、杨啸谷等人共同抄摹近一个月以后，金田氏就把《废艺斋集稿》收回去了。一九四五年日本帝国主义投降后，金田氏杳无消息，高见嘉十也回了日本。曹雪芹这部孤本手稿，也就不知下落了。

关于这部手稿是怎样到了日本人金田氏手里的，据孔祥泽说，金田氏是从清朝礼亲王的后人金鼎臣那里以重价买去的。当时一起售与日本人金田氏的，还有曹雪芹写的字、画的画和刻的几方图章。

据孔祥泽说，他们只把《南鹞北鸢考工志》中的风筝图式描摹下来十分之七八，文字材料抄得很少。《废艺斋集稿》中除他们抄下的《南鹞北鸢考工志》中的那些内容和烹调的残页之外。其余多种，现在都已无法详知。

我在《文物》上那篇文章发表以后，据知已由有关方面与日本文化界联系，希望他们把这项材料访求一下。一九七五年据日本松枝茂夫教授传来的访求消息：他们曾去日本富山县访问高见嘉十。高见已达八十高龄，尚能回忆起他在中日战争期间在北京教书时，确有一个中国学生抄摹过一部讲扎绘风筝的《南鹞北鸢考工志》。数月后，《红楼梦》的日文译者伊藤漱平教授给我来信说：高见嘉十现居其故乡富山县，已八十多岁。等到他们去访问时，高见已几乎完全丧失记忆力了。希望我们国内的收藏者,能把有关这一著作的材料,早日公诸大众。则对于全面评价《红楼梦》和研究其作者思想的工作,将是很大的贡献。①

二 《废艺斋集稿》的大概内容

据孔祥泽说,《废艺斋集稿》包括八种曹雪芹的稿本,分订为八册,大小相当于现在的十六开本。除讲做菜的一部分字迹是另外一个人写的外,其余的七册,都是一个人的笔迹,估计都可能是曹雪芹的亲笔。全书卷首有的有旁人写的序,笔迹各不相同,估计也应该是各该序者的亲笔。因为当时著者常有请给他们著作写序的人,亲笔把序文抄录在他们的著作稿本上面的习惯。如永忠给《四松堂集》写的序,便是敦诚请他本人给抄录在《四松堂集》的稿本上面的。各册书端还有不同笔迹的批语,孔祥泽现在只记得其中有董邦达的,旁人的批语,他已记不清楚了。

兹将八册的大概内容,略述如下。

第一册是关于刻图章的,据孔君回忆这一册原题名为"蔽芾馆鉴印章金石集"。作者自序中说,"蔽芾"即"弼废",是帮助残废人的意思,"馆鉴"是"管见"。书中讲如何选料、制纽、治印、刻边款,讲章法、讲刀锋等等。此外还有彩绘的图式,孔君当时曾描摹下少数几个图式。在这一册的卷首序言里,作者曾说明这册讲刻印章的东西,是他早已写了的,不是新编写的,当初原是自己遣兴。近年来接触一些因残废而生活无着的人,才感到刻图章也可以成为他们的一种谋生的手艺,所以才又整理成篇的。按刻图章本是封建文人的一种玩艺,曹家一向有文学艺术传统,故曹雪芹在读书的年龄就应该早已熟习刻印了。从近年所传曹雪芹的黄蜡石笔山底

---

① 这里要说明两点:(一)一九七九年六月四日松枝茂夫教授来信告诉我他会见高见嘉十的情况。该函主要说高见因年老患脑动脉硬化症,已记忆不清。但当松枝茂夫教授把我在《文物》上那篇文中的风筝图片拿给他看时,他想了想,点了点头说:"记得,我还给改一改了。"当地公民馆长告诉松枝茂夫教授说:他曾在高见住的屋里"看见过风筝图,现在可惜没有了"。这是我最近才知道的那次访问的真实情况,应在此申明。详看我的《曹雪芹佚著浅探》(天津人民出版社)一书中松枝茂夫教授给我的信和我的附言。(二)伊藤漱平先生现任日本东京大学文学部教授。

面的"高山流水诗千首,明月清风酒一船"的刻词和"曹霑"的印记等等,可以稍窥曹雪芹治印鳞爪。可惜孔君当时描摹下来的那几个图章多已遗失,《考稗小记》所记雪芹自刻的两方印章,惜已只知道其字句,否则倒是可以把实物拿来同笔山底面的刀法比较、印证一下的。

第二册原即题为"南鹞北鸢考工志",是讲扎、糊、绘、放风筝的。其中有各式风筝的彩图,有用诗的形式写的扎、绘风筝的歌诀,有曹雪芹一篇自序,董邦达一篇序,有通论风筝历史的一篇东西,还有敦敏的《瓶湖懋斋记盛》作为附录。

风筝是南北方都有的东西。北方流行软硬拍子风筝,因为北方多劲风,风力大。南方流行软翅风筝,因为南方的风力和缓。据《南鹞北鸢考工志》的"通论"部分所讲,我们得知:曹雪芹是第一个把软翅风筝介绍到北京来的人,大概他少年时就对放风筝以至扎绘风筝有兴趣。

《红楼梦》里讲风筝的地方,可以佐证他长于此艺。读《红楼梦》七十回讲到"软翅子大凤凰"、"大螃蟹"、"十分精致"的"美人"(洛神)风筝时,便不能不令人想到《瓶湖懋斋记盛》里所说:过子龢初看到那个宓妃风筝时,竟误认为是个真人!同回中的"一连七个大雁"、"一个门扇大的玲珑喜字"、"在半天"空发出的"如鸣钟一般"的"响鞭",就更都是在《瓶湖懋斋记盛》已残缺的部分中可以找到类似记载的了。特别是那"富非所望不忧贫"七字风筝,也可以拿来同那个"门扇大的玲珑喜字"风筝印证一下。此外,《红楼梦》里谈到风筝的地方还多,这些都可佐证作者对于风筝是十分内行的。

不过这第二册之所以重要是因为,曹雪芹之写《废艺斋集稿》,乃是由写《南鹞北鸢考工志》而引起的。他的朋友于景廉(叔度)从军伤足,退伍后无以为生,儿女辈啼饥号寒,去西郊向他求助,他遂教于以风筝的技艺,后来于竟能以扎绘风筝维持数口之家。这样,他才产生"以艺济人"的思想,而使那些因有废疾而丧失维生能力的人们有个生活的技艺,因而他才写《废艺斋集稿》一书的。《南鹞北鸢考工志》实际上是在他这种想法下所写的第一种,虽然在成书次序上是第二种。

据孔君说,以下各册的次序和名目,都不很准确。

第三册讲编织工艺,原题名已记不起了。此册是为盲人编写的。其中有各种图案花纹,按编织程序,上下、先后、间隔、位置写成有韵的歌诀,词句有些类似棋谱的那种术语。文字平易、通俗、顺口,既好读又好记。在操作时背诵口诀,配合动作。凭着口传心授,手扪指触,学会了操作之后,再由有眼的人把染成各种颜色的彩篾草条,分为几组,放在盲人的左右两侧,盲人就按歌诀进行操作。这样就可以组成图案精美、彩色绚丽的工艺品。

关于这册中的图案,我们现在只知道两个名称。一个是"万不断锦",另一个是"鸳鸯戏水锦"。孔君当时曾把它们临摹下来,并曾倩人挑了一个枕巾,用"万不断锦"做四边,中间是"鸳鸯戏水锦",彩色鲜明,形象生动。

这一册应该是继《南鹞北鸢考工志》之后的作品,当然也可能是和以下各卷穿插进行的。据孔君记忆,曹雪芹在这一册里有一篇《自序》,说明这一册是为盲人编写的。雪芹看到当时的盲人或是用算命、占卦这些迷信、骗人的方法,或是以说书、卖唱为谋生之路,认为不如教给他们一种维生的有用手艺。《自序》中还曾提到,在他教会了编织工艺的盲人中,有的已经由于他们的编织精良而著名。

《红楼梦》里谈到编织的地方也不少。用柳枝儿,用竹(第二十七回),用线(第三十五回)都能编织。花样则如:莺儿对宝玉所讲打络子的,什么一炷香、朝天蹬、象眼块、方胜、连环、梅花、柳絮、攒心梅花等等。配色的则如:莺儿所说,大红配黑色或石青,松花色配桃红。(同上回)第五十三回在谈到姑苏女子慧娘的"绣"品的图案和彩色时,说:"凡这屏上所绣之花卉,皆仿的是唐、宋、元各名家的折花卉。故其格式配色皆从雅,本来非一味浓艳匠工可比。"这些都可证明:无论从图案或从配色上,雪芹对编织这一工艺美术探究得很深。

最近故宫博物院明清档案馆编的由满文译出的曹家奏摺中,又发现曹寅、曹𫖯从南京给皇帝奉献奇珍异玩的奏摺。在他们送给皇帝的项目中,就有编织的东西。这就说明曹雪芹住在南京的时候,接触过这些东西,甚至有机会观察、学习这些技艺。当然,我们也不能排除他在北京上学时,也有观察和学习这些技艺的可能性。

《红楼梦》里讲的那么内行,他少年时又有接触这种工艺的可能,可见,曹雪芹之能够编写出这样一卷东西是没有什么值得奇怪的。

第四册是讲脱胎手艺的。把人或物塑成了之后,再制成阴阳模子,使盲人用纸浆按这些模子做各种形式的脱胎,然后再由有眼人来彩绘,即为成品。据说这一册也是为盲人编写的,其用意与第三册讲编织的略同。现在孔祥泽只保存了一个他当年摹制的、为做风筝用的脱胎鹰头。

关于脱胎,《红楼梦》里谈得虽然很少,但也谈过。如二十九回的"本地城隍多泥胎圣像",四十三回谈到水仙庵里供奉的"洛神"泥神像,等等。作者说那洛神的像"虽是泥塑的,却真有翩若惊鸿,婉若游龙之态,荷出绿波,日映朝霞之姿",似乎未免夸张了一些,但当时塑像脱胎的技术之高,可以概见。《瓶湖懋斋记盛》中所说过子龢竟至把"宓妃"(即"洛神")风筝视为真人,也可见曹雪芹的脱胎手艺是多么高明了。从现存孔祥泽所摹制的苍鹰鹰头(参看本书附图)来看,的确做得十分逼真。

第五册是讲织补的。"织"和"补"有密切关系,但不是一回事。把"织补"连在一起,就是以织为补。不是打"补丁",而是补得和原来料子的纹理一模一样。亦即要补得和织的原样一般。《红楼梦》五十二回写晴雯补裘时,补那"金雀呢"就是这么补的。所谓晴雯要"界线"就是编织工业中的"行"话。曹家久任江宁织造,曹雪芹在童年就有观察"织"的机会,看清了织,就懂得补了。《废艺斋集稿》中讲织补的一册大约既讲原理,也讲方法。《红楼梦》的"补裘"则是对晴雯的实践的描绘。曹雪芹的这种知识当然是从观察旁人的实践,甚或是从自己的实践中得来的。

第六册讲印染。我在《文物》上发表那篇文章之后,孔祥泽的看法,认为印染似与织补合起来是一册。如果那样,那么《废艺斋集稿》就不足八册之数了。那另外的一册又是什么呢?这问题无法解决。现在姑且认为印染是自成一册。

大家都知道，曹家的织造官就是管供给皇帝纺织、缝制衣服用的丝、绸、锦、缎的。据康熙时人孙珮编的《苏州织造局志》及其他人讲织造局的书，他家里一定管理或经营一些官办的特殊纺织工业。不但衣料的质料要好，而且颜色也得适合与耐久。在故宫博物院新发现的满文档案中，有这样一件事：雍正五年闰三月二十九日，胤禛（即雍正）发现自己穿的石青缎褂落了色，命人查看库里存的石青缎是否都落了色，是哪家织造送来的。后来查出都落了色，都是江宁织造曹𫖯送来的。于是就罚了曹𫖯一年的薪俸。可见印染是重要的。

据孔祥泽用白话重述敦敏的《瓶湖懋斋记盛》残缺的部分（参看本书卷二第三篇《〈瓶湖懋斋记盛〉阙文钩沉》），我们得知，当董邦达同曹雪芹谈到唐朝王维的"复色"问题时，曹曾提到他还保存着"家藏"的《织造色谱》。这就可见曹雪芹对织造局里经营的纺织、印染工业，是很留心的。

第七册是讲雕刻竹制器皿和扇股的。刻扇股之类事原也是旧时文人一种多半是为了消遣的玩艺。但当然也有以此为业的人。刻竹制器皿，则是一种专门的职业。从《红楼梦》中，可以看出作者对于这种工艺，是很熟悉的。第四十一回提到十个黄杨木根杯"雕镂奇绝，一色山水林木人物，并有草字图说"。后来妙玉又寻出一只九曲十八环，一百二十节蟠虬整雕的湘妃竹根的大海。第四十八回那石呆子的湘妃竹、棕竹、麋鹿玉竹的二十把扇子，除了上面有"古人写画的真迹"外，也必定是刻得很精的。竹产南方，刻竹工艺，也以南方为盛。曹雪芹少年时代住在南方，耳濡目染，也有学会这种工艺的机会，而且刻图章与刻竹接近，许多刻图章的人，都会刻竹，特别是扇股。

第八册是讲烹调的。这是最后一册。孔君说，一九四四年，曾由杨啸谷抄下来不少条烹调的方法，后来杨回了四川老家，不久又闻杨已逝世，故他所抄的菜谱已不易觅得。现在赖有孔君抄存的几条，可略知此册的内容。

据孔君近告，此册原名"斯园膏脂摘录"。"斯园"并非雪芹自号"斯园"，而是"思源"之代语；"膏脂"是指民脂民膏。盖雪芹原意："饫甘餍肥"

之徒,应当饮水思源,知果其口腹者,皆民脂民膏也。雪芹这一册的题名很重要。从这一题目的含义,我们可知雪芹绝不是为穷极豪奢之家写的菜谱,反之,而是为了教给那些无术维生的人们一种手艺,同时也是提醒人们:那些盛席华筵,都是来自民脂民膏。这一名称,完全符合曹雪芹晚年迁居北京西郊后的思想情况。他对富人的看法和为穷人打算的态度,也完全同他晚年的其他有关材料符合。

曹寅曾写过《居常饮馔录》,他又在《楝亭十二种》中,编入了几种前人的饮馔烹调之作,如宋朝王灼的《糖霜谱》、元朝海滨逸叟的《制脯鲊法》、明朝灌畦老叟的制蔬品法等等。可见曹雪芹的家庭对于烹调方法的注意,是有长久的传统的,这对于他当然有很大的影响。

我们再以敦敏的《瓶湖懋斋记盛》证之,曹雪芹的"老蚌怀珠"是极获于叔度、敦敏的称赏的。后来他在敦敏的家里做的菜,也为过子鰡、董邦达所盛赞不已。曹雪芹不但对烹调的理论和历史很熟悉,他自己的烹调实践也是很高明的。

由于这些,则曹雪芹之能写出一卷讲烹调的书,是丝毫无足疑的。

关于《废艺斋集稿》的大致内容,我们现在所知的就是这些。

一九七二年写于沙滩,一九七七年六月改定。

第二篇
曹雪芹《南鹞北鸢考工志》残卷校补

这是《废艺斋集稿》的第二册,现在已剩残卷。残卷包括以下的内容:

一　《南鹞北鸢考工志》曹雪芹的自序

二　董邦达给《南鹞北鸢考工志》写的序(移至卷二:《新发现的曹雪芹传记材料》)

三　《南鹞北鸢考工志》中的残存文字

　　(一)讲风筝历史的残页

　　(二)"富非所望不忧贫"七字风筝

　　(三)扎绘风筝歌诀

四　附录:敦敏的《瓶湖懋斋记盛》残文(移至卷二:《新发现的曹雪芹传记材料》)

除了二和四两项移至卷二《新发现的曹雪芹传记材料》中去讲外,一和三的内容,都在本卷各篇里谈。以下先校补曹雪芹的《南鹞北鸢考工志》自序,然后再辑录《南鹞北鸢考工志》中的残存文字。

一　《南鹞北鸢考工志》曹雪芹的自序校补

曹雪芹这篇自序是孔祥泽于一九四四年根据原迹用铅笔描摹下来的。因年久纸脆,有些磨损不清的字句。原摹本的一页,见本书的插图。这里是排印的原文,其中磨损不清之处,由我校补。我是通过反复读原文后,根据上下文义,并参考敦敏的《瓶湖懋斋记盛》的有关内容,试加校补的。下面校补的字句用〔　〕号,原注用(原注:……),我加的注用①②

等号。

玩物丧志,先〔哲〕斯语,非仅警世之意也。〔夫〕人为物欲所蔽,大则失其操守,小则丧其廉耻,岂有志进取之士,所屑为者哉!

风筝于玩物中微且贱矣:比之书画无其雅,方之器物无其用;业此者岁闲太半,人皆鄙之。今乃哓喋不休,勾画不厌,以述斯篇者,实深有所触使然也。

曩岁年关将届,腊鼓频催,故人于景廉(原注:字叔度,江宁人,从征伤足,旅居京师,家口繁多,生计艰难,鬻画为业)迂道来访。立谈之间,泫然涕下。自称:"家中不举爨者三日矣。值此严冬,告贷无门。小儿女辈,牵衣绕膝,啼饥号寒,直令人求死不得者矣!"闻之怆恻于怀,相对哽咽者久之。

〔适值〕斯时,余之困惫久矣,虽倾囊以助,何异杯水车薪,无补于事,〔势〕不得不转谋〔他〕处,济其眉急。因挽〔其留居稍待〕,以期〔谋一脱其困境之术〕。夜间偶话京城近况,于称:"某〔邸〕公子购风筝,一掷数十金,不靳其值。似此可活我家数月矣。"言〔下〕慨然。适余身边竹纸皆备,戏为〔老于〕扎风筝数事;称贷两日,掮挡所有,仅得十金,遗其一并携去。

是岁除夕,〔老〕于冒雪而来,鸭酒鲜蔬,满载驴背,喜极而告曰:"不想三五风筝,竟获重酬,所得当共享之;可以过一肥年矣。"

方〔其〕初来告急之际,正愁无力以助;其间奔走营谋,亦殊失望;愧〔谋求〕无功,不想风筝竟能解其急耶?〔因〕思古之世,鳏寡孤独废疾者有养也,今〔则如老〕于其人,一旦伤足,不能自活,其不转乎沟壑〔也〕几〔希〕。

风筝之为业,真足以养家乎?数年来老于业此已有微名矣(原注:识者皆昵呼之以"于癞子")。岁时所得,亦足赡家〔自给〕,因〔之老于〕时时促余为之谱定新样。此实触我〔怆感〕,于是援笔述此《南鹞北鸢考工志》,意将旁搜远绍,以集前人之成;实欲举一反三,而启后学之思。

乃详察起放之理,细究扎糊之法,胪列分类之旨,缕陈彩绘之要;汇集成篇,〔将〕以为今之有废疾而无告者,谋其有以自养之道也。

时丁丑清明前三日,芹圃曹〔霑〕识。

二 《南鹞北鸢考工志》中的残存文字

(一)《南鹞北鸢考工志》讲风筝历史的残页

《南鹞北鸢考工志》里有"风筝通论"部分,下面讲风筝历史的几句话,就是其中的残文。据孔祥泽说,在这几句之后,还有以下两点意思,惜不能忆出原文:一,曹雪芹对汉代独尊儒术,罢黜百家,鄙视工艺,以致许多有用的技术失传,表示不满;二,从汉代以后,风筝就成为士大夫的玩物了。

(上缺)观夫史籍所载,风鸢之由来久矣,可征者实寡,非所详也;惟墨子作木鸢,三年而飞之说,或无疑焉。盖将用之负人载物,超险阻而飞达,越川泽而空递,所以辅舆马之不能,补舟楫之不逮者也。揆其初衷,殆欲利人,非以助暴;夫子非攻,故其法卒无所传。(下缺)

(二)《南鹞北鸢考工志》中的扎、绘风筝歌诀

据孔祥泽说,《南鹞北鸢考工志》中的扎风筝和画风筝的歌诀,还有许多。这里除原在《文物》(一九七三年第二期)上发表的(9)(10)(11)(12)(14)外,其余都是后来得到的,有的是费葆龄同志于一九七四年见示的,费同志现在北京人民银行某分行工作。

(1)肥燕扎糊诀

肥燕四四法最新,一头两腹齐尾根。
中间应照拍子计,主条七段皆等分。
两膀对扎似半圆,上条健直下条纤。

膀梢刮薄存弹力，糊成膀兜方自然。
尾竹宜软不宜硬，反使竹青须去性。
上端扎处循中线，首尾横平以为定。
论纸中间四正方，两膀各四力相当。
尾纸糊法同软翅，力求平整莫松僵。
膀角主要是存形，尾中配花须持平。
两者务必扎牢固，上大下小利泻风。
中路裆肥为保稳，收放不致左右倾。

(2) 瘦燕扎糊诀

瘦燕三三法更奇，一头一腹尾根齐。
头宽应是长之半，胸是膀条十之一。
中间仍照拍子计，两膀对扎扁圆拟。
上条健直尖子软，下条薄柔缓翘之。
十段等分论条架，膀梢瘦削方俏皮。
尾竹上端顶上膀，二竹交处中线及。
下端长短如何定？六五于十最为宜。
头腹相停裆略短，一五于十尤须知。
腿瘦狭长单面软，泻风左右不倾欹。

(3) 比翼燕扎糊诀

比翼双头燕，扎法格调变。
头高一作基，八一乃其范。
仍照拍子计，格变法不换。
胸腹是正方，个半宽为宪。
下条随上条，上条直且健。
膀梢宜瘦圆，其势缓而健。
梢软膀兜浅，受风匀也遍。

尾竹起上条,交处即中线。

比度五七强,横平须略欠。

裆同头之高,风自中路散。

膀角扎何处？头外分一段。

宜宽不宜高,弯处尤须慢。

尾间双配花,二段下为限。

切记要扎牢,不使随风转。

取形欲轻灵,蝶飞或花瓣。

膀纸与尾纸,分合而补赞。

诀中一妙语,两个一个半。

（4）半瘦燕扎糊诀

半瘦燕子耐狂飙,骨架之竹必选挑。

新竹朽竹不可用,一遇急风刚劲消。

主条划成八等分,头宽一段以为标。

胸腹两个皆正方,个半即是头之高。

受风按纸来计算,中路仍照拍子瞧。

膀条上下分宾主,上要刚健下要薄。

膀兜莫深尖子软,下条上随瘦膀梢。

尾竹上端起何处？头下半段可扎牢。

全竹长达六个半,根软泻风不摆摇。

裆线长为一二五,一五以内可推敲。

膀角头外开一段,配花两段上至腰。

两者若不扎牢固,误事差池在分毫。

诀中一语应参悟,一二五泻三五一。

（5）雏燕扎糊诀

【自注】 四三者头纸为本,三四者膀纸为赞。尾纸不同肥燕,连裆计算,只按软膀人字膀用,此乃两大开分合辅赞之法,受泄风各自主之,故为分为合。

> 雏燕如何糊扎？依纸计算莫差。
> 头乃四横三竖,胸腹两头相加。
> 主条五段等分,尾竹正方交叉。
> 全长十取七五,裆线二五更狭。
> 尾根必须扁软,竹青反用为佳。
> 上条健直尖软,两杪都要薄刮。
> 保稳全在泄风,膀兜浅且平滑。
> 三停中路是主,两翼尤须详察。
> 诀为四三三四,变化悉靠自家。

(6)肥燕扎糊诀(倒图适用)

> 肥燕四四法分明,一头两腹尾根停。
> 七段等分论条架,两膀对扎半圆形。
> 中间应照拍子计,尾竹上端中线缝。
> 下端条短如何定？横放架子首尾平,
> 上条健直两梢软,下条扁软缓随行。
> 论纸中间方四块,两膀各四力均衡。
> 裆肥腿软风好泻,保稳不致左右倾。
> 膀角配花要扎牢,上大下小利泻风。

(7)硬膀扎糊诀

> 硬膀糊从两翅先,纸由条后搭向前。
> 膀线两端纸开口,先将稠糊涂外缘。
> 肩窝膀咀须对扯,膀兜圆透要自然。
> 须势粘纸莫外折,待到粘牢再糊边。
> 边纸糊时莫过竹,最应留意在膀弯。

两膀凹处须一致，不然吃风必转圈。
受风泻风上中下，三停搭配重两端。
上部头是迎风主，胸腹随形有无间。
下部是尾主泻风，根软保稳不倒翻。
头小凹糊增风力，上大切记要平粘。
下尾条软最难平，轻粘慢卷始安全。
活头长尾当别论，畸形拟字须另参。

（8）软翅扎糊诀

软翅扎时条最难，汗不去透形必还。
主条受风应力大，反用竹青要烘干。
上条是主须刚健，若有下条宜扁圆。
轻巧玲珑论骨架，竹厚条密最为嫌。
仿真借助脱胎法，薄用纸浆肖容颜。
膀末糊时拢线牵，稠浆匀涂要平粘。
干透即可去拢线，再将稀糊裹纸边。
软翅专为摹形态，尤须神似栩栩然。
兔起鹘落拟鹰隼，下击上翻复盘旋。
最是多情双飞燕，左扑右闪逗云间。
金鱼浮泳常摆尾，彩蝶追逐喜翩跹。
鹭飞一行画青霄，雁排人字书苍天。
喜看长干小儿女，青梅竹马戏门前。
宓妃何兴来天畔，婀娜娉婷步青莲。
世上万物自殊异，全在神存动态间。
软翅独能传妙趣，悟得斯旨可通玄。
诀中一语千般用，尖对尖时弯对弯。

(9)肥燕画诀

【自注】 百福骈臻锦,彩蝶寻芳锦。法以靛青为底,嫩黄为衬,红花绿叶,和以蓝紫。

大地春回景色妍,燕子报喜到人间。
画拟人态形神备,笔法意匠体势全。
广额丰发腮含笑,眉梢上轩见喜颜。
红润眉心花绽蕊,绿泛眼膜叶勾连。
两目凝神须下视,一时洪福到眼前。
颔如满弓承双颊,胸似银瓶气度轩。
蓄势待发权在握,肘根胺翎必相衔。
两笔皆寻膀线起,位在中央不可偏。
腰列纹锦即尾羽,上寿福禄在两端。
二尺一节尤须记,尾翎似盆节下悬。
主尾展开八字势,四翎适为一个宽。
两膀画作菱角形,肩领双钩月半圆。
铁肩高耸凌云志,一层遐龄可齐天。
翎如尺数各加十,上起中线下到弯。
羽内纹锦花一簇,红桃绿柳色最鲜。
五福捧寿桃花瓣,十绿全臻柳叶尖。
彩蝶双双飞上下,不负春光舞翩跹。

(10)瘦燕画诀

【自注】 画以烟黑为底,衬以嫩黄,九幅作大红,配之以绿。腰间金环略以鹅色入黄,位于尾羽之端,和之以朱红、石绿、石青、湖蓝、浅紫等色,必使艳而不厌,繁而不烦。

纤纤瘦燕舞临风,竞掠翩跹上九重。
天际频传钲鼓乐,云端隐闻丝竹声。

花雨阵洒仙凡路，红灯遥映碧霄宫。
为貌娇姿拟人态，须将意匠写神形。
金盘舞起羽衣飘，锦绣仙裙束细腰。
万缕情思双鬓上，一段风流两眉梢。
盈盈笑含樱口闭，脉脉情余比目意。
眉心夔纹翠点碧，眸补花颜红润玉。
鬓云覆颈衬玉颔，细指捧心愈增妍。
红巾一幅缀素锦，酥胸双凸柳腰纤。
翡翠珊瑚镶宝带，雾縠冰绡束金环。
环带锦饰三元寿，裙绦彩多蓝紫绣。
福禄连锦绕仙桃，回纹万转玲珑透。
乐奏归风送远曲，秾歌艳舞凤笙倚。
锦瑟凝歌曲似终，绛幅缤纷舞又起。
仙袂拂云翩翩飞，珠袖临风飘飘举。
胭脂霞帔石榴裙，红映九霄晴空里。
尘缘未尽一线牵，瑶池宴罢返人间。
谁信无方能持后，应许掌上看留仙。

(11) 比翼燕画诀

【自注】 画时左青右紫以为地。色紫者在前，青者居后。青者眉作桃红，目润水绿。紫者眉作翠绿，目润桃红。余皆依此，互易其趣，不必拘泥。两翅内羽，不论画何花样，应以不违其时，尤须力求淡雅，不宜过艳。尾下各翎，乃交错笔法，前后深浅，亦须留意，不可倒置。

比翼双燕子，同命相依依。
雄羽映青彩，雌衣耀紫晖。
相期白首约，互证丹心誓。
展眉喜兴发，顾眄神采奕。
喁喁多深情，绵绵无尽意。

引领瞩遐观,襟怀犹坦适。
为筑双栖室,撷取连理枝。
卜居武陵溪,仙源靡赋役。
相敬诚如宾,真情非伪饰。
偕隐岂邀名,澹泊实素志。
连夜新春雨,花开不违时。
牡丹已葳蕤,红绿交相辉。
彩蝶翩翩来,迷花不知惜。
锦衣纨袴者,尽是轻薄儿。
耻与侪辈伍,联袂去云霓。

(12) 半瘦燕画诀

【自注】 法以佛青为底,槐黄衬之,配以红、绿、湖、紫色等,宜力求鲜明夺目。

新燕至秋羽初丰,貌拟少年弱冠容。
黄口犹存童稚意,青衿已具成人形。
神凝两目澄秋水,气贯双眉耸剑峰。
世事未谙多棱角,胸怀坦荡喜争雄。
清晨戏蝶翻花圃,黄昏逐蝠入云层。
邀集新雨觅仙境,会同故友访武陵。
奋翼千仞冲霄汉,展翅万里乘长风。
宇内翱翔无所羁,明春北返忆归程。

(13) 小燕画诀

小燕欲将童子拟,四肢渐大短身躯。
颈长疑是头卢巨,眉清目秀意顽皮。
口角乳黄犹然在,胸中洁白更无欺。
权寄游兴桃园水,且寓逸情武陵溪。

尾随蛱蝶觅花圃，时逐鸳鸯戏芙蕖。
殷殷祝福椿萱茂，仙寿遐龄过云霓。

（14）雏燕画诀

雏燕如何来画？拟人是胖娃娃。
肢短头宽且大，尾小羽稀有差。
双瞳澄似秋水，两颊艳若荷花。
眉开眼里含笑，黄口呢喃学话。
心头洁白天真，胸中坦率无瑕。
孺慕情意拳拳，除此那有牵挂。
春末习步花丛，夏初学飞林下。
时伴彩蝶翩跹，偶随鹡雀穿架。
捉捕螟螣蟊贼，巡田蒐苗护稼。

（15）倒图歌诀

填墨为范成倒图，黑白易位抑何殊。
嗜痂有人偏喜爱，好怪无事不追逐。
别开生面变旧法，另创奇观辟新途。
个中布局耐寻味，巧用纹样见功夫。
倒图最忌笔画粗，眉目清晰要间疏。
眼前倒蝠拟笑口，胸中饱墨写成竹。
单笔改为双笔绘，白地翻做黑地涂。
膀梢尾下两处锦，只须依样画葫芦。

（16）彩锦倒图歌诀

【自注】 屏开雀选加富贵白头锦，是全篇略形法的范例；耄耋富贵锦，是断篇存形法的范例。

彩锦倒图腹镂空，为将鼓架传音声。
屏开雀选活翎眼，耄耋富贵透花丛。
背上鼓架罩音斗，胸前气孔回声清。
雕饰莫将底色犯，糊纸尤须依形成。
肩头双月分倒正，膀尾纹样辨雌雄。
诚能妙用葫芦锦，最是传神在个中。

(三)《南鹞北鸢考工志》中的七字风筝

"富非所望不忧贫"七个字的风筝，是一九四四年孔祥泽君从《南鹞北鸢考工志》中描下来的曹雪芹原迹，是一九七四年费葆龄君见示的。参阅本书附图。

第三篇
《此中人语》中关于肥扎燕画法的一页

　　这一页关于"肥扎燕画法"的文字,也是孔祥泽君抄给我的。我原把它作为一般有关风筝的材料,放在《考稗小记》里。一九七六年八月初,我来郑州,重读这篇东西,觉得无论就内容或形式看,它都应该是与《南鹞北鸢考工志》相辅而行的《此中人语》中的一页讲肥扎燕画法的文字。再回忆当初孔君抄给我几条篇幅较短的资料时,曾说过其中也有《此中人语》里面的东西——虽然他并没有告诉我哪一条是。"此中人语"似本陶渊明的《桃花源记》中的"此中人语云"一辞。雪芹的《废艺斋集稿》是为了有"废疾而无告"的"穷民"而撰,但他们一般都受教育不多,故除写了许多"歌诀"外,雪芹又特为他们写了接近口语的《此中人语》,以便于他们的学习。这就真如董邦达序《南鹞北鸢考工志》中所说:"其为人(裕按:指'穷民')谋也,可谓忠矣。"正是因为这样,他才有意地用"'此中人'语"一辞。这说明他在思想感情上同"穷民"一致,把自己也侪于他们之列。"此中人"即"自己的人"之意,是和那些奔走仕途,追求荣华富贵,锐意飞黄腾达的人们,完全不同的人。

一九七六年八月七日于郑州。

《此中人语》之肥扎燕画法

　　古之人以燕为喜之征,春之象,故必以意匠为之,实以拟乎人也。须使其眉目口角,均呈喜相。于其翼内尾羽之间,配以"纹样组锦",以庆福禄寿喜之祯;组成"红桃绿柳",以征大地回春之象。膀角位以彩蝶,兼喻蛱蝶寻芳之趣。

头部：眉上轩,见喜颜。嘴上哓,定是笑。眼下寻,见精神。眉心用红,画桃花。眼球外睑用绿,画柳叶。嘴画红蝠,兼寓洪福在眼前之意。嘴尖,眼珠,眉轮均用黄,所以摹拟原意也。

翅部：两膀展翅内,羽间五福捧寿纹样。红蝠褪润勾以白线,远望即呈粉红桃花一朵。五彩小花连成大花朵一个。远近咸宜。繁而不紊,艳而不腻。边幅五,呈斜飞之势。画绿色,以寓福禄寿也。膀窝画半月形,以显膀角。在膀角处,位以寻芳彩蝶,增春意也。翅翎之四（两侧不计于内）,以征丈四之别。

腰部：画燕爪一双,宜雄厚劲实,气势攫然。腰羽分节,各为腰栓。一栓二尺,七栓丈四。第一栓画五球,嵌五寿。第七栓,画五蝠,红绿相间。中间五道栓,则绘以不断回纹锦、钩子莲、盘长锦、海水绦等组锦。

尾部：尾尖宜粗壮,中间左右翎各七,以征丈四之别。（已完或下缺）

第四篇
曹雪芹的《题自画石》诗

以下这首诗孔祥泽君说是从他外祖父富竹泉所著《考槃室札记》手稿中抄下来的。孔君在一九六六年秋天把这首诗抄给我。关于这首诗，请参看本书卷三第二篇《曹雪芹的〈题自画石〉诗解》。

题自画石　　曹霑

爱此一拳石，玲珑出自然；
溯源应太古，堕世又何年？
有志归完璞，无才去补天；
不求邀众赏，潇洒做顽仙！

【附记】　这首诗近有认为赝品者，见《中华文史论丛》第七辑（复刊号）陈毓罴、刘世德两同志的《曹雪芹佚著辨伪》一文。我认为该文所举"证据"数量虽多，但质量不够，不足以最后判定佚著为伪。我回答的文章题为《论〈废艺斋集稿〉的真伪——兼答陈毓罴、刘世德两同志》，见《中华文史论丛》一九七九年第四辑。另有同年六月四日日本早稻田大学松枝茂夫教授寄我一封关于佚著的信，也可参考。均见我的《曹雪芹佚著浅探》（天津人民出版社）一书中的附录。

一九七九年六月二十五日，北京。

卷二 新发现的曹雪芹传记材料

第一篇
《南鹞北鸢考工志》董邦达序校补

尝闻教民养生之道,不论大术小术,均传盛德,因其旨在济世也。扶伤救死之行,不论有心无心,悉具阴功,以其志在活人也。曹子雪芹悯废疾无告之穷民,不忍坐视转乎沟壑之中,谋之以技艺自养之道;厥功之伟,曷可计量也哉!

观其名是书之为《南鹞北鸢考工志》也,不曰谱而曰志,曰考工,是则不欲攘他人之功,其自谦抑也,可谓至矣。称南北而略东西者何耶?寓纬于经也。盖扎、糊、绘、放四艺者,风筝之经。是书之作,意重发扬,故能集前人之成。撮要提纲,苦心孤诣,以辟新途,而立津梁,实欲启后学之思。诱导多方,惨淡经营,更变常法,而为意匠。所期者,举一反三,不使囿于篇章。其为人谋也,可谓忠矣。

斯书也,所论之术虽微,而格致之理颇奥;所状之形虽简,而神态之肖惟妙。观其以天为纸,书画琳琅于青笺;将云拟水,鱼蟹游行于碧波。传钲鼓丝竹之声于天外,效花雨红灯〔之趣〕①于空中。其运智之巧也,可谓神矣。

愚以为济人以财,只能解其燃眉之急;济人以艺,斯足养其数口之家

---

① 我的校补。

矣,是以知此书之必传也。与其谓之立言,何如谓之立德。

己卯正月,孚存董邦达序。

第二篇
《南鹞北鸢考工志》的附录敦敏《瓶湖懋斋记盛》残文校补

敦敏的《瓶湖懋斋记盛》是记述乾隆二十三年(戊寅,1758)腊月二十四日曹雪芹在敦敏的槐园同董邦达、过子龢、端隽、于叔度等人聚会的一篇文字。原文是《南鹞北鸢考工志》的附录。这篇文章记曹雪芹的言谈风貌、为人思想颇详;在曹雪芹的传记材料十分缺乏的情况下,它所提供的事实情节,是很可宝贵的。

下面的文字只是《瓶湖懋斋记盛》的前半篇,是抄存者借自金福忠家藏的本子描下来的。原本因许多叶都受水湿粘在一起,揭开时就有不少已看不清的字句。为了便利读者,我给加上一些校补。已损坏的字和句的校补,用六角括号〔 〕表明,补不出的,用□号表明,原注用(原注:……)表明,原注在原本中都是双行小字,今改排一行。①②等号是我加的注。有一二处校补,曾与周汝昌同志商讨,附此致谢。

　　瓶湖懋斋记盛　　懋斋敦敏记于瓶湖蕳庐。

《南鹞北鸢考工志》一书,为余友曹子雪芹所撰,窃幸邀先睹之快。初则惊其丹青之妙,而未解其构思之难也。

既见实物,更讶其技艺之精。疑假为真,方拟按图索之,乃复顾此失彼。神迷机轴之巧,思昧格致之奥矣。于是废书而叹曰:"斯术也,非余所能学而知之者也!"

乃观其御风施放之奇,心手相应,变化万千。风鸢听命乎百仞之上,游丝挥运于方寸之间。壁上观者,心为物役,乍惊乍喜,纯然童子之心;忘情忧乐,不复知老之将至矣。

芹圃引言曰:"玩物丧志",概①恐溺之者移易性情,而发此深虑之语也。

戊寅腊月二十四日,董公孚存亦莅斯会,感而为序②。谓余曰:"今日之集,固乃千载一遇,虽兰亭之会,未足奇也。"嘱余制文,记其盛况。〔嗟〕③余才疏学浅,谫陋无文。每有句读之失,难免鲁鱼之讹也。余尝与过〔公子〕觚曰:"若敬亭得与此会,而撰斯文,〔庶〕④不致挂一漏万矣。"兹勉述之于后。

□□□之□⑤。先是,□⑥舅钮公自闽反京,(原注:七月会公初度,亲友多往〔贺〕者。世家子弟,〔鲜〕衣华服,与公酬酢,〔诒〕语佞色,公甚厌之;顾余曰:"富贵而骄奢,未有不败者,〔反〕不如布衣之足以傲王侯也。")独以所得藏画出示,而真伪莫辨。嘱余择所善者,即以为〔贶〕⑦。

爱思鉴别字画,当推芹圃;又且久未〔把〕晤,(原注:春间芹圃曾过舍以告,将徙居白家疃。值余赴通州迂过公⑧,未能相遇)苦念綦切,乃往访其新居。几经〔询问〕⑨,始抵其家。(原注:〔其地〕有小溪阻路,隔岸望之,土屋四〔间〕,斜向西南,筑〔石〕⑩为壁,断枝为椽⑪,垣堵不齐,户牖不全。而院落整洁,编篱成锦,蔓植杞藤,□□□□,有陋巷箪瓢〔之乐〕,得醉月迷花之趣。循溪北行,越〔石〕桥〔乃

---

① "概"字当作"盖"。清初满人(包括皇帝)文字中,常有此类错误。
② 即前面董邦达的序。
③ 左面剩一口字。
④ 剩左下角一二笔。
⑤ 上□□□□似应作:"岁在戊寅";下□余残划少许,似"秋"字。
⑥ □,余划太少,看不清楚。
⑦ 原有"贝"旁。
⑧ 此句书端有"十月赐第钮公,命余就过公求书"一批语,当是敦敏所批。
⑨ "问"字有左下旁。
⑩ 经我实地调查后,知其地旧屋,多垒石为壁,盖其地至今仍产石。
⑪ "椽"字有"木"旁。

达①。)扣篱〔至再至三〕,俄顷,一老媪出应曰:"〔客人〕②其〔访〕雪芹耶?"余曰:"然。"媪曰:"〔彼〕③为人邀去,多日未返家矣。"媪自称白姓,得雪芹顾恤,相处如一家人。(原注:殷殷〔延余〕入,问所从来,余以情告。)遂留名帖,请代致意,怅然而返。

又月余,芹圃〔未〕④至。渴念不已,策马再访,遇白媪于门,而谓余曰:"何不巧之甚耶!前数日,雪芹回,见君名帖,欣然谓老身曰:与君为知交,久拟谋面,因友人邀做臂助,未容抽身;事毕即将进城回〔谒〕也。想亦未料及君之再至。两日前又去其友人处矣。"〔稍坐后〕⑤,假纸笔留书〔订〕⑥邀。(原注:时白媪煨芋以饷,并缅述徙此经过。初,媪有一子,襁褓失怙。夫家无恒产,依十⑦指为人做嫁衣。儿已弱冠,竟染疫死。〔彼遂〕⑧佣于大姓,不复有家矣。去冬哭损双目,〔乃致〕被辞,暂依其甥。既〔无〕医药,又⑨乏生资,已濒绝境。适遇雪芹过其甥处,〔助以〕药石,今春能视物矣。因闻雪芹又〔将远〕⑩徙,媪〔乃挽〕⑪人〔告之〕:愿⑫以其〔茔〕侧之〔树〕⑬,供⑭雪芹筑〔室〕。〔其〕工⑮既竣,〔雪芹〕以一室⑯安白媪。〔媪〕且泣⑰且言,复云:"雪芹初移此间⑱,每有人自京城来〔求〕画。以

---

① 近经复检原抄摹之件,"乃达"二字应作"再南折"。"折"字尚余"斤"字最后一直。
② 此二字均有微痕可辨。
③ 有双人旁下面一直。
④ 有上端可辨。
⑤ 后字有左及右下残迹可辨。
⑥ "言"旁中间二横不可见。
⑦ 只存直下一小截。
⑧ "彼"字有第一笔及末笔,"遂"字只剩末笔之小截。
⑨ 有下半截。
⑩ "远"字有左边一半。
⑪ "挽"字有由左至右下半截。
⑫ 此字存左侧大半及"页"字边之末一笔。
⑬ 只余"土"字末二横之尾端,是否应做"茔"字,按白媪生活既濒绝境,而又家无恒产,似不应再指"屋"侧之树,虽"屋"下"茔"下,均系土字,似仍以"茔"侧为合理。此文在《文物》发表后,承南京吴新雷同志烦人转告,他认为"树"当作"地",即全句作"茔侧之地"。这个看法很有道理,因盖房首先是地皮问题。但颇疑白媪祖茔之侧,未必可有容"土屋四〔间〕"之空地,且细察《记盛》描本,该处剩余残划,仍当作"树"。
⑭ 此字只余下半。
⑮ 余下半。
⑯ 余上面之"宀"。
⑰ 余"立"字下半。
⑱ 余左边一半。

是，里中巨室，亦多求购①者。雪芹②固贫，饔飧有时不继，然非其人虽重酬不应也。橐有余③资，常〔济〕孤寡。老身若不遇雪芹，岂望存活至今也！"闻白媪言，愈思与芹圃一面，以慰渴念，〔而〕动定参商，〔缘〕会不偶。）久之，亦无裁答。

入冬，雨雪频仍，郊行不便。适过公惠〔赐〕墨宝，〔悬〕之懋斋，以光〔蓬荜〕。〔又〕叙及藏画事，公曰："既不得晤芹圃，何不求〔董公孚存〕鉴之？"余曰："琐屑细事，未便渎④神董公。"〔过公〕曰："为汝家惠哥学画事，岂少烦董公耶？"余曰："〔为〕此事久拟备筵谢董公。今者即烦吾叔代为邀请，敬俟孚翁休暇〔日〕以⑤莅。期〔于〕先时见告，容作筹〔备也〕。"过公曰："何必令汝破费！"余曰："非仅为鉴别字画也。"遂允为转请。

腊⑥月二十日，得过公示，已代约于二十四日□时⑦，着余备帖往肃董公。翌日，晴暖如春，比年此月酷冷，而今岁独燠。〔晨起〕信步出城，拟购南酒，遴选数家，均未中意。复前行至菜市口，见纸店，遂购宣纸〔数张〕，方出肆门，忽闻喧笑声甚稔。寻声眺视，竟是芹圃，为人坚要小酌⑧，力辞不得。两相争议，路人为之伫足。乃趋前呼之，其围始解。芹圃〔不〕觉喜甚，谓余曰："两承惠顾，失迎是歉。此番入城，已拟拜晤，不意邂逅于此，何遇之巧也！"邀饮者复与〔芹〕圃〔约期〕而别。

芹圃挽余行，且告曰："往岁戏为于景廉扎风筝，后竟〔以〕为业。嗣复时时相要，创扎新样。年来又促我逐类定式，撰而为谱，欲我以艺活人也。前者同彼借家叔所寓寺宇，扎糊风筝，〔是以〕家居时少，以⑨致⑩枉顾失迓也。"余亦以前情告之。复将此来为选购南酒⑪〔以备〕宴请董公事相

---

① 余左边之半。
② 余"艹"上半。
③ 余右边下半。
④ 有右半边。
⑤ 余左半。
⑥ 余"月"字左下段。
⑦ 余下半段。
⑧ 此字缺右半边，但余"勹"下一钩。
⑨ 余"亻"旁。
⑩ 余"夂"下端少许。
⑪ 余上半。

〔告〕,芹①圃曰:"坊间无佳酿,友人〔馈〕②〔余〕远年贮酒数坛,现存叔度处,同往取之可也。"

言已,挽③我西行,至一旧裱糊④〔铺前〕,芹圃方欲启门,而叔度已拄〔杖〕出迎矣。相见〔喜甚〕,芹圃以巧逢告之。叔度烹水瀹茗,以余属⑤芹⑥圃而去。方拟挽之,去已远矣。

叔度寒士,贫而好客。芹圃出其所〔著之〕书⑦示余,甫〔阅〕其〔图〕⑧,〔便〕觉⑨绚丽夺目,人物栩栩,光〔明〕曝照,曾所未睹。

正惊诧⑩间,叔度已购来鲜鱼肴酒,欣然谓余曰:"君与芹圃交厚有年,亦知其擅南味否?今者不成⑪敬意,实拟邀君之惠,烦芹圃做鱼下酒,藉⑫饱口福也。"余曰:"使君〔破费〕,〔於〕⑬心何安?诚所谓〔却之不恭〕矣。"

叔度〔复〕将芹圃为其所扎风鸢取出,罗列一室,四隅皆满,至无隙地。五光十色,蔚为大观⑭。〔因〕问⑮:"何时设肆于此?"叔度云:此铺⑯系其友所遗。今者亡友物故,家人扶榇南返,嘱其代为照看也。更招⑰余等至〔复室〕,移桌〔就座〕,置杯箸,具肴酒,〔盥〕手剖鱼,以供芹圃烹煎。

---

① 缺"艹"头。
② 左边余半个"食"字。
③ 余"扌"上端。
④ 只余"米"字。
⑤ 只余上"尸"字。
⑥ 只余半个"艹"之第二笔上小截。
⑦ 按此书当是《南鹞北鸢考工志》,唯当时尚未题签,故敦敏但云"芹圃出其所〔著之〕书"而不名。该书后由董邦达题签,此事见孔祥泽用白话写的《瓶湖懋斋记盛的故事》。
⑧ 只余左上方少许。
⑨ 缺上端。
⑩ 缺左半边。
⑪ 只余最后一二笔。
⑫ 缺"艹"头。
⑬ 只余左边下半截。
⑭ 此四字每字都只残存一二笔。
⑮ 只存左右两直。
⑯ 缺左半边。
⑰ 只余"扌"的下半边。

〔其〕间①为余缕述昔年芹圃济〔彼〕之事,言下犹且〔咽哽〕②〔唏嘘〕③,不能自抑。〔复〕谓④余曰:"当日若非芹圃救我,则⑤贱躯膏野犬之腹也久矣!"芹圃亟止之曰:"适逢其会⑥,无足挂齿。何况朋友本应有通财之义,今后万勿逢人便道此事也。"叔度曰:"受其惠者,能不怀其〔德〕乎?如我之贫,更兼废疾,难⑦〔于〕谋⑧生⑨矣。数年〔来〕,赖〔此〕为业,一家幸无冻馁。以是欲芹圃定式著谱,庶使有废疾类⑩〔余〕者,藉以存活,免遭伸手告人之难也。"芹圃曰:"叔度推己及人之见,〔余深〕然之,非过来人讵能若此深切也?"

〔余忆〕前⑪时白媪之言,今者叔度之诉,则芹圃之□□□□。(〔义行高矣!〕?)叔度⑫趣而言曰:"我得异味,不忍独享,愿与知友共之。是亦'推〔己〕及⑬人'之谓欤?"〔相与大〕笑。

移时,叔度将汤海来,芹圃启〔其〕覆碗⑭,以南酒少许环浇之,顿时鲜味浓溢,惹□□□□,诚非言语所能〔形容万一〕也。鱼身觺痕,宛似蚌〔壳〕,左⑮以脯笋,不复识其为鱼矣。叔度更以箸轻启鱼腹,曰:"请先进⑯

---

① 缺上半。
② 只余"更"字下半。
③ 此二字各剩一"口"字。
④ 缺左半。
⑤ "我""则"二字均缺右半边。
⑥ 此三字均只余一二笔。
⑦ 缺右半。
⑧ 左右各缺下半。
⑨ 缺第二三四笔。
⑩ 缺右半。
⑪ 缺上半段。
⑫ 只剩右上角。
⑬ 缺上半段。
⑭ 只余左上半。
⑮ 缺上半段。
⑯ 缺上半。

此奇味!"则〔一斛〕①明珠,璨然在目,莹润光洁,大如桐子,疑是②雀③卵④。比⑤入口中,□□□□。复⑥顾余曰:"芹圃做鱼,与人迥异,不知北地亦有此烹法否?"余曰:"曾所未见,亦所未闻,〔此第一遭〕也。第不知芹圃何⑦從⑧设⑨想⑩! 定有妙⑪传⑫,愿闻其名!"叔度曰:"〔此〕为⑬'老蚌怀珠',非鳜鱼不能□其变□□□⑭□,若⑮有鲈鱼,又⑯当更胜一筹矣。"余曰:"江南佳味,想亦以此为最?"芹圃曰:"我谓江南好,恐难尽信。余岂善烹调者,亦只略窥他人些许门〔径〕,君即赞不绝口,他日若有江南之行,遍尝⑰名⑱〔馔〕,则今日之鱼,何啻〔小〕⑲巫见大巫矣。"余方默思〔其言〕,叔度曰:"莫使菜凉味变也。"相与大嚼,言笑⑳〔欢甚〕。爰将㉑邀请董公鉴画〔定〕于二十四日㉒□〔时〕事㉓,告〔知〕叔度,并请过舍作陪。叔度固辞曰:"余今憔悴不如贩夫,〔若〕使㉔我列〔君家〕盛㉕宴,〔毋乃〕不㉖伦。"余曰:

---

① 只存"角"旁下端。
② 缺下半。
③ 缺右上。
④ 缺右半。
⑤ 缺右上。
⑥ 缺上半。
⑦ 缺左半。
⑧ 只剩右上角一笔。
⑨ 剩右半边一二笔。
⑩ 缺"木"。
⑪ 缺左半边。
⑫ 剩右边一二笔。
⑬ 缺左上半。
⑭ 似"殊"字,但缺左边第一笔和右边一、二、三、六各笔。
⑮ 缺上半。
⑯ 缺右半。
⑰ 缺右半。
⑱ 上下均缺。
⑲ 缺上大半。
⑳ 缺右半。
㉑ 缺上半。
㉒ 缺半边。
㉓ 只余末一笔。
㉔ 缺左右上端。
㉕ 缺上半。
㉖ 缺上大半。

"董公高义，素重后学，〔奖〕掖提〔携〕，不以□□□□也。"叔度欲言，〔芹〕圃〔止之〕曰①："恭敬不如从命也。"

酒阑饭罢，已逾□〔时〕，〔遂〕挽芹圃〔过舍〕盘桓，携其贮酒同返。临行再邀叔度，更请以风鸢相假，欲得董公观赏之，并使家人同开眼界也。芹圃曰："微末小技，何誉之甚耶？若以佐兴，或可博人一笑耳。"叔度曰："芹圃所扎人物风筝，绘法奇绝，其中宓妃与双童两者，则为绝品之最；特什袭藏之，未敢轻〔出〕示人②。今已不及赶赴东城③，〔诘〕④朝往取，再行送上，定邀董公赞许也。"余⑤〔遂〕拜谢盛情，与芹圃赁舆⑥载⑦风⑧鸢⑨、南酒而归。是⑩以得快读〔其〕书⑪。

〔二十〕四日，晨曦甫⑫〔上〕，人⑬声已〔喧〕，忙⑭于除旧迎新也。民谚曰："二十三，赶小年；二十四，写大字"，视为吉辰。万户千家，春联争奇句，桃符竞新文。此风尚自宫掖间。每岁是日，诏善书者入值，为诸官所书楹联，以迎新春。供奉事毕，御〔赐〕⑮有差，给假□□〔日〕，归⑯家⑰理年事矣。

---

① 缺左上端。
② 此二字均只余一二笔。
③ "城"字缺左半。
④ 只余右半边，似"吉"字缺左半边。
⑤ 只剩最后一点。
⑥ 缺下半。
⑦ 斜缺右上半。
⑧ 余左上角。
⑨ 缺右上半。
⑩ 剩最后一笔。
⑪ 缺上半。在此句上有眉批"子明，余意前段可略去"九字，当是曹雪芹在敦敏草就此稿后所批。
⑫ 缺右上半。
⑬ 余下部少许。
⑭ 余下部几笔。
⑮ 余右半边。
⑯ 当是"若干日，归"之意。
⑰ 缺"宀"余"豕"字。

夜来□闻禁中□□□①早，预遣人奉迓董公，命②舆去讫，欲③将所〔借〕风鸢，陈于中庭，苦无挂处。思之再三，未得其法。乃就芹圃而问之，如其教，以长绳三列，布于檐下悬④之，恰⑤可尽陈无遗。（原注：余遇此细事，竟为所困，则芹圃〔与我〕⑥，智愚之间，真不可以道里计矣。）时芹圃正忙于烹鱼，家人亦从而学焉。（原注：固知今日⑦筵间之味，无一可与相比者。芹圃云："将以助兴"，盛情未可却也。）

约当辰正，过公〔至，问余曰：〕"孚翁已先至否？"余曰："尚未。已命〔轿〕⑧车往候矣。"过公将书画付余曰："真伪未敢妄断，宜待董公鉴之。"

言已，入中〔庭〕，遽然而问曰："何为购⑨得⑩若许风鸢？"余曰："此皆芹圃之作，借自于叔度处，为请董公赏⑪〔鉴〕者⑫。"语未毕，过公指⑬〔宓妃〕而诧问曰："〔前立〕者谁耶？"余应曰："吾公视其为〔真〕人⑭也乎？实亦风筝。"过公就前，审视良久，谓⑮余⑯曰："尝闻刍⑰灵偶俑之属，与人逼⑱似⑲者⑳，不可迩于寝室，防不祥也。倘系夜间，每能吓人致疾。"余曰：

---

① 末字余左下一二笔，不能断为何字。
② 缺上端。
③ 只余左大半右少许。
④ 余左上大半，右一二笔。
⑤ 缺左边。
⑥ 余左下二三笔。
⑦ 此四字各余左边少许。
⑧ 剩左缺右。
⑨ 缺右大半左下半。
⑩ 缺右上方。
⑪ 缺右少半边。
⑫ 缺中间一大块。
⑬ 缺下边。
⑭ 只余下二笔少许。
⑮ 缺左下少半右下多半。
⑯ 缺上半边。
⑰ 缺上半。
⑱ 缺左半右下半。
⑲ 缺左半。
⑳ 缺下半。

"敬闻命。愿俟董公审①〔阅后〕,当②即收之。"

过公问:"何时得晤芹圃?今日能来否?"〔余曰〕:"前③日巧遇,已邀同来舍;现于后④室⑤做⑥鱼,将以助兴也。"遂肃过公入见。

芹圃方以莲心浸醉□,过⑦公曰:"芹圃多才,素所闻矣;尚不知精于烹调也!"因以前日所食异味相告,过公欣然⑧〔曰〕:"今⑨日可云幸会矣!"

(下缺)

---

① 只有上端一二笔。
② 缺右上。
③ 缺左右上。
④ 缺左大半,右下半。
⑤ 缺左右上端。
⑥ 缺"夂"旁。
⑦ 缺左多半,右少半。
⑧ 只存上端少许。
⑨ 缺左半,右上半。

第三篇
《瓶湖懋斋记盛》阙文钩沉

敦敏的《瓶湖懋斋记盛》虽很重要,遗憾的是,我们今天只能看到原作的残篇。在原文说到过子猷去敦敏家里看到了曹雪芹,表示他一向闻雪芹之名并以那次相会为幸,就中断了。实际上,据孔祥泽告诉我,记述那次聚会的阙文,比残篇的篇幅还多些。我做了很大的努力,想把《瓶湖懋斋记盛》的阙文发掘出来,但直到目前,还是未能如愿。且喜现在我有可能写这篇《瓶湖懋斋记盛》阙文的钩沉。

据孔祥泽告诉我,他一九四四年抄摹《南鹞北鸢考工志》时,曾看到《瓶湖懋斋记盛》作为附录抄在《南鹞北鸢考工志》后面。当时因他们只注意描绘风筝的图式和抄录其尺寸大小的说明,没有把该附录抄下来。一九七〇年孔君为了核对歌诀,曾借阅金福忠所藏风筝歌诀和尺寸的本子。在金本中他又看到了《瓶湖懋斋记盛》的全文。这次他却把全文照金的本子完全描摹下来了。但他后来告诉我时,却说:描摹下那篇原文后不久,他又丢掉了自过子猷说"今日可云幸会矣"句以下的许多页原文。他手头剩的只有在后半部未丢失以前他根据全文写的一篇《懋斋记盛的故事》。他在一九七二年曾把他写的《懋斋记盛的故事》拿给我看。我看了后虽觉得其中有些渲染,但重要的是它保存了《瓶湖懋斋记盛》阙文的内容。有些地方还显然保存了敦敏的原来词句。我写这篇"钩沉",是要让大家知道《记盛》的全貌——即使不是原文。以下根据孔祥泽《懋斋记盛的故事》,把《瓶湖懋斋记盛》阙文的内容,择要叙述。

一　阙文表明在瓶湖之会以前曹雪芹和董邦达就认识

据《瓶湖懋斋记盛》残文,我们知道过子龢见曹雪芹于敦敏家时,曾说:"芹圃多才,素所闻矣。"结合他一进敦家的屋里就问敦敏"何时得晤芹圃？今日能来否？"种种情况,可知过与雪芹是初次相会。

董邦达在腊月二十四日早到敦家时,雪芹和敦敏一齐迎出大门,而董邦达下了车后,便以左右手分别挽了敦敏和雪芹走上台阶。我们看雪芹同董见面的这种情形,已经不像是初会。董进了二门后,看到了大大小小五光十色的风筝,一看就认出是雪芹的手艺,对敦敏和过子龢说:"如此绝妙之作,除雪芹外,他人不惟'见所未见'亦恐'闻所未闻'。"言已,又说敦敏把"宓妃"置于正面处,意似"迎宾"。可是,却将一怒目欲攫、栩栩如生之苍鹰风筝,置于一冷僻角落——亦即董邦达所谓"贬到宁古塔去了"——甚不恰当。董又表示:稍俟当一看雪芹放风筝的技术。这些迹象都说明董邦达和曹雪芹不是初次见面,而是早就认识了。在下面接着的鉴别古画一节里,董邦达开始就说鉴别字画要先听雪芹的意见,这哪里是不相识的初见面的人的口吻！

我在这里先谈董邦达在瓶湖之会以前就和雪芹相识是重要的。因为这不但与王冈的画像有关,也和"苑召"有关。有的研究者现在还认为那些题像的达官阔人、皇子师傅们,不可能和曹雪芹有关系,因而不可能为他题像。殊不知在那些人中,有些是喜欢读传抄本的《石头记》的,他们即使与雪芹不直接相识,但通过董邦达的介绍而为雪芹题像,也是完全可能的。

二　董邦达深佩曹雪芹鉴别古画和论"迷笔"的见解

董邦达到了敦家,稍休息后就谈到敦敏请客的主要目的——鉴别钮公送给他的那几幅古画。这时,雪芹已到后面厨房去做菜。董主张请雪芹来共同评鉴。大家先看宋人李龙眠的《如意平安》。董对雪芹说:"鉴别真伪字画,须多听雪芹高见!"雪芹说:"余殊孤陋,所见甚少,何谬许若是!"李画为工笔:一胆瓶,瓶内插荷花两枝,衬以三个荷叶;荷叶下有小竹数枝,亦插于瓶内;瓶旁有一盆灵芝,盆下一托盘,盛佛手等果。画的右上角题"如意平安"四字,左下角有闲章二。董说:"此画下了一番功夫,用色亦可。未知雪芹以为何如?"雪芹回答说:"以画言,此幅不逊于元人写生上品,但若论真伪,则余何敢在老前辈面前,妄加月旦?"董拍雪芹肩曰:"芹圃已指出此画系仿元人笔意之作,何不明言'此非李公麟真迹'耶?"过子龢说:"芹圃何以知其为仿元人之作?"雪芹答曰:"是不难也,李公麟不喜写生花卉,而以白描人物著称于当时,下笔挥毫如铁线迂回,后人少有偌大笔力。且也,此幅之胆瓶已是元代式样,宋人何能预拟其式?"董听了,不住点头,接云:"此荷花竹叶插于胆瓶之中,固是实地写生;那盆灵芝和佛手,则为笔者虚拟,格调两不相容。公麟为有宋一代名手,何能出此!雪芹之论,诚为卓见。"最后,雪芹对敦敏说:"明人商祚之《秋葵彩蝶图》的是真迹,足资珍藏。其他诸作,笔力不恶,惜均题前人之名,以高声价。此种务虚名之风,明人已开其端矣。"

说到这里,他们就吃饭了。席间的话题留到第三段再讲。这里先把有关绘画的部分,提前叙述一下。

董邦达看到曹雪芹的"比翼燕"风筝时,不禁叫绝,指着"比翼燕"膀内飞向牡丹花丛的一只彩蝶问道:"雪芹此笔法来自何处?"雪芹说:"此不得不如此之笔也。盖两色相犯过近,极易混淆,故用此法。余睹西洋画后,吸其用色之长,作此'迷笔',幸勿以杜撰见笑也。"董固为知名画家,在大内供奉多年,既知画,所见名作甚多。故雪芹甫言"迷笔",立即领悟曰:"以伪代真,移幻于实,此真画法之独创也!我亦当效颦试之。"言已,问过子龢道:"子龢视此彩蝶落在花上抑未落耶?"初,敦敏与过子龢远观,谓彩蝶贴于纸上或挂于纸上。及经近观,始见此彩蝶实则画于纸上。经董挽两人后退几步再看,则此彩蝶又似"飞离地面,凌空翻跹"矣。敦、过殊以为异。董笑曰:"此即迷笔之妙,前所未有也。"之后,董又翻阅《南鹞北鸢考工志》中之"比翼燕"细察雪芹所创"迷笔"之效。看到"宓妃"绘图中头脸彩图时,董对雪芹说:"此色彩诚为奇绝,何以如此鲜明如阳光曝照耶?"雪芹答道:"历代画家,都以纯色为主,深浅无非以白粉冲淡而已,虽繁而实简。唐代王维曾有复色明暗之法,但其画真迹传世者极少,未可推求。实则物物有色,无非因其映于目中,受光所照,故有五色之多。霑从家藏《织造色谱》中稍窥西洋染色之精要,(中略)乃试以他色代主色,分阴阳,别深浅,画成'宓妃'之头脸,贻笑方家,幸多指教!"

三　董邦达说:"好一片济世活人之心,知芹圃者能有几人!"

席间谈话涉及两个题目,一是,敦敏与董邦达谈及雪芹《南鹞北鸢考工志》时乃告董,雪芹当初怎样救助于叔度于绝境,又告该书实为废疾无告之人谋生使不转死沟壑而写等事。董邦达听了说:"好一片济世活人之心,知芹圃者能有几人!"

另一是,敦敏告董邦达说他吃过雪芹做的"老蚌怀珠",味道鲜美,无与伦比。当时董正尝着雪芹做的鱼(因未买到鳜鱼,未做"老蚌怀珠"),听到敦敏讲的话,笑对大家说:"雪芹真乃天下奇人!'天下才共一石,子建独得八斗',余以此话赠雪芹,最为恰当!"

四　曹雪芹谈北京风向的规律

饭已吃过,大家想看雪芹放风筝。时方未时(下午两点钟左右),天气毫无风意。而雪芹谓必有风,曰:"今早稍刮东北风,卯时过,风即止。中午如此清爽无风,则未时必有和风自西而东。申时左右,将转为西南风,刮向东北,变为清风。可先放些软膀(风筝),以后可放硬膀。此际勿急,稍俟可也。"敦敏听了,不以为然,说:"此时无一丝风,则风将何来?"雪芹答云:"今晨劲风起于丑时,转于寅时;入卯时,见和风,由西北而转北,天明东北风。此京师风向之常律,故可断言稍俟必有风。"言至此,董邦达起来看着雪芹感慨地说:"杜少陵《赠曹将军》诗句云:'试看古来盛名下,终日坎壈缠其身!'思之令人嗟叹!"

这时,他们还在翻阅《南鹞北鸢考工志》。董邦达在对着图和歌诀看了那个带活轴、两腿和腰肢都能扭动、面庞着色浓淡适中、不冶而艳的"宓妃"风筝之后,便索纸笔给《南鹞北鸢考工志》写了一个书签。接着董邦达、过子龢、曹雪芹又都写了几幅春联。

在雪芹刚刚把董写的书签粘好时,户外风起,将绳上挂的风筝,刮得左右摆动。端隽对雪芹说:"雪芹真诸葛亮也!"

五 曹雪芹放风筝的技术

接着就是在太平湖上看曹雪芹放风筝。

关于放风筝,这里有必要多说几句话。我最初看到孔祥泽白话的《懋斋记盛的故事》,对他关于曹雪芹放风筝技术的叙述有些怀疑。后来详读有关原始材料,便觉得他的白话重述是有根据的了。敦敏在《瓶湖懋斋记盛》前面的小序中曾说:

> 观其御风施放之奇,心手相应,变化万千;风鸢听命乎百仞之上,游丝挥运于方寸之间;壁上观者,心为物役,乍惊乍喜,纯然童子之心,忘情忧乐,不复知老之将至矣。

这段话是敦敏看曹雪芹放风筝之后说的,因此可信,曹雪芹放风筝的技术确是高明。雪芹自己也说,他曾"详察起放之理"(见《南鹞北鸢考工志》自序),可见他放风筝技术的高明是经过了一番对"起放之理"的深入研究的。他在某些扎糊歌诀中经常指示"泻风"之法。尤其重要的是,在"瘦燕歌诀"的结尾,有这样一段涉及放风筝方法的附注:

> (上略)纤纤瘦燕"舞临风"者,乃状其起放时有左右舞动之态,盖以瘦燕扎法乃经变格,纸架计算,不依方正。受风之始,必然摆荡,不

必慌张失措。"竟掠翩跹上九重"一句,则云:趁风之势,骤然给线,任其摆动,至风拖起尾,然后猛力挽住,视其上钻,若仍左右大荡不已,则猛力后扯、震动其膀,必使(下缺)

这段话虽残缺不全,但已可见曹雪芹关于施放风筝,是有详细具体指示的。佚著《此中人语》中说明如何放风筝之处,当更详尽。这样我们就有根据相信孔祥泽下面的重述了。(引文略有改动)

"……一阵和风吹过,只见雪芹把右手捏住'苍鹰'的头向东北方向顺风一扔,趁它向前冲去的余力未尽之时,左手一反腕子,滑开摇车,右手顺势拢住了被风刮起的细鼠儿线,略往回一带步,回身向东北右手往上一扬,随着又向右下方做一个半圆的滑线儿动作之后,只见这只'苍鹰',凭空来了一个鹞子翻身掉转了头,面向西南,对着风儿,飒的一立,昂首朝天空一直钻了上去。过子龢看了这一手儿,忙对董邦达说:'雪芹这人确是奇人……'话未说完,董邦达指着风筝叫过子龢看。原来这'鹰'飞向上起的时候,忽然向右微动,就在这刹那间,雪芹把右手的线,用力向下一带,'鹰'一挺身,双翅向后一背,雪芹猛地把手向右上方一荡,随着向前抢了一个垫步,这'鹰'平身而起,掉过头向东北方向冲了过去,大家以为雪芹脱了手。谁知这'鹰'把头向西北转了过来,回过身来了一个盘旋,接着又是一个盘旋,一直向远处飞走。大家只道这是断线了。端隽平日喜爱武术,这时一个垫步蹿过雪芹,想去追风筝。谁知雪芹左手敞开车子,任凭它飞快滑转,线也被吹成一个大兜儿了。敦敏两手攒住前胸大襟,不敢吐出憋了好长时间的一口气;董邦达在旁数着'苍鹰'打过了廿四个盘旋。只见雪芹把右手拢住随风刮弯了的线,向后一搠劲儿,这'鹰'忽地回转了过来,又是一个翻身,一直向上钻去。这只'鹰'已远远高高的只有个掌心大小了,和远处的真鹰无法辨认了。端隽慢慢又走了回来,站在雪芹身旁,抬头看着'鹰'仍在回翔欲动。他说:'这一手儿可真险,吓我这一跳!'大家松了口气,董邦达对敦敏说:'我来时说你把它贬到了宁古塔,这回可真快飞到那儿了吧!我说软翅风筝妙,你这回信了吧?'敦敏也松了一口气了:'我们可饱了眼福。'雪芹这时加紧往回收线,不时叫这'鹰'来两个盘旋,看看已回到北岸河边土坡一带。只见雪芹把线上下移动了一下,'苍鹰'跟着一俯一仰,忽地雪芹把手高高一举,猛地向地下一蹲身,右手点地。这'鹰'在天上扑喇喇一个翻身,有如电掣之势,头朝下,尾朝上,一直冲向地面,董邦达看了也不禁忘情,喊了一句:'哎呀!'那'鹰'已快到地面不过二三尺高的光景。雪芹平身向前猛一甩手,扔出一把线,只这一带手,那'鹰'立刻翻回头来,直冲霄汉,回到天上。接着又是四五个盘旋。董邦达说:'神乎其技矣!雪芹您太累了,我们可饱了眼福。'雪芹也就慢慢地把'鹰'收到头上,做了个带手,这'鹰'就轻轻落在他右臂上。"

至是,敦敏喟然谓雪芹曰:"余意风筝之事,由雪芹苦心经营,此业(指扎糊风筝)必兴;但此艺(指放风筝)难传,能有几人可学到雪芹处!"董邦达接云:"若非目睹其技,其谁信之?余拟借雪芹之书(指《南鹞北鸢考工志》)一阅,并拟为撰一序言。今日之集,固乃千载一遇,虽兰亭之会,未足奇也!"

接着他们又看雪芹放"宓妃"风筝。"只见碧蓝的天空,衬着远处的疏柳,弓绦遇风,闪闪飘动,有如风吹碧波,远浪层层。风筝下面挂着许多小铃,在地面上远远听来,有似涛声。'宓妃'款款凌波徐步,腰肢微微扭动,婀娜娉婷,风流妩媚。观者仰首翘视,已不自知身在何处。"雪芹放起"宓妃"移时,遂又一把一把地往回收,风筝越近,人物看得就越清楚。董邦达走至雪芹面前说:"我用吴公子季札的话说:'观止矣!'我们再也不会想到竟有如此奇奥。雪芹,雪芹,你可谓巧夺天工了!"

雪芹又把"串鹭"放起,轻轻飞上天空,远远看去,像真的一样。董邦达对敦敏说:"雪芹以天为纸,画了许多活动的画儿,这不是'一行白鹭上青天'么!"

中间于叔度经敦敏再三派人去才请来。于叔度能画花卉,尤长于托裱老画。于自以为已脱离文人行列,自称"手艺人",董邦达勉励他说:"我尝听芹圃、懋斋谈及叔度精于技艺。改了行也好,给后来的寒士开辟一条生活之路。叔度其勉之!"

（于叔度带来一个大"扎燕"。董邦达看了"扎燕"膀内一个彩蝶飞向牡丹花丛，遂与雪芹谈"迷笔"问题。因侧重谈画法，我已在前面第二节述及，兹不再赘。）

这时已近晚饭时候，由端隽做主人在外面饭庄叫一桌山东酒席，吃晚饭时，又多了个于叔度。在饭前，他们的谈话涉及以下的问题。

董邦达和曹雪芹谈为什么用"意匠"手法做扎燕。雪芹说："北地多烈风，一向只有用拍子，即尾下坠以长绳，才不致倾倒。此法甚不便。由于人们喜用燕子比喻春回大地，燕子报喜，故用燕子做个风筝。但软翅双燕，不能做大的，因此，我想把燕子用硬膀上下双条对扎。这样，则用三停三泄之法，省掉长尾巴，而且能吃硬风。我先扎一简式，计算一下泄风的尺寸，糊成一个与'娃娃燕'类似的风筝。一试之下，果然不错。但是，怎么画呢？我想除了运用意匠之法外，不能使之喻人，而形其喜怒之情于眉宇之间。所以又进而做出'肥燕'的形式，以为盛年之男。更以'瘦燕'拟女，以'比翼燕'拟夫妻……"

董邦达与雪芹正谈话间，忽闻一阵锣鼓之声，来自天际。盖此时端隽正在太平湖上放"半瘦燕"风筝。董走出门外，只见"半瘦燕"背上缚着锣鼓，有节奏地敲打着。两肩滚着彩色的风斗，像双翅在翻飞。此时远处飞来一排成"人"字形的"大雁"。于叔度又放起了一对"金鱼"和"螃蟹"等水族风筝。董邦达见此喟然曰："以天为纸，已经绝妙；将云拟水，尤难想象。雪芹的是妙人！"从雪芹下面的答话，我们可知他对"格致"之学的态度。他说："孚公勿过奖。此诸风筝虽形态各异，然其所以受风而起的道理则一。格致之学，并不玄奥，在人肯不肯静心思索揣摩耳。若能细心钻研，自能融会贯通。"

六　最后董邦达、曹雪芹、敦敏、于叔度的谈话

在吃晚饭时，董邦达对敦敏和大家说："懋斋，今日之盛会，恐千载一遇。余以为风筝虽属艺之小者，但实极难。试思：若不通扎糊之理，即无

由放起；倘不能绘而成形，又何能使人有以辨识。故必懂塑形、脱胎之艺，尤须精通机轴转动之巧。繁复错综，智巧并用，心手兼施。此岂仅知书画之人所能为者？然雪芹之所以惨淡经营，苦心孤诣撰此书者，其意则在为废疾无告之人，谋一自活之道。雪芹自序，愚已拜读，自谦殊甚。余亦拟为此书写一序文，懋斋亦应有文以纪今日之盛。"敦敏说："惜余不文，今日若有敬亭在，则佳矣。虽然，余固当勉力为之。"雪芹对董允为写序，表示谢意并将《南鹞北鸢考工志》付董。

董又谓于叔度曰："叔度亦旷世逸才，甚望能为此业披荆斩棘，下一番功夫，发扬光大雪芹苦心经营之事业，万不可使之失传。"过子龢亦曰："韩退之曾说过：'吾子勉乎哉！'我亦以此语转赠叔度。"

最后，董行前，于叔度将"宓妃"赠董，董谦谢一番始受。于又以"长干小儿女"赠敦敏，"半瘦燕"送给端隽。当大家把雪芹原作和于叔度的仿制比较一下时，董邦达认为雪芹用色远胜于叔度，对于说："叔度固有心人，但要达到雪芹之造诣，还须下很大功夫！"由于于叔度善裱字画，董又邀他改日去董家里一叙，并告诉大家，过些日拟邀请当天的所有人再次聚会。

在大家分手前，由过子龢建议，董邦达协助让"惠老四"从雪芹和于叔度学做风筝。

孔祥泽的"故事"，《记盛》下半篇阙文中所包括的基本内容就是这样的。

我们综观全文，认为下半篇多半是赞扬曹雪芹各方面才能的。由董邦达的谈话中，我们也可以看出：他对雪芹的坎坷遭遇，颇为同情。这些对我们进一步了解曹雪芹都有帮助。同上半篇残文合起来看，就可见《红楼梦》作者的风貌、才具、行事和为人，这是十分重要的曹雪芹传记材料。

写于一九七四年十一月，一九七六年五月十一日
改稿于沙滩，八月廿日改定于郑州旅次。

卷三　曹雪芹佚著和传记材料浅诂

第一篇
《南鹞北鸢考工志》的成书年代

从《南鹞北鸢考工志》发现以后,我们才知道曹雪芹会扎绘风筝。其实,我们只要细读一下《红楼梦》第七十回描写放风筝那一大段文字,就可知他对风筝是很内行的。那段文字虽然没有讲到扎糊和绘画风筝,但第一,那里讲的风筝种类却可以拿来同《南鹞北鸢考工志》里的风筝图式和风筝歌诀,互相印证。第二,据北京长于放风筝的人说,那里所描绘的放风筝的技术是很内行的。放风筝并不是简单地放起来就了事。复杂的风筝,不但它本身就有精巧的结构,而让那些精巧的结构起作用,还有待于放风筝人的高明技术。欲使"风鸢听命乎百仞之上",完全在于怎样把"游丝挥运于方寸之间"。敦敏在《瓶湖懋斋记盛》里这两句话,的确道出了放风筝的三昧。根据看过《瓶湖懋斋记盛》已佚部分的孔君说,曹雪芹放风筝的惊人技术,曾于乾隆二十三年腊月二十四日在宣武门里结了冰的太平湖上,当着董邦达、过子龢、端隽、于叔度、敦敏等人表演过。

从曹雪芹所创图式的风筝在乾隆二十年出现以后,直到解放之前,北京几家著名扎风筝的都是用他的风筝图式。乾隆二十年以前的那种粗糙的旧式扎法和画法,就降居次要的地位。过去扎糊风筝行业的人,有的以曹雪芹的图谱为家传秘本,不肯示人;有的根本不知道谁是他们每天所依据的图式的创始人。到了今天,已经很少有人知道:北京流行的精致风筝一直是在用着曹雪芹的风筝图式。

《南鹞北鸢考工志》是曹雪芹的《废艺斋集稿》中讲风筝的一册。除了《废艺斋集稿》中的这一册誊清本已被日本人金田氏携走外,我们现在所知道的,还有以下各本:

一　于叔度家传下的本子。

二　哈魁明家传下的本子。

三　敦家传到其后人金福忠手的本子。

四　赵雨山传下的本子。

五　陈氏本(据孔祥泽说)。

第一种本子现在已不知下落,据说于家最末一代是个女的,已于前数年死了,没有后人。第二种本子的主人哈魁明还在。据哈告诉我,这个抄本已于数年前遗失。第三种本子,七八年以前孔君曾经从金家借阅过,现在也不易发掘出来。第五种本子是哈魁明曾经向陈氏借阅过的一个本子。哈本人和孔君都同我谈过。但他们都没有说清楚这个本子的主人和下落。第四种是赵雨山收藏的抄本。据孔祥泽说,他在一九四四年替日本籍教师高见嘉十抄录金田氏的稿本时,赵雨山手上早已保存了一个抄本。当时,赵还拿出来同金田氏的稿本对照过,内容基本相同。赵雨山已于一九六七年逝世。听说他的后人还收藏着曹雪芹讲风筝做法的《此中人语》。此书乃是用口语讲解怎样扎糊绘画风筝的,是专为那些有废疾而文化程度不高、看不懂或听不懂"歌诀"的人写的。据孔祥泽说,《废艺斋集稿》八种中之六种都有《此中人语》。

《南鹞北鸢考工志》的内容大概是这样:(一)董邦达的序,(二)曹雪芹的自序,(三)关于扎、糊、绘、放风筝的"通论",(四)彩绘风筝图谱,(五)扎绘风筝的歌诀,(六)附录:敦敏的《瓶湖懋斋记盛》。上面这些内容除自序、董序外,都是残文。

以下我谈谈:《南鹞北鸢考工志》何时动笔、何时成书、曹雪芹用了大约多少时间完成这部书。

曹雪芹的《自序》写于乾隆二十二年(丁丑,1757)的清明前三日。估计全书亦于写《自序》时完成。

按敦敏于乾隆二十三年（戊寅，1758）腊月廿一日，曾在于叔度处看到曹雪芹这部讲风筝的书。据敦敏说：

……芹圃出其所〔著之〕书示余。甫〔阅〕其〔图〕，〔便〕觉绚丽夺目，人物栩栩，光〔明〕曝照，曾所未睹。

这里虽未说明他看到的是什么书，但试看下引曹雪芹自己写的歌诀，一则说：

……喜看长干小儿女，青梅竹马戏门前；宓妃何兴来天畔，婀娜娉婷步清涟。

再则说：

……兔起鹘落拟鹰隼，下击上翻复盘旋。最是多情双飞燕，左扑右闪逗云间。金鱼浮泳常摆尾，彩蝶追逐喜翩跹。

把敦敏所谓"绚丽夺目，人物栩栩"同过子龢竟把宓妃风筝当作了真人的事联系起来，就可以证实：敦敏所看到的书正是《南鹞北鸢考工志》手稿了。

又董邦达于乾隆二十三年腊月二十四日，在敦敏家里也看到了这部手稿（详见本书卷二第三篇《〈瓶湖懋斋记盛〉阙文钩沉》）。

由此可见，《南鹞北鸢考工志》全稿在乾隆二十二年初曹雪芹写《自序》时，似已完成。

曹雪芹是什么时候开始写《南鹞北鸢考工志》的呢？他的写作过程有多久？《自序》说：

>......曩岁......故人于景廉(裕按：即于叔度)迂道来访。
>......数年来老于业此,已有微名矣。

敦敏在乾隆二十三年写《瓶湖懋斋记盛》时也说：

>......叔度......为余缕述昔年济〔彼〕之事。
>......叔度曰......数年〔来〕赖〔此〕为业,一家幸无冻馁。以是欲芹圃定式著谱,庶使有废疾类〔余〕者,借以存活,免遭伸手告人之难也。

根据这些材料,我们可以做以下几点估计。

第一,曹雪芹初次以扎绘风筝的技艺教于叔度,至迟当在乾隆十九年(甲戌,1754)。

理由：(一)曹雪芹在乾隆二十二年说"曩岁",于叔度二十三年对敦敏说"昔年"。照一般用法,此二词至少都应该指两年以上。(二)曹雪芹二十三年说："数年来,老于业此,已有微名矣。"于叔度二十三年对敦敏说："数年来赖此为业。"按取得"微名"的"数年",起码也得两三年。

因此我在一九七三年二月号《文物》中《曹雪芹的佚著和传记材料的发现》一文里断定：

>故雪芹初教于叔度以风筝的技术,至迟当在十九年或竟再早一两年。

这个推断由后来查出的气象记录材料证实了。曹雪芹在《南鹞北鸢考工志·自序》中说：

> 是岁除夕,〔老〕①于冒雪而来,鸭酒鲜蔬,满载驴背,喜极而告曰:"不想三五风筝,竟获重酬,所得当共享之……"

根据气象史料所载,乾隆十九年前二三年和后两年的除夕以及除夕之前都没有雪,只有十九年除夕的前七八天之内(腊月二十二至二十七)一连下了三场雪。除夕当天,北京城内无雪,但曹雪芹说"老于冒雪而来"如何解释呢?有两种可能的情况:一个是除夕那天北京城内虽无雪,曹雪芹所住西郊一带仍可能飘雪;另一个可能是,"冒雪"二字用得比较随便,实际上是指"踏雪",即踏数日前所下的"雪"。故曹雪芹之初教于叔度扎糊风筝,当必在是年无疑。

第二,但是曹雪芹着手写《南鹞北鸢考工志》不可能在乾隆十九年,而必须在二十年(乙亥,1755)到二十一年(丙子,1756)之间。

理由之一,据曹雪芹《自序》说:"〔老于〕……时时促余为之谱定新样……于是援笔述此《南鹞北鸢考工志》。"首先,于叔度访曹雪芹是在乾隆十九年腊月,过几天就是二十年。估计于初学扎绘风筝,照样扎糊之不暇,哪里会在几天之内再向曹雪芹要新的风筝图式?其次,即使于向曹要,其事也当在二十年上半年,甚至在二十年下半年。至于要他"定式著谱"写一部讲风筝的书,曹也不一定马上就写,所以曹动笔写书,就应该是更晚些时的事了。

这样,曹雪芹开始写《南鹞北鸢考工志》的时间,大约应该是二十年的下半年,甚至是在二十一年初。

那么,曹雪芹从二十年下半年开始写《南鹞北鸢考工志》到二十二年的"清明前三日"完成,大约有一年到一年半的时间。从《南鹞北鸢考工志》中那许多复杂的风筝扎糊、绘画的图式和歌诀看来,这一工作是需要较长时间的。董邦达的序中说他"惨淡经营",也可证明这一点。

理由之二,《废艺斋集稿》中还有另外七种手稿。即使把假定为曹的

---

① 据一九七九年重检孔祥泽原抄件,此处应补两个字,全句当作"是岁除夕〔前老〕于冒雪而来",详看我的《曹雪芹佚著浅探》,天津人民出版社版。(一九七九年六月二十五日沙滩。)

早期之作的讲刻图章和讲烹调的两种除外,其余五种的编写,也完全有可能占用从十九年到二十二年这段时间。

还有我们不要忘记,这段时间也是曹雪芹陆续写《石头记》的时间。乾隆十九年脂砚斋抄阅再评《石头记》,二十一年脂砚斋三评《石头记》。在庚辰本七十回末有这样一条记载:

> 乾隆二十一年五月初七日对清,缺中秋诗,俟雪芹。
> □□□,□□□。开夜宴,发悲音。赏中秋,得佳谶。

是不是由于插进了《考工志》甚至整个《废艺斋集稿》的写作,雪芹就耽误了写《石头记》里的中秋诗,因此才说"俟雪芹"? 我看不但可能,而且必须这样估计。批语中的"□□□,□□□"显然是因忙而未写出准备用到《石头记》回目中的"备忘录"。

由以上的情况看来,我们可以初步断定:曹雪芹开始写《南鹞北鸢考工志》是在乾隆二十年下半年,而完成的日期,则在乾隆二十二年"清明前三日"之前。

一九七三年五月于沙滩。

第二篇
曹雪芹的《题自画石》诗解

一 《红楼梦》外曹雪芹唯一的一首完整的诗

脂砚斋在甲戌本《石头记》第一回"未卜三生愿,频添一段愁……"一诗旁批道:"余谓雪芹撰此书,中亦为(有)传诗之意。"曹雪芹本人是否像脂砚斋所说,想用《红楼梦》里的诗来传他自己的诗,是很可怀疑的。

《红楼梦》里的诗百分之九十九是作者代书中人物所写的诗,只有几首是作者自谓的诗。固然,作者为小说人物代写的那些诗也是出自曹雪芹之手,但是如果就用那些诗来代表曹雪芹的诗,总令人有不能窥雪芹诗的本来面貌之感。

人们的这种感觉不是没有道理的。《红楼梦》里为小说人物写的那许多诗,都是要服从小说人物的思想和性格的;它们不能直接反映雪芹的思想和性格,甚至也不能用它们代表雪芹诗的风格。像敦诚所说"爱君诗笔有奇气,直追昌谷破篱樊"(见《寄怀曹雪芹(霑)》)。曹雪芹那样风格的诗,应该不是《红楼梦》里那许多"为人捉刀"的诗才是。后者即使写得很好,即使替谁写就像谁的诗,也终于不易看出曹雪芹自己的思想感情。

所以我认为,只有从雪芹用第一人称所写的诗里,才能更确切地看出他的态度和思想以及他的诗的特点。

但是曹雪芹的除《红楼梦》一书以外的诗,却又少到我们前此只知道"白傅诗灵应喜甚,定教蛮、素鬼排场"这两句的程度。张宜泉说雪芹"君诗曾未等闲吟"(见《和曹雪芹西郊信步憩废寺原韵》),可见曹雪芹的诗流传的固少,他写的也根本不多。

除了《红楼梦》里的诗以外,现在确知曹雪芹写过的诗有:一,题敦诚

《琵琶行传奇》一折的七律,现仅存上述最末两句;二,雪芹和敦诚于乾隆二十七年深秋相遇于槐园,敦诚解佩刀沽酒,与雪芹共饮,雪芹曾作"长歌"以谢之,从敦诚答诗的《佩刀质酒歌》看来,雪芹的原作大概也是一首较长的古诗;三,上述张宜泉的诗提到的曹雪芹《西郊信步憩废寺》一诗,从张宜泉的和诗中,我们还可以知道雪芹原诗的几个韵脚。

敦敏称道雪芹说"诗才忆曹植"(《小诗代简寄曹雪芹》),敦诚说他"诗追李昌谷"(《荇庄过草堂命酒联句……》)。他们这样评价雪芹的诗,怎么能够不保存一些雪芹的诗呢?我认为他们是保存了的。《题琵琶行传奇》不用说,敦诚自然会保存的。敦诚还有个《闻笛集》,是他"追念故人录辑其遗笔而作",其中也必有雪芹的诗篇和书简。敦诚的诗文杂著传下来的不少,独这《闻笛集》至今仍无下落。北京图书馆藏的《四松堂集》底稿本中虽有些诗和《鹪鹩庵笔麈》若干条为刻本(即现在影印本)所无,但《闻笛集》则付阙如。奇怪的是,永𤣱(即嵩山)在敦诚生前为他写的一篇《四松堂集序》里明明说:"《闻笛》一集,尤见其笃于友谊之厚。"可见敦诚自己编集时已将《闻笛集》编入,却不知为什么,不但刻本中无此集,稿本的《四松堂集》中,也没有它。据我估计,或者是敦诚晚年把它从《四松堂集》稿本中抽掉,或者是他死后敦敏和桂圃为他料理刻集时删掉。删掉的原因,大概是由于其中有些与当时政治有关的诗词和书简,编者不愿让它流传出去。稿本《四松堂集》中也无该集,更可说明这点。稿本本是敦家自己收藏的东西,原无必要将它抽出。既然也为稿本所无,可见敦家当时是很重视收藏有关曹雪芹诗文的政治后果的。

那么,曹雪芹《红楼梦》以外的诗是无法看到的了,也不尽然,有些可贵的材料往往偶然得自杂记之类的东西中。我现在要谈的曹雪芹这首《题自画石》诗,就是孔祥泽从他外祖父富竹泉所著《考槃室札记》手稿中抄出来的。富竹泉的父亲名盛紫川,曾在清朝恭王府做过管家,故富竹泉与诸王府的人也熟,因而得在某贝子家里看到这首诗。原诗是写在扇面中所绘的石的上端。竹泉字稚川,作画时署"金台三畏"。"富"是满洲富察氏。竹泉女即孔祥泽的生母,名富瑾瑜,字楚珩。她曾著《楚珩诗草》一书,未刊。诗草中有《和大观园菊花诗原韵》十一首。大概当初富的家庭是爱好《红楼梦》的。

富竹泉《札记》中的那首雪芹的《题自画石》诗云：

爱此一拳石,玲珑出自然；
溯源应太古,堕世又何年？
有志归完璞,无才去补天；
不求邀众赏,潇洒做顽仙！

以下试对这首诗加以解释。但我们必须把此诗同雪芹的生平以及他的其他作品和思想,联系起来讲才行,只就诗的本身来谈此诗是不够的。

二　作者较早时期的补天思想

根据现有的材料,曹雪芹在诗文中常常提到石。他自己既常常画石,也曾以石自拟。乾隆二十五年敦敏《题芹圃画石》云："傲骨如君世已奇,嶙峋更见此支离；醉余奋扫如椽笔,写出胸中磈礧时。"从这些诗句看来,雪芹是借画石以抒发胸中不平之气。

但更重要的是他以石自拟。脂砚斋早就指出这一点。在《石头记》第五回第一支《红楼梦》引子"开辟鸿蒙,谁为情种"句旁,朱笔批云："非作者为谁? 余又曰：'亦非作者,乃石头耳！'"甲戌本在"乃石头耳"句下,有一墨笔批语道："石头即作者耳。"此批虽是墨笔,因而可能是年代较后的批,但可谓已得脂批本意。脂砚斋又在《石头记》第一回"无才补天,幻形入世"句旁朱批云："八字便是作者一生惭恨！"这都说明作者"以石自拟"。在这个意义上,谈石的遭际,同作者的思想就有密切关系了。

从《石头记》第一回作者交代那"石"的来历的文字看,我们似乎也可以看出作者的一些态度。

原来女娲氏炼石补天时……只用了三万六千五百块,只单单的剩下了一块未用,便弃在此山青埂峰下。谁知此石……因见众石俱得补天,独自己无材,不堪入选,遂自怨自叹,日夜悲号惭愧。……

又同回一偈中的前两句:

无材可去补苍天,枉入红尘若许年!

都表示:由于自己无才补天,不堪入选,才自怨自叹,白白在世上活了这么多年之意。如果我们把"无才"不照字面的"没有才能"之义解释,而认为这是作者代那块石头的谦虚之词,则上述的正文和偈语都有"补天"思想。那就是说,"无才"是自谦之词,并非真的无才,而"补天"则是有意,却又未能"入选"。结合雪芹在《红楼梦》书中写了以探春为典型代表的"补天"人物,则作者早年之有"补天"思想是可能的。

可是,我们必须知道,上引这段话是作者在较早年代写的。假如初草《红楼梦》是在乾隆九年左右,则那时作者的思想是不能拿来和他在乾隆二十年前后的思想相提并论的。当一个人由繁华而小康、由小康而转入凋零的开头,不免回忆甚至留恋过去,这也是自然的。乾隆九年左右,从有关的间接材料看,雪芹无论如何,也还并未到"山穷水尽"的地步。他有忆昔抚今的感慨,是并不奇怪的。正是由于那时作者还没有对他所置身其中的封建社会认识清楚、对它还未十分绝望,所以他才可能有"补天"的思想。

从《红楼梦》的内容来讲曹雪芹的"补天"思想,那就是补贾家那个小"天"。"敏探春兴利除宿弊",毕竟无济于事。若说大"天",则乾隆时虽号称清朝的盛时,但二十年到三十年已是盛极而衰的转折点。《红楼梦》就是这个大"天"由盛而衰的缩影——四大家族之一的贾家在其由腐朽而走向衰亡过程中所经历的经济的枯窘、道德上的腐化、伦理体系的松弛以至于解体、奴隶制的动摇种种事实,都是那封建社会的大"天"现实的反映。

《红楼梦》中的"补天"思想,绝不是贯彻始终的,一个无情地揭露不可救药的疮疤的作者,他的思想感情是憎恨,不是补苴。

再进一步,作者就不想"补天"了。

三 不想"补天"的态度及其背景

一九六七年秋孔祥泽把《题自画石》诗抄给我。一九六九年他又把《南鹞北鸢考工志》曹雪芹的《自序》抄给我。董邦达的序我得到得较晚些,大约也是在曹序后不久。敦敏的《瓶湖懋斋记盛》残篇得到最晚,大概是在一九七一年我启身去皖北濉溪干校之前。我得到这些材料后,曾在空闲的时候仔细阅读过几遍。我觉得曹雪芹的世界观有变化,同过去读《红楼梦》时所得的"凄凉之雾,遍被华林"的印象,有所不同。我在《文物》杂志上发表那篇文章时,虽有此想,却因此事体大,未敢多说,只表示新材料很重要,从中可以看出雪芹晚年思想的变化而已。

直到一九七三年九月,我在中国历史博物馆讲到这个问题的时候,才断定曹雪芹晚年的世界观有变化。他的《题自画石》诗是一个重要的证明材料。

我们初读《题自画石》诗,觉得其中许多诗句似乎可以给第二节所引《红楼梦》第一回女娲炼石补天那段话作注解。其实,这是用他后期有进步思想的文字,去注释早期对过去有所留恋的文字。这是一种混淆作者思想变化和发展线索的很错误的方法。区别一个思想家前后时期思想的不同,是非常重要的。

如果《红楼梦》开始写作于乾隆九年左右,则《题自画石》诗至早是写于乾隆十五六年他迁往北京西郊以后。甚至还要晚,写于乾隆二十三年迁往白家疃以后,写于他乾隆二十五年从南京(假如他去过南京)回来以后,都不无可能。我个人认为该诗应该是写于乾隆十五六年他从北京城内迁往西郊村居以后。在城市生活昂贵因贫而住不下去,迁往荒村,鬻画维生,有时仍然饔飧不继的情况下,他不仅对他的亲族、戚友等社会关系,结合自己切身的经验和感受而有"冷暖自知"之感,而有"疏亲慢友因财而散世间多"(相传为鄂比赠雪芹联中语)之想;他对当时的腐朽、黑暗、强暴的封建社会,也会有"人间何世"的看法。他已不会对那个社会寄予希望,他只有在实际生活上过着远避尘嚣可能被人视为"隐士"般的生活。但在他的内心却蕴藏着对时代的憎厌,在他的著作中却无情地揭露、猛烈地抨击那个走向没落的封建社会。《题自画石》就是在这样的事实背景和思想情况下写出来的。

上引《题自画石》全诗中的后四句,是说明曹雪芹已无"补天"之意的关键性的诗句。我是这样理解这四句诗的:

> 我决心要保持自己的完好纯洁;
> 我可没有才能去补你们那污秽、卑鄙、强暴(封建社会)的"天";
> 我也不稀罕取得那些浸透了你们的(封建统治阶级的)观点的人们的欣赏;
> 我情愿潇潇洒洒地做一个你们圈子外的"顽"仙!

这几句诗的脉络很清楚,由于作者已经不顾封建社会的所谓"舆论"(亦即"众赏"),而坚决地要做一个自己能够保持完好纯洁(即"完璞")的"顽仙",我们就不能再把"无才去补天"简单地、孤立地解释成由于没有"材"去补天、没有机会参加"补天",就"自怨自叹"那个意义的"无材补天"了。脂砚斋批说"无材补天"是"作者一生惭恨",我看这如果不是脂砚斋替曹雪芹打掩护(亦即宁让统治阶级认为《红楼梦》作者是个一般"怀才不遇"但对当时统治仍存希望的人,而不使统治阶级知道作者是个根本反对那个统治的人),便是他并不深知雪芹的反封建的思想感情。我认为脂砚斋是在打掩护,那就是说,曹雪芹决心保持"完璞",不想要什么"众赏",而甘愿做个"顽仙"的行动,应该是一个随着物质生活条件的变化、经过思想斗争的重要的思想转变。

可以作为上述看法佐证的,还有曹雪芹刻的两个闲章。其中之一曰:

"画外甄人"。(请参看我的《曹雪芹佚著浅探》,天津人民出版社版)据说此章实即"化外完人"之意,而那"化"无疑地就是封建统治的"化"。雪芹自称"化外",可见他的反封建思想是非常明显的。如果像孔君所说,雪芹原意把"甄人"当作"顽人"来用,犹如"顽仙"一样,那便不能不令人想到"殷顽民",其反现状的情绪就更强烈了。这"化外"的"完人"正是那要归"完璞"的人;而"化外"云云,也正可以同"不求邀众赏"而要"潇洒做顽仙"的"顽仙"一词互释。如果说这样的一个人是个还有"补天"思想的人,恐怕无论如何也说不过去罢。

四 结合其他材料看《题自画石》诗的思想

《红楼梦》作者之所以不想"补天",是他的物质生活条件变化、思想感情也起了相应的变化的必然结果。他虽事实上置身于那个封建社会之中,但是他的思想感情同那个社会乖离了。他不再有什么"伤感"和犹疑,他坚决地反对旧的、憧憬着新的。对旧的,在严酷的体验、冷静的观察之后,他无情而猛烈地抨击着。对新的,在当时的社会经济发展条件下,他热情却蒙眬地期待着。《红楼梦》之所以不同于《儒林外史》,就是因为它除了暴露之外,还有对光明的希望。如果说在《红楼梦》中,已使我们不仅看到了揭露,也看到些微光明的话,那么,在他的佚著《废艺斋集稿》中,我们又比较明晰地看到了这种光亮。

从宗室敦氏弟兄有关雪芹的诗文中,我们很容易得到这样一个印象:"雪芹是个怀才不遇之士"。张宜泉的那几首诗,特别是《题芹溪居士》一诗,又把雪芹描绘成"高人逸士"的形象。读了残缺的《废艺斋集稿》之后,我认为雪芹并非前者,因为他并不想什么"遇",试想:把"富非所望不忧贫"的七字风筝悬诸天际以明志的人,还会有什么"悲不遇"的情绪么?他也不是后者,因为他并不想"逸",试想:他后期同那些有废疾而无告的贫民手工业者生活在一起,还能算是所谓"逸士"么?

在马克思主义(科学社会主义)产生之前,任何社会阶段末期的进步思想，都是一方面猛烈地抨击旧的社会政治制度，另方面也自觉或不自觉地勾画出一个某种新社会的形象，而这个形象常常是以乌托邦的方式出现的。在法国革命前一百年出生的孟德斯鸠是如此，即较晚的卢梭，也是如此。由于清朝乾隆时期的中国社会也孕育着资本主义生产关系的萌芽，故曹雪芹的思想也是一样——他用他的伟著《红楼梦》主要地揭露旧社会，而他的佚著《废艺斋集稿》中的某些内容则暗示一个新的社会。

《红楼梦》是通过描绘或揭露来反封建政治法律，反封建伦理道德，反封建婚姻，反封建考试制度，也可以说，反封建等级制的。但是，如果把《红楼梦》看作一部只有"揭露"的作品，那也不免狭隘。任何"反"的主张都是既在消极意义上"反"什么，又在积极方面"要"什么。"反"是破，"要"是立。事物总是"破也立在其中"的。曹雪芹虽然在《红楼梦》中未明白揭出他"要"什么，但他"破"的另一面无疑都是他要"立"的东西。例如：反封建婚姻是"破"，其另一面则是要"立"婚姻自由；他反封建等级制是"破"，其另一面则是要"立"平等。《红楼梦》第二回说正邪两赋的人，"易地则同"之说，实质上就是要求社会平等和男女平等。《红楼梦》作者和西方思想家不同，他没有公开宣称他要"自由、平等"，但实质上，他要的正是这些东西。这种情况当然是《红楼梦》里反映当时极其微弱的市民阶级的要求，但我们今天却不能不承认这是《红楼梦》里的"光明"。

在《废艺斋集稿》中，我们却看到了曹雪芹对于他所憧憬着的新社会的几笔勾勒。

和西方封建社会末期的某些进步思想家一样，曹雪芹也用设想中的过去寄托未来。某些西方思想家们爱谈人类最初的"自然状态（State of Nature）"。他们对自然状态的设想可大别为两派：一派认为那"自然状态"坏得很，必须赶快脱离；另一派认为那个"自然状态"很好，应该回到那种状态去。曹雪芹的思想，是与后者相近的。他在《南鹞北鸢考工志·自序》中说：

……〔因〕思古之世，鳏寡孤独废疾者有养也，今〔则〕如〔老〕于其人，一旦伤足，不能自活，其不转乎沟壑〔也〕几〔稀〕……

在《红楼梦》里，也有两段文字，可以与此互相发明：

……今之人，贫者日为衣食所累，富者又怀不足之心……（见戚本，第一回）

又说：

……雨村道："你说的何尝不是！……但岂可因私而废法？……"门子冷笑道："老爷何尝不是？但只如今世上是行不去的。……"（同上书，第四回）

在这里，雪芹之所谓"古之世"，实际上就是他所想象（尽管模糊地）的社会；所谓"今世"即当时处在其中的清朝乾隆时期的封建社会。

上引《自序》中那几句话，虽然简单却很明确地把曹雪芹自己所想望的社会同当时的封建社会，做了一个强烈的对比。在《南鹞北鸢考工志》的某些歌诀里，曹雪芹还更具体地把他这个理想的社会叫作"桃园"或"武陵溪"。他描绘他想望的这个社会道：

为筑双栖室，撷取连理枝。
卜居武陵溪，仙源靡赋役。
相敬诚如宾，真情非伪饰。
偕隐岂邀名，澹泊实素志。
…………
锦衣纨袴者，尽是轻薄儿。
耻与侪辈伍，联袂去云霓。

（见比翼燕歌诀）

又说：

> 邀集新雨觅仙境，会同故友访武陵。
>
> （见半瘦燕画诀）

又说：

> 权寄游兴桃园水，耳寓逸情武陵溪。
>
> （见小燕画诀）

可见他虽用了陶渊明的"桃园"、"武陵"这些名词，实质上却用这些名词来设想他理想中的社会生活，也就是他的乌托邦。根据他的不完全的描述，他这个乌托邦的情况，大概是这样：第一，鳏寡孤独有废疾者，都要由社会供养，使他们能够生活下去，而不致转死沟壑；第二，这个社会没有苛捐杂税，没有各种徭役；第三，由于有了婚姻自由，男人女人都可以选择他们所喜欢的对象，所以夫妻的生活也过得真实坦率、相敬如宾，并且是出于真情，并非做虚伪的面子；第四，这里的社会风气是朴实的，大家都讨厌那种"锦衣纨袴"之辈；第五，这里的人对"仕途经济"没有兴趣，不求名利，他们只过着一种澹泊的生活。由于讨厌和当时社会的那些"侪辈"为伍，所以才夫妇"联袂去云霓"的，才"卜居武陵溪"的——这充分说明了，作者是在怎样热切地追求着理想的生活。

综观上述，可见曹雪芹既有反对当时封建社会的思想，也有企求自由、平等的思想，他还有对未来理想社会的憧憬——即他所谓的"桃园"或"武陵溪"。只有结合这些情况，我们才能彻底了解他的《题自画石》一诗的意义。这样，则可知"有志归完璞，无才去补天；不求邀众赏，潇洒做顽仙"中的"无才去补天"、"不求邀众赏"乃是他对当时社会的态度——"我可没有才能去补你们那个污秽、卑鄙、强暴（封建社会）的'天'"，他不想再补天了。"我也不稀罕取得那些浸透了你们封建统治阶级观点的人们的欣赏!"他不在乎他敌对方面的所谓"舆"论了。这是一种对旧社会极端失望、厌弃的表示。这同《红楼梦》作者对封建社会的那些黑暗、残酷的事实的无情揭露的心情,是完全符合的。

特别是,"不求邀众赏"这句诗,出自雪芹自己之口,即证明敦氏弟兄描写他的一些诗句,如:

接䍦倒着容君傲,高谈雄辩虱手扪。(敦诚)

傲骨如君世已奇,嶙峋更见此支离。(敦敏)

可知野鹤在鸡群,离院相呼意倍殷。(敦敏)

狂于阮步兵。(敦诚)

曹子大笑称快哉!击石作歌声琅琅。
知君诗胆昔如铁,堪与刀颖交寒光。(敦诚)

都是符合那个"高谈雄辩",旁若无人,对看不惯的人施以白眼的曹雪芹的态度的。"舆"论你们自"论"之,那对曹雪芹还不像一群讨厌的苍蝇在耳边嗡嗡一阵一样,他哪里会想要"舆论"来欣赏他的政治态度!反过来,这些诗却也证明:"不求邀众赏"这句诗,的确是曹雪芹口里出来的诗。"特立独行,不顾人之是非",曹雪芹在当时的政治态度,的确是这么一个劲儿。

至于"有志归完璞"、"潇洒做顽仙"这两句诗,则是他自己的理想和所持的态度。能够使曹雪芹保持"完璞"般的纯洁而不同流合污,能够允许他潇潇洒洒地做个"顽仙",我看是非在他所描绘的那个"桃园"、"武陵溪"里面生活不可的。但事实上,香山健锐营固然不是"桃园"、"武陵溪",即使白家疃那个荒村,也不是。"桃园"、"武陵溪"终于只是个"理想国"而已,虽然作者本人对于那个"理想国"并没有描绘出一个清晰的轮廓。根据当时社会经济发展的条件和曹雪芹本人的思想实质,我们认为,那大致是一个小生产者所企求的社会组织。在当时这是个有进步意义的"理想",它是作者在《红楼梦》中闪射出的些微"光明"的扩大。

一九七二年写于皖北,一九七四年改稿于北京沙滩,
一九七六年八月改稿于郑州旅次,一九七七年完稿于沙滩。

【附记】 有人怀疑《题自画石》诗,但尚未拿出令人信服的证据。参看我的《论废艺斋集稿的真伪——兼答陈毓罴、刘世德两同志》,见天津人民出版社印行我的《曹雪芹佚著浅探》一书。

第三篇
《南鹞北鸢考工志》董邦达序书后

董邦达这篇序虽然很短,却很重要。近年来各大学内部印行的《红楼梦》资料,大都转载曹雪芹的《南鹞北鸢考工志》和敦敏的《瓶湖懋斋记盛》,但很少见有收董邦达这篇短序的。是不是由于董邦达是当时的显宦,曹雪芹著的书上有他的序不好解释?是不是由于序中有些"阴功"、"立德"这样的词句,就被认为不值得注意?是不是因为董序是一篇小八股,而用八股为人作序向来少有,就怀疑它的真实性?

我认为这些问题都可以解答。

(一)先谈文体问题。一九七一年底,我曾自安徽濉溪把这篇序抄给周汝昌同志。翌年一月十四日,他的复信里有云:"董序实是一篇小八股文(作法最清楚),弟见序文多矣,如此法者实为未觏。盖清文士皆能八股法,但不以此法为人作序耳。"如果汝昌同志因为董序是八股体而对该序质疑的话,那我恰恰有相反的看法,即这适可证其为真。

按董序写于乾隆二十四年正月,在写此序的前一个月,董曾在敦敏家与曹雪芹那样谈得来,那样欣赏雪芹扎、糊、绘、放风筝的技巧,那样钦佩雪芹的才调并同情他的遭遇;过了年,正月多暇,乘兴用八股体写这篇序文,不是很自然、很容易理解的吗?董既不想把他这篇八股体的小序编入他的文集里去,则新正以此试笔,不是也有佳趣么?这有什么可奇怪的!我看要真是作假,倒反而是会用一般流行写序的文体哩。

(二)也有人会想,以曹雪芹那种对待封建政权的态度,他会求当朝官吏董邦达写序吗?我的回答是:据《瓶湖懋斋记盛》的阙文(请参看本书卷二第三篇《〈瓶湖懋斋记盛〉阙文钩沉》),这篇董序并不是雪芹求董写的。阙文中说明,乾隆二十三年腊月二十四那天,董邦达在敦敏家里看到了雪芹扎绘的风筝、《南鹞北鸢考工志》里面的彩图，听到了雪芹论迷笔的画法，讲北京各季候的风向，又看了雪芹放风筝的技巧，听到雪芹鉴别古画的见解，吃到了雪芹亲手做的菜，特别是鱼，等等，这一切都使他对雪芹赞扬钦佩备至。他当时就向敦敏索取好纸，给《南鹞北鸢考工志》写了一个书签。临别之前，他又兴致勃勃地要敦敏写一篇记述那次盛会的文字（即《瓶湖懋斋记盛》），而且他还主动地要求雪芹允许他把《南鹞北鸢考工志》带回家去，以便细读后给写一篇序言。可见董序绝不是曹雪芹为了抬高自己作品的价值要求董写的。

  关于这一点，我还要多说几句。曹雪芹有反封建思想，他的《红楼梦》有反封建的意义，这都是无可怀疑的。但他毕竟是生长在封建社会、出身于一个官僚地主家庭的人，他不但不能避免他的家庭给他遗留下来的社会关系，就是他自己也不可能没有较复杂的交往，有的人可能出于对《红楼梦》的爱好以及出于对其作者的钦敬，恨不得把曹雪芹说成一个"一尘不染"的人才好。这不是一个唯物主义者的想法。又有人认为，假如发现了雪芹身上"染"了一点"尘"，那就必定是假的，因为在他们看来，那不合乎雪芹性格及其为人发展的逻辑。这是一种抹杀历史事实的想法。所谓"性格"，是得在社会里面发展的。那社会里的"尘"，总是要影响一个人的。问题在：对那些影响采取什么态度。我认为，只要曹雪芹不去奔走权门，他在当时封建社会中有一些社会关系，有时接触，总是不免的。

  （三）"苑召"是由董邦达的介绍。我从前读张宜泉"苑召难忘立本羞"这句诗时，曾经认为：是王南石把雪芹介绍给董邦达，而后才由董邀请雪芹去画苑的。现在，我们既知董和曹在乾隆二十三年以前就已相识（请参看《〈瓶湖懋斋记盛〉阙文钩沉》），又知他们在二十三年腊月有瓶湖懋斋之会，可见他们是相当熟的了。那么，所谓"苑召"当是董直接邀请雪芹；王南石二十三年虽也在北京，却并非由他介绍曹认识董。故"苑召"之举，与王无关。董邀曹大约在乾隆二十四年春夏之际，那时董邦达正主持皇帝画苑的事。懋斋会后，他又写了这篇对雪芹欣赏钦佩备至的序言，觉得像雪芹这样才调，竟至卖画沽酒，举家食粥，实在是不该，遂有邀曹入苑之议。不想雪芹自离开右翼宗学之后,无意再给清朝统治者服务,就回拒了这个好意的邀请。

(四)董邦达为什么那样同情曹雪芹?从新发现的材料里,我们看出董邦达对雪芹不但钦佩他的才调,也同情他的遭遇。为什么当时正在得意的封建政权高级官吏,会同情一个家道衰微、生活落拓的曹雪芹呢?这一方面是由于董和曹家有旧,另方面也由于董在其青年时期也有过一段坎坷的经历。据清人记载,董少时甚微,最引人注意的是下面这件事:

富阳董邦达少时,以优贡生留滞京师,寓武林会馆。资尽,馆人迫之徙于逆旅,质衣装以给。无何装尽,逆旅主人又逐之,窘无所之。有刘媪者,奇其貌,谓必不长贫贱;馆之家,居勤业以待再试。董日夜淬厉,期得第自振,且酬媪德。榜发,仍落第。恚甚,谋自尽,踜蹭街市,未有所也。

倚一高门痴立,俄有人启门,呵问谁某,董告以下第生。其人大喜,邀入款语,出红笺倩书谢柬,署名则侍郎某也。既而留食,互诉生平,知为侍郎司阍仆,以荐初代笔,薄奉旅资。董方失路欣然诺之。自是一切书牍,皆董拟草。往往当意,侍郎益信任仆。

居顷之,侍郎有密事,召仆至内室拟稿,仆惶窘良久,不能成一字。侍郎穷诘乃以实告。侍郎大骇,急延董至厅,具衣冠见之,且谢曰:"使高才久辱奴辈,某之罪也。"因请为记室,相得甚欢。

侍郎家有婢,敏慧得夫人意。夫人欲嫁之,婢不可。强之,则曰:"身贱终随舆隶;必欲如董先生者,乃事之。又安可得?故宁不嫁耳。"夫人以告侍郎,侍郎哂曰:"痴婢!董先生神志不凡,行且腾上,肯妻婢耶?"会中秋,侍郎与董饮月下。酒酣,从容述婢言,且愿纳为妾。董慨然曰:"某落魄京师,尽京师不加一睐,公独厚爱之。彼女子亦有心,何敢言妾,正位可也。"侍郎终以为疑,谋诸夫人,女婢而婿董焉。逾年,董举乡试,成进士,后官吏部侍郎。生子为富川相国。相国登庸时,太夫人犹在。(引自《清代名人轶事》卷十四)

又有一项材料说明董于雍正元年(癸卯)由故乡富阳来北京前,家道困顿,挪借路费始成行。到了北京后,朝考入选,以户部小京官用。又三年,联捷选庶常。其父就养入都,暴卒于天津途次。董仓促徒跣三百里,扶榇南归;因经济困乏,至台庄阻浅,亦赖友人程香篁之助,始得运灵返其故里。(同上书)

我们读了董在少年的这些材料后,便可理解正由于董邦达早年有过这样一段坎坷的经历,所以他才能那样同情曹雪芹家败后的困厄遭遇。

(五)关于董邦达赞扬雪芹为"穷民"而写《南鹞北鸢考工志》是"立德"。上面已经说过,这篇短序的四段文字,虽各有重点,但概括起来不外从政治和艺术两方面来估价《南鹞北鸢考工志》。他说曹雪芹救死扶伤,用写书"济人以艺"的行为是"立德",这当然是从政治角度讲的。董邦达认为雪芹扎糊风筝、写风筝的书,并不是为了玩,不是"玩物丧志"。这看法比那认为雪芹是"为艺术而艺术"的看法,总算高明多了。但他认为雪芹是在"立德",这却是颇成问题的了。

按"立德"见《左传》襄公二十四年,穆叔曰:"太上有立德,其次有立功,其次有立言。"后来的士大夫就以此为"三不朽",并且当作他们人生观的基本信条。这"三不朽"都是通过行为和言论为封建统治者服务的。中国封建社会的士大夫认为孔子的言行是"立德"。在世界史上,有人认为耶稣和释迦牟尼也是"立德"。或是通过武功或是通过文事(行政、经济措施),做出赫赫的事业,叫作"立功"。旧时士大夫认为"立言"是比较倒霉的事。他们一般不敢希冀"立德",但对"立功",却是力求有一个机会的。假使他们"遭逢不遇"的话,那就只有怨天尤人地退而著书传诸后世了——这是最下的选择。但就是"立言",其目的也在于有补于某一姓的封建王朝,或易姓了的封建朝代,仍然是为了补苴封建社会。

董邦达作为封建士大夫,当然知道"立德"一词的分量是很重的;然而,他却仍说雪芹之草《南鹞北鸢考工志》,"与其谓之立言,何如谓之立德"!我认为,对于像曹雪芹这样一个具有反封建思想的人的行为,用"立德"这种旨在维护封建社会及其政治秩序的"美德"来赞誉,是不对头的。儒家的仁义道德这些东西,根本上都是维护封建制度的。即所谓"立德",其用意和后果,也是在于维护封建制度,而不是反对它、破坏它。这就是号称"立德"的"圣人"和"贤人"之所以受到封建社会最高统治者表扬和尊敬的缘故。同时,这也正是我们反对用"立德"这种概念来赞扬曹雪芹的缘故——这不但不是赞美他,反而是贬低了他。

　　一九七六年四月初稿,一九七七年一月改稿于香山。

第四篇
关于敦敏的《瓶湖懋斋记盛》

敦敏的《瓶湖懋斋记盛》是迄今所发现的关于曹雪芹的一项最重要的传记材料。由于它涉及雪芹的居处、才艺、为人、交游等许多方面,我们在这里不能一一分析,而只谈以下几点;其余各方面的问题,留待本书其他各篇去讲。

第一,先谈一下我的校补。《瓶湖懋斋记盛》的残文,经过我的校补,大致可读。当初校补时几经考虑,颇费斟酌。填补有残划的字,比较容易。无字的空格,一两个还好填,如"以光〔蓬荜〕",就易填。又如"〔其地〕有小溪阻路",以意度之,也好填。多字的如"何不求〔董公乎存〕",虽无残划,但以前后文核对一下,也还好填。但如"扣篱〔至再至三〕",连空了四个字,又无残划,就比较难填了。有的虽然一两个字的空隙,又有些残划,如"先是,□舅钮公自闽返京",□处虽然有残划似母字,但敦敏的生母和继母,都没有钮祜禄氏;在当时福建的官宦录中,也查不出这个钮公是谁。所以这个□至今无法填上。又有的地方,如"则芹圃之□□□□(〔义行高矣〕?)",这"义行高矣"四字是我根据全篇的事实和文义拟填的,未敢自信,故将填文放在括弧里面,而在原文中仍保留□□□□。这类情况,残文中还有一些,希望读者能有更恰当的填补文字见示,如能把我未能填上的空白填上更感。此外,还希望纠正我填错的文字。

关于《〈瓶湖懋斋记盛〉阙文钩沉》,因为没有校补的问题,这里就不说了。

第二,曹雪芹的一个眉批。这篇《瓶湖懋斋记盛》本来是董邦达在乾隆二十三年的懋斋聚会后,嘱咐敦敏写的。后来曹雪芹又把它作了《南鹞北鸢考工志》的附录。据孔祥泽所看到金福忠保存的《瓶湖懋斋记盛》原文,我们得知,在"二十四日晨曦甫〔上〕"前面一段的末句"〔是〕以得快读〔其〕书"的上端,有这样一条眉批:"子明,余意前段可略去。"这是谁批的呢?我认为十分可能是曹雪芹批的。因为在这句话以前的一大段文字都是记敦敏从白媪口里所听到的关于雪芹的义行。大概雪芹读了《瓶湖懋斋记盛》,感到其中对自己的赞扬太多,认为没有必要。果然,据孔君见告,他在一九四四年描摹抄录《南鹞北鸢考工志》时,所见的那篇《南鹞北鸢考工志》的附录《瓶湖懋斋记盛》中,就把前面那一大段话删去了。

曹雪芹对旁人有点儿好处,不愿人家常常提到,他的这种态度,我们在《瓶湖懋斋记盛》中也可看到。当于叔度对敦敏叙述他从前如何因雪芹救济他而全活他的一家时,曹雪芹便说:"适逢其会,无足挂齿。何况朋友本应有通财之义,今后万勿逢人便道此事也。"这就可以证明雪芹对这类事的态度。这和那些"残杯冷炙有德色"的人的态度,显然是不可同日而语了。雪芹的这一特点,也是我们写他传记时应该注意的。

第三,敦敏何以未见到雪芹的妻儿? 敦敏在二十三年春天去通州请过子猷时,曹雪芹曾去过北京宣武门内敦敏的家槐园访他;未晤,遂告其家人"将徙居白家疃"。但雪芹迁白家疃是自己新盖房子,敦敏文中虽未说盖房子的确期,但看他形容雪芹新居时说:"院落整洁,编篱成锦,蔓植杞藤",则应已是五六月夏天的情况了。那么,房子的建成应该是在该年的三四月间。敦敏第一次去雪芹新居是在该年六七月。隔一个多月,即敦敏所谓"又月余",便是八九月,他又去了一次。

奇怪的是,敦敏去到雪芹的新居只看到了白媪,没看到雪芹的妻和子。这是什么缘故呢? 据敦诚乾隆二十九年初所写的挽曹雪芹诗,雪芹原有一个死了生母的"孤儿",还有一个"新妇"。孤儿死于乾隆二十八年雪芹死前数月,他的生母的死年有两个可能:一是迁居郊外之前死在北京城内,约在乾隆十五六年左右;另一可能是死在京郊,是香山还是其他地方? 我设想可能是死在蓝淀厂火器营一带的雪芹最初的郊居住处。时间则也当在迁居郊外之后不久的乾隆十七八年。为什么这样推论呢? 因为据我考,于叔度初访雪芹是在乾隆十九年,他在雪芹家住了两天,却根本未提雪芹的妻和子。

　　雪芹乾隆二十三年迁到白家疃新居后,其时妻既已死,"新妇"又尚未娶;儿子十分可能寄养在亲戚或族人家里。因此敦敏两次往访才未见"孤儿",更无"新妇",而只见到了白媪。雪芹在乾隆二十四年夏秋之际,可能有南京之行。据敦敏乾隆二十五年秋与雪芹不期而遇呼酒话旧的诗意看来,雪芹这个新妇很可能是他从南京偕归北京的。我的这一推测,有两个理由。第一,直到敦敏和他在二十五年邂逅所写诗中才有"秦淮旧梦人犹在"这种句子。这里当然有"犹在"之人的问题。我看这个人并非指做梦的人,而是指梦中的其他人。这"其他人"而与"秦淮旧梦"有关,则此人大致可断为一女子。第二,二十六年夏秋之际,敦诚同他哥哥敦敏访雪芹于白家疃时的留赠诗中,也就有了"举家食粥酒常赊"之句。这初见的"举家"二字,当然不是指雪芹一人,也不见得光指雪芹和他的儿子(固然这时儿子因年已稍大些,可以从寄养处回了家),而是很可能指雪芹、其子和"新妇"三个人。倘使雪芹是乾隆二十四年秋到二十五年秋期中娶的继妻,则敦诚乾隆二十九年正月初几日的挽雪芹诗中称这个娶了三或四年的继妻为"新妇",是完全可以的。

　　第四,一些前所未闻的曹雪芹的言行。《废艺斋集稿》是曹雪芹意在济人的一部书。其中许多技艺,都可以在《瓶湖懋斋记盛》中得到证实。如雪芹善画,会做菜,懂医药,能编织,等等。但《瓶湖懋斋记盛》的最大贡献,是它写出了我们前所未知的雪芹的一些言行。

　　我们以前读了敦氏弟兄描绘曹雪芹的诗文,只知他是一个纵酒高谈,傲骨嶙峋的人。雪芹是不是这样一个人呢?大概是的。但还远不止是这样而已。张宜泉的诗,似乎又把雪芹描写成为一个隐士——清高、淡泊。这些雪芹也有些像。但我们总觉得雪芹不是陶渊明、林和靖,不是陈抟,虽然张宜泉在《题芹溪居士》一诗里引用了陈抟"一片野心应被白云留住"那句辞宋太宗二次召命的表中的话。从这些材料中我们对曹雪芹所得到的印象基本上是个消极的人物。

　　自从发现了敦敏的《瓶湖懋斋记盛》以后,我们才看到一个并非消极而是积极的曹雪芹的形象。他固然贫困,但他"富非所望不忧贫"。他贫困到不得不乡居,但他不是在乡村里消极地做个隐逸之士;除了不断地写他的《红楼梦》之外,他还在那里鬻画济人,教给因残废而无术维生的穷人们以多种有用的维生手艺;他还为他们写书——《废艺斋集稿》。不但此也,他还有他的原则。他虽为自己的生活、为救济穷人而卖画,但"非其人不应"。什么叫作"非其人"呢?就是他看不惯、看不起的人们。他看不起什么样的人呢?为富不仁、"疏亲谩友,因财而散"、禄蠹、贪墨、强梁霸道、寡廉鲜耻地钻营于仕途的人们,他都看不起,他都不会给画,不会让这类人把他的画挂在他们的墙上!

  我认为《瓶湖懋斋记盛》中所记述的曹雪芹这种态度,才能确切地反映他的不阿俗的反封建的、积极的进步思想。光是从《红楼梦》小说中推测作者的态度和思想,终嫌隔了一层。因为《红楼梦》毕竟是曹雪芹所写的小说,它只能通过比较间接的表达,来反映作者的某些思想感情和政治态度。敦敏这篇《瓶湖懋斋记盛》才是能够反映雪芹思想和态度的直接材料。这篇东西在考察曹雪芹晚年的政治思想上的重要意义,我都在《曹雪芹的〈题自画石〉诗解》中,较详地分析了,这里不再多说。

一九七二年一月写初稿于安徽濉溪之五铺,
一九七六年六月改稿于北京沙滩。

卷四　曹雪芹生平事迹杂考

第一篇
曹雪芹和右翼宗学——"虎门"考

一　数十年来未得其解的"虎门"

乾隆二十二年丁丑,时敦氏弟兄的父亲瑚玜在山海关掌税务的事。敦敏在锦州管税务,敦诚在喜峰口即松亭关司分榷事。敏、诚的母亲是年死于山海关的税务局。据《四松堂集》丁丑年《别四弟汝猷》一诗,敦诚先是同他父亲、哥哥、弟弟一起,都在山海关,后来他就去松亭了。又据他的《午梦记》一文中"丁丑夏客松亭"一语,可知他去松亭不能迟于这一年的夏天。

敦诚到了松亭关,尽管有管理税务的职务,但由于身在山僻,远离亲友,颇感生活的无聊。他自己说:

　　……鸡窗无聊,每于午后,便效坡翁摊饭手持一卷,卧仰屋梁,俄而抛书,蘧然入梦。觉来未及反侧,梦境尚迩。静而思之,渺焉茫焉,若有若无。此时如泛虚舟于沧浪万顷间;又如置身云际,欲沉而浮,飘荡空中,但闻一二黄蜂,投触窗纸,而窗外老马啮蔬声龌龊也。……(见《四松堂集》卷四《午梦记》)

二十四岁的敦诚,就在这种生活和思想状况下,在喜峰口写了一首包括曹雪芹重要传记材料的《寄怀曹雪芹(霑)》诗。诗云：

少陵昔赠曹将军，曾曰魏武之子孙。
君又无乃将军后，于今环堵蓬蒿屯。
扬州旧梦久已绝，且著临邛犊鼻裈。
爱君诗笔有奇气，直追昌谷破篱樊。
当时虎门数晨夕，西窗剪烛风雨昏。
接䍦倒着容君傲，高谈雄辩虱手扪。
感时思君不相见，蓟门落日松亭樽。
劝君莫弹食客铗，劝君莫叩富儿门。
残杯冷炙有德色，不如著书黄叶村。

写这首诗的确切月份不可考。我在一九五七年写《〈四松堂集〉集外诗辑跋》一文中初考"虎门"时，曾说此诗写于秋天。今就《四松堂集》此诗的上下各诗按复一下，可知此诗实写于夏秋之交。这一年的八月索禄(敏亭)死在北京，敦诚在喜峰口曾写了一篇《祭索敏亭先生》。到了腊月二十五日，他才首途回北京。行至中途一片石地方，于"大风吹野，白日阴晦"的"荒荆蔓草"中，凭吊一个明朝戍卒女儿烈女。(见其《一片石》、《烈女墓》二诗)他回到北京之后，过了年正月就匆匆又回喜峰口了。这些行踪，从他的《松亭再征记》中，都可考见。

敦诚于乾隆二十二年在喜峰口的时候，曹雪芹同年做些什么事呢？关于这点，我们知道的却很少。由一九七二年发现的雪芹给他所著的《南鹞北鸢考工志》写的《自序》来看，可知雪芹在这年的"清明前三日"，就完成了他这部经营较久的著作。我推测：在乾隆二十二年春向上溯至二十一年，以至溯到二十年，都是雪芹陆续写《南鹞北鸢考工志》的时间。

当然，也有一个可能：他是在这部手稿虽未完成但已写了一大部分时，就写了《自序》的。那就说明：雪芹自乾隆二十二年"清明前三日"以后，还可能有一段时间整理修改这部稿子。这就没有材料能够直接证明了。

此外,一九六五年六月南京毛国瑶先生传出的以全椒吴鼒夕葵书屋抄本《石头记》为底本的《石头记》的靖抄本第四十一回,在妙玉泡茶一段上,有这样几句批语:"尚记丁巳春日谢园送茶乎?展眼二十年矣。丁丑仲春,畸笏。"脂砚斋和畸笏叟所批《石头记》的本子可能就是转手于作者曹雪芹和脂、畸之间的唯一誊清本。在这一假定下,畸笏这条丁丑仲春的批语,一个可能是,誊清本即在雪芹处,畸过雪芹处而加此批。另一个可能是,誊清本在畸笏处,他在自己家里写的这条批语。但无论哪个可能,都不排斥:在二十二年春天,甚至夏、秋,雪芹在写《石头记》的过程中,都有时而间断地从事《南鹞北鸢考工志》的编写或修改工作的可能。总之,曹雪芹这一年不是单纯地续写《石头记》。

敦诚从喜峰口写的《寄怀曹雪芹(霑)》一诗,并见于《四松堂诗钞》和刻本(即现在影印本的底本)《四松堂集》。诗中有关雪芹的其他传记材料,有的研究者已有解释;唯有以下与雪芹早年生活有密切关系的几句诗,至今还没有人探究其含义:

当时虎门数晨夕,西窗剪烛风雨昏。
接䍦倒着容君傲,高谈雄辩虱手扪。

我在写《〈四松堂集〉集外诗辑跋》时认为这四句诗描写的是敦诚等同雪芹曾经在"虎门"于风雨之夜,剪烛谈心;他对雪芹那种不讲礼节容仪,高谈雄辩的样子,至今不能忘怀,所以才有"感时思君不相见"的感慨。在雪芹的传记材料十分缺乏的情况下,这几句诗是很可贵的。

然而,"虎门"是什么?胡适的《红楼梦考证》中引敦诚这首诗时,虽然把"虎门"一词划上了专名符号,但他却既不加解释,也不声明他不知应作何解。当他举出包括这首诗在内的四首敦敏、敦诚的诗中所谓"许多可注意的句子"(见其《考证》)时,他也并没有举上引这四句诗。胡适不是没看出这四句诗的重要性,而是因为他不知道"虎门"是什么,才无法对这四句诗作明确的解释。

我的这一想法,在一九六一年胡适的《所谓"曹雪芹小像"的谜》一文中,得到了证实。在那篇文章中,他引了我的《〈四松堂集〉集外诗辑跋》中的一段文字,其中重要的几句是:

> 据我关于"虎门"的考证,可知曹雪芹和敦诚、敦敏弟兄的结识是在所谓"虎门"……就是北京宣武门内的右翼宗学……

可见胡适承认了"虎门"即右翼宗学的解释。

一九五三年九月周汝昌同志在他的《红楼梦新证》初版中声明:"'虎门'不详所指。"但在同年十二月该书的第三版中,却有一条对"虎门"的解释。他说:

> 敦诚寄雪芹诗有"当时虎门数晨夕,西窗剪烛风雨昏"的话,很可注意。按"虎门"有二解,李卓吾先生《读杨升庵集》卷十九叶十二"虎门"条:"蔡邕《劝学篇》云,周之师氏居虎门,今之祭酒也。汉曰虎观,取此义。"如此则即可指国学国子监。但清代八旗各有官学(光绪改为书院,在郎家胡同路北),不当指国学。且敦诚宗室,雪芹包衣,亦不能同在一官学,所以不合。第二解《周礼·地官》师氏:"居虎门之左,司王朝。"注:"虎门,路寝门也。画虎焉,明勇猛。"另一说虎贲氏守王之宫,居此门,故曰"虎门"。按虎贲氏,官名,从周到唐都有,后来用以称侍卫之类的"勇士"。所以虎门又可以指侍卫值班守卫的宫门。这样敦诚的诗分明是说当年与雪芹同为侍卫在一处的事。那么曹雪芹也做过侍卫了。其事当在乾隆四五年以后。(按周汝昌同志后来在其《曹雪芹》一书中,已谓"虎门"是右翼宗学了。但因近来还有认为曹雪芹做过侍卫的,故将此旧稿照印,以资辨正。)

周汝昌同志所据以推论雪芹曾经做过侍卫的根据是:先肯定敦诚做

过侍卫,并谓其事当在乾隆四五年以后。

按:敦诚并没有做过侍卫。"乾隆四五年"时,敦诚才六七岁,当然不能去做侍卫。"以后"到了十一岁,敦诚就入宗学去读书了。敦敏的《敬亭小传》说敦诚:"十一岁入宗学,执经问难,为师长所称许。"敦诚自己在《岁暮自述五十韵寄同学诸子》一诗中也说:"阏逢困敦岁,我年十一秋;二月辞家塾,负笈宗黉游。"又后,乾隆二十年他和他的哥哥敦敏一同参加宗学的岁试(文试),敦诚虽经考取,获笔帖式记名,但未补官。等到乾隆二十二年,他就到喜峰口给他父亲司松亭分榷的事了。这一年正是他写《寄怀曹雪芹(霑)》一诗的那年。乾隆二十四年瑚玠辞山海关管理税务的职务回北京,敦诚也回北京家居。直到乾隆三十一年敦诚补授太庙献爵的官职而至三十八年就辞掉了之外,他根本就没有做过任何公职的事。由敦诚的经历中可见其并没有做过皇帝的侍卫,从而雪芹与他"同为侍卫",也就无从说起。

因此上引敦诚诗里所用的"虎门"一词,不应该解作"侍卫值班守卫的宫门"。

二 敦诚诗中的"虎门"是指右翼宗学

那么,"虎门"到底是什么呢? 经过了一段时间的探索,我们才知道:在雍、乾之际的诗文中,"虎门"一词实际上指的是清统治者为宗室子弟所设的学校,即宗学;而在敦氏弟兄的诗文中,它还特别是指当时的右翼宗学。

《八旗文经》卷三十六有果毅亲王允礼写的一篇《宗学记》,其中说:

>……念我宗室子弟,尤教育所宜先。特谕设立东西二学于禁城之左右。自王公庶位以及凡百属籍者,其子弟愿学则入焉。即周官立学于虎门之外以教国子弟之义也。

这是最直截了当地说出"虎门"是指宗学的材料。《八旗文经》本是常见的书,大家当然都看过,但都把这项材料忽略过去了。直到一九五七年六月,我改写《有关曹雪芹十种》中的《〈四松堂集〉集外诗辑跋》一文时,才发现它,并多找出几条证据,证明敦诚《寄怀曹雪芹(霑)》中的"虎门"的确是宗学,而且是右翼宗学。这些证据是:

(一)敦敏《懋斋诗钞》乾隆二十七年夏《黄去非先生以四川县令内升比部主事进京相晤感成长句》一诗云:

> 百里何能滞祖鞭,征书群识汝南贤。
> 剑关远自七千里,燕市重逢十四年。
> 清级纲曹新紫绶,遗篇蠹筒旧青坛。
> 虎门绛帐遥回首,深愧传经负郑玄!

(二)一九五六年在我发现的抄本《四松堂诗钞》里面,还保存着敦诚在乾隆四十八年写的《寿伯兄子明》一诗,有句云:

> 先生少壮时,虎门曾翱翔。
> 文章擢巍第,笔墨叨恩光。
> 当年工射策,至今宗署藏。

(三)在《懋斋诗钞》影印本里,大约甲申年敦敏同敦诚的《书怀联句同敬亭用昌黎纳凉句原韵》一诗中,敦敏在他自己的"对策御笔新,赐墨天恩渥"句下注道:

> 故事宗学季课,钦命题优等,颁笔墨,余同敬亭,屡承恩赐。

(四)敦诚《四松堂集》里的《先妣瓜尔佳氏太夫人行述》一文中云:

……乙亥（裕按：乾隆二十年）宗学岁试，钦命射策。诚随伯兄（裕按：指敦敏），试于虎门。命下，诚忝优等之末，御赐笔墨有差。

（五）在敦诚死后，敦敏嘉庆元年写的《敬亭小传》中说：

……乙亥二十二（裕按：指敦诚的年龄），宗学岁试，考入优等者，以宗人府笔帖式用，因记名焉。……丙戌（裕按：乾隆三十一年）因前优等记名，补宗人府笔帖式，旋授太庙献爵之职。

（六）《四松堂集》中还有写于乾隆三十五年的《寄子明兄》一书，其中有云：

《松堂草稿》（裕按：指《四松堂集》原稿），嵩山已序之矣，尚留简端，待兄一言，幸即挥付。腥仙旧序，希为转致，异日同在虎门一书，何如？

（七）《四松堂集》有敦诚乾隆四十六年写的《感怀》十首，其第六首《徐明府秋园（培）先生》中有句云：

三年膏火西黉夜，一帐凄凉东馆风。
秋老兰陵人不见，至今城北忆徐公。
（原注：先生武进人）

（八）同上《感怀》第一首《世父拙庵公》云：

东山丝竹尝教预，北岭烟霞许从游。
（原注：记戊辰己巳间，余年十五六，每归自宗黉，伯父便来召，家优歌舞，使预末座，回忆卅余年事矣。）（下略）

以上八条联系起来看,都说明:"虎门"就是宗学、宗黉;而"西黉"就是允礼所谓"设立东西二学于禁城之左右"的"右"侧的右翼宗学。以下对这些材料,略加解释。

以上(一)、(二)、(三)、(四)、(五)条都是敦氏弟兄追述他们若干年前在"虎门"即宗学里亲身经历的事情。第一条中的黄去非本是宗学的教师,后来去四川做县令;之后,又来北京做比部主事的官。从乾隆二十七年上溯十四年是乾隆十三年,时敦敏年二十岁,敦诚年十五岁,正是他们在右翼宗学从黄去非受教的时候。敦敏想到十五年来自己无所成就,所以才有"虎门绛帐遥回首,深愧传经负郑玄!"的感慨。第(二)、(三)、(四)、(五)条中,都谈到了乾隆二十年(乙亥)以及更早他们在"虎门"参加宗学的各种考试,名列优等,得到皇帝恩赐笔墨的事。特别是第(二)条中说:敦敏的考卷优异,至今还被保存在宗学的总副管办公室即"宗署"里。二十年那次出学的考试,也是在"虎门"即宗学举行的,敦诚还获取了宗人府笔帖式记名。第八条敦诚说"余年十五六,每归自宗黉……",那就更是宗黉即宗学并与"虎门"在诗中通用的证明了。

第(六)、(七)两条可以进一步说明:上引他们诗文中的"宗黉"、"宗学"、"虎门"都指的是右翼宗学。我们知道,敦敏于乾隆三十一年十二月授右翼宗学副管,永忠是三十五年做右翼宗学总管的。上引敦诚给他哥哥的那封信写于乾隆三十五年。信中大意是请他哥哥和永忠(裕按:即信中的"臞仙")同在"虎门"——亦即在他们分别任总管、副管的右翼宗学,把他们为《四松堂集草稿》所写的序言,亲笔写在草稿上所留出的空白页上,亦即所谓"尚留简端"的"简端"上。可见"同在虎门一书"的"虎门",正是那永忠和敦敏分任正副校长(即总副管)的右翼宗学。第(七)条十分明显:徐秋园任教是在敦诚上学的"西黉",也就是那禁城之西或之"右"侧的右翼宗学。

这个右翼宗学,在我一九五六年有关"虎门"的考证中,曾根据《宸垣识略》说是在宣武门里的绒线胡同,并说"其地至今还有'宗学夹道'这一条胡同"。一九六四年周汝昌同志在其《曹雪芹》一书中则云:"……朱一新《京师坊巷志稿》……宣武门大街条云,'右翼宗学旧在瞻云坊北,今移绒线胡同。'按瞻云坊北,即指西单牌楼以北的石虎胡同。"可见乾隆时右翼宗学的校址是在石虎胡同。这两条胡同都是在北京的西城,亦即在禁城的西面。结合当时各旗居住地区有固定的分配这一规定,则镶红旗的敦氏弟兄都是住在西城,他们读的宗学,也应该是右翼宗学。永忠任右翼宗学的总管,根据《乾隆京城图》,我们知道,他的家也就在西城的西直门内大街的路南。

综上所述,我们得知"当时虎门数晨夕,西窗剪烛风雨昏。接䍦倒着容君傲,高谈雄辩虱手扪"这四句诗,实际上包含着曹雪芹的一段重要的经历。那就是,若干年前,当敦敏和敦诚在北京西城石虎胡同的清宗室右翼宗学读书的时候,他们和曹雪芹有一段晨夕相聚的生活。

三十余年来(本文原稿写于一九五七年,故云。裕注。)没有搞清楚的"虎门"一词的意义,就是这样。

三　曹雪芹什么时候在右翼宗学?

但是"数晨夕"是什么意思?所谓"若干年前"即诗中之"当时"到底是多少年前?是在什么年代?以下试加考查。

(一)所谓"数晨夕"是指较长期的"晨夕共处",不是相聚几天。我在一九五七年初考"虎门"时,对"当时虎门数晨夕"就这样解释。但近年来在美国的赵冈所著的《红楼梦新探》一书不同意我的看法。他认为"数晨夕"只是"几天"的短聚。今按:"数晨夕"三字连用见于陶渊明《移居》诗的"闻多素心人,乐与数晨夕"句。敦诚的诗当即据此。陶诗用白话译出是:"听说南村有一些诚朴的人,我很愿同他们在一起生活,晨夕相共。"敦诚的诗也是说"记得当年在右翼宗学(虎门)我们朝夕相共的时候",这不仅包括"西窗剪烛风雨昏"的日子在内,也包括"接䍦倒着容君傲"和"高谈雄辩虱手扪"的日子在内。敦诗用"数晨夕"三字领起以下三句,诗的脉络十分清楚。所以敦诗乃是指他们早年和曹雪芹同在右翼宗学那个时期的生活,绝不是只相处几天。

(二)他们的相聚是多少年前?什么年代?敦诚于乾隆九年初入右翼宗学。那时他年十一岁。敦敏也在右翼宗学读书,年十六岁。曹雪芹的年龄,照生于康熙五十四年计算,是三十。(若照雍正二年的说法,就是二十一岁。)从三个人的年龄看来,所谓"当时",我看不会指敦诚初入宗学时的乾隆九年。因为十一岁的敦诚是无论如何也不能够欣赏三十岁的曹雪芹那种"接䍦倒着容君傲,高谈雄辩虱手扪"的风度的。我认为这"当时"应该是指乾隆十三四年左右。那时敦诚年已十五六岁,他的哥哥年二十至二十一岁。而曹雪芹则是三十四岁左右的时候。这时,不但二十多岁的敦敏,就是十五六岁的敦诚,也能够理解和欣赏曹雪芹那种疏狂傲岸的态度了。正由于曹雪芹的风度和谈吐当时有可能给敦诚一个深刻的印象,所以他们才结下了深厚的友谊。到了乾隆二十二年,敦诚写此诗时已经是他们从右翼宗学分散的七八年或至少五六年以后了。我们知道:敦氏弟兄固然有可能是迟至乾隆二十年(乙亥)参加了右翼宗学的考试后才出学的,但我估计曹雪芹是早就可能因故在乾隆十五六年左右就离开了右翼宗学而不久就搬到西郊去住了的。这样,敦诚诗中所回忆的乃是:他们俩弟兄由乾隆十三四年或者竟到十五六年在右翼宗学相聚的一段生活——特别是在那风雨之夕,秉烛夜谈的往事。

四 曹雪芹在右翼宗学做什么工作?

说到这里,我们不免要问:他们是什么关系?雪芹在右翼宗学做什么工作?

首先,他们不是同学。宗学是宗室子弟的"学",敦诚在乾隆二十三年写的《岁暮自述五十韵寄同学诸子》一诗中说"同学尽同姓"可证。(况且曹雪芹当时年已三十多岁,已非在学的年龄。)其次,从敦氏弟兄同曹雪芹有关的诗文口气看来,他们也不是师生关系。敦敏、敦诚在他们的诗文中对于在右翼宗学教书的师长,如黄去非、徐秋园等都是很尊敬的;但从他们涉及曹雪芹的诗文来看,固然可以看出他们对雪芹是敬佩和同情的,但显然是平辈的口气。曹雪芹在右翼宗学既不是教师,那么,他是个什么样的角色呢?

我在一九五七年考"虎门"时,曾经推论说:

> 既非同学,也非师生,却又同在右翼宗学,那么他们到底是什么关系呢?关于这个问题,有两个可能,但都不能肯定。一是雪芹在右翼宗学中担任一个位置不太大的职务,另一个是雪芹是宗学的助教。按当时各学都是有助教之设的。(见我的《有关曹雪芹十种》中的《〈四松堂集〉集外诗辑跋》一篇)

我那时始终没有对这两个可能做最后论断。我现在还是倾向于认为曹雪芹不是右翼宗学的教师(如吴世昌同志说),更不是右翼宗学的夫役(周汝昌同志说)。我的看法是:曹雪芹在那里可能是辅助教学的人员,或者是职员。

现可考知:当时还有一个卜宅三(名隣),他同敦氏弟兄的关系和曹雪芹同他们的关系,有类似之处。敦诚在《四松堂集》中有乾隆二十三年(戊寅)所写的《怀卜宅三(隣)》两首诗:

> 沈郎瘦去亦何堪?零落当年夜雨谈。
> 闲咏小桥明月句,故人家在大江南。
> (原句下注:"宅三有'两部蛙鸣新雨后,月明人立小桥头'之句。")
>
> 得意翻成潘令悲,残香遗挂悼亡时。
> (原句下注:"宅三登贤书后,即有悼亡之痛。")
> 红衾泪尽归来晚,买褥金钗赠阿谁?

敦敏在乾隆二十六年秋天，写的《吊宅三卜孝廉》二首云：

昔年同虎门，联吟共结社。
月明新雨句，岂在樊川下？
（原眉注云："宅三有'两部蛙鸣新雨后，月明人立小桥头'之句。"）
无何游浙东，飘然竟我舍。
昨岁遇燕市，酒楼频系马。
嗟君泣路穷，谁属知音者？
逆旅艰游子，竟去修文也。
招魂赋楚些，辞哀不能写！

大暮安可醒？一痛成千古！
岂真记玉楼？果为芙蓉主。
青枫照夜寒，薤露悲吟苦。
想君深闺梦，念切题名簿。
（原句下注云："宅三因会试，驰赴京师，入闱前三日而卒。"）
呜呼埋玉痛，暂寄他乡土。
仰天忽大叫，俯首泪如雨。

这几句诗对我们了解曹雪芹在右翼宗学的地位、职司以及同敦氏弟兄的关系，很有用处。

我认为敦氏诗中所说"当年"的"夜雨谈"，敦敏诗中所说他们和卜宅三"昔年"同在右翼宗学"联吟结社"，与敦诚在乾隆二十二年从喜峰口写的《寄怀曹雪芹（霑）》一诗中的"当时虎门数晨夕，西窗剪烛风雨昏"，所指的同是一回事情。那就是说，敦敏诗中说和卜宅三"昔年同虎门"，敦诚诗中说"当时虎门数晨夕"，乃是敦氏弟兄同曹雪芹、卜宅三以及现在无法考出的其他人的一段共同生活。卜宅三在当时的诗句"两部蛙鸣新雨后，月明人立小桥头"，敦氏弟兄在与他久别和他死后，还念念不忘。卜宅三是一个同曹雪芹年龄相近,在宗学的职位相似的二敦的朋友。他大致也是乾隆十五六年离开右翼宗学,回到浙江;考中举人后,就死了妻子,到了二十六年,他自己也病逝于北京。正是由于卜宅三在右翼宗学的职位与曹雪芹相仿,所以上引二敦所写关于他的诗才也是朋友而非师生的口气。

此外,又据敦诚乾隆二十九年的《哭复斋文》说:"……未知先生与寅圃、雪芹诸子相逢于地下,作何言笑?可话及仆辈念悼亡友之情否?冥冥漠漠,益增惝恍惆怅耳!……"可知复斋和寅圃这两个当年右翼宗学的学生,同曹雪芹在生前也相识,他们的结识很可能也都是在右翼宗学开始的。

五　曹雪芹是怎样离开右翼宗学的?

曹雪芹离开右翼宗学的原因,虽然我们只能"推论",但我们却有些文字材料和口头传说为推论的根据。

首先我们要知道宗学里是有矛盾的。袁枚在他的《随园诗话》卷九,有下面一段记载:

> 嘉禾征士曹廷枢古谦与葛卜元同教习宗学。葛北方人,长于考据,自负博雅;而曹专攻词章,二人不相能。虞山蒋公,满洲世公,各有所庇,遂相参劾。古人洛、蜀之分,皆由门下士起也。

曹与葛因所学不同,互相攻讦;他们的"后台老板",也互相参劾。这虽然表面上是"学术"上的对立,但实质上却反映了政治上的矛盾和斗争。

曹雪芹在右翼宗学,不管他担任什么工作(是教习也好,职员也好),他之离开宗学若非被"裁汰",便是自动辞职,而其根本原因则是由于他的反封建的思想同封建秩序的矛盾。

在一九六三年我访问香山的老住户张永海时,他曾说:

曹雪芹比旁的教师都小，又是个被抄家的人，老派的教师们就瞧不起他。曹雪芹呢，他也是个傲性子的人，嘴又好说，爱得罪人。他心想："你们瞧不起我，我还瞧不起你们呢！"……乾隆十六年他就离开宗学，搬到西郊来住了。他是自己辞的还是宗学解职的，不知道。

（见本书本卷第五篇《记张永海关于曹雪芹的传说》）

张永海所说的曹雪芹同所谓"老派"之间的矛盾，以及对被抄家的人的政治歧视等问题，实质上是他们的政治思想和政治态度的矛盾。试想曹雪芹同"老派"如果政治思想一致，则有何矛盾可言？其所以有矛盾存在，就是因为宗学的当局和有些人都是维护封建主义的，是站在封建统治者一边的，而曹雪芹则恰恰相反。我在一九六三年的《曹雪芹的故事》里《传奇题句》一篇的第二十八注中曾说："曹雪芹有反对封建统治者所独尊的儒家思想……在封建社会中，这种思想是有进步意义的。事实上，雪芹对于儒、释、道都有微词。"以下从思想、态度和行动三方面，试加申论。

第一，曹雪芹有反儒家的思想，而清初则是把孔子尊为"大成至圣先师"的。这是曹雪芹同当时统治阶级的一个根本性质的矛盾。抛开学者们所讲的儒家社会政治思想不谈，历代剥削阶级统治者所大力宣扬、流毒渗透到社会各阶层的儒家思想乃是忠和孝。曹雪芹在《红楼梦》里所塑造的正面人物贾宝玉就是一个既不孝又不忠的人。当然他描写的手法是曲折和隐晦的，但是细心的读者是会看出来的。在《红楼梦》里，曹雪芹通过反对维护封建制度的儒家思想，来反对封建社会制度，是非常明显的，无须多说。

第二，曹雪芹的狂和傲的态度，也是有反封建的政治内容的。敦诚把他比作阮步兵即阮籍，阮籍就是一个由于政治的原因而狂和傲、以青白眼来对待不同的人，而为当时的所谓"礼法之士"所不容。曹雪芹的狂和傲无疑地，也具有愤封建之"世"（亦即封建社会经济制度和伦理道德），疾封建之"俗"（亦即封建社会中代表统治阶级利益的风俗习惯）内容的。他的"接䍦倒着容君傲，高谈雄辩虱手扪"的态度，显然反映了他反封建、反儒的思想。他这种态度也是和当时统治阶级格格不入的。

第三,一个具有这样思想、这样态度的人,偏偏又被一些宗室青年所敬重,并且环绕在他的周围,形成一个独行其是,不顾"人"之是非的小圈子。敦敏、敦诚固不用说,寅圃、复斋加上卜宅三,也似乎都是其中的成员,此外应该还有我们现在不知道的一些人。他们都是因为佩服和钦敬曹雪芹的见解而受他的影响。绝不会像裕瑞所说的,仅仅是因为曹雪芹能够"奇谈娓娓然令人不倦",才受他的影响的。在这些宗室青年中,有的由于其祖辈在统治阶级内部斗争中失败而家道衰微、个人困顿了,有的是式微的宗室而受了佛、道思想的影响,等等。总之,他们同曹雪芹的交往,以至他们在一起"联吟结社",秉烛高谈,是有一个对当时的封建社会秩序不满的共同思想基础的。

在这里面要辨明一个事实,即侯堮在他的《觉罗诗人永忠年谱》(见一九三二年《燕京学报》)中说:"曹霑、敦诚、书诚、永㥞等,皆披靡于此种""精力才华泰半贯注于禅道两涂,以诗酒书画为玩世之资,以蒲团养生为性命之髓"的风气之下。最近周汝昌同志还引用这个看法,我们有必要指出此说法的两点错误。一,文献证明:永忠、书诚、永㥞和曹雪芹并不认识。二,尽管《红楼梦》以一僧一道开头,也以宝玉出家收尾,但是细心的读者是会看出曹雪芹根本不相信佛、道。根据《红楼梦》的故事说曹雪芹相信佛、道,那就是没有真正看懂《红楼梦》。侯堮说曹雪芹折服佛家的思想和生活方式,是错的。

现在回到主题。在右翼宗学里,有反封建、反儒,对封建社会秩序、道德风尚持一种狂和傲的态度的曹雪芹这个人,尤其是,他还把右翼宗学里的某些学生吸引到自己的周围,这如何能不引起宗学当局的不满呢!要知道宗学的总管和副管一般地说都是宗室中比较被皇帝信任的人,而真正在后面统摄大权的,则或是亲王或是郡王之类的人物,宗学是直接归宗人府管辖的。在这样重重严密的管理之下的宗室学校里,怎么能够容许像曹雪芹那样思想和行动的人长久待下去呢?

我设想,敦诚追溯乾隆十三、十四、十五年他和雪芹在右翼宗学里那种"接䍦倒着"、"高谈雄辩"的态度,就包含着他不能不离开宗学的原因。"难道状元就没有不通的么?!"既能够在《红楼梦》里借小说人物说出,他就不会在和朋友们的谈话中说出吗?小说正面人物贾宝玉反对读四书、写八股文,反对科举考试,难道作者平时就绝不会表示这种看法吗?贾宝玉那种不孝不忠的言行,"潦倒不通时务","于国于家无望",却又"哪管世人诽谤"!这一切他都当正面人物的特点来描写,这不都是问题吗?如果他周围的宗室青年都对他这种言行和态度有兴趣,这不是宗学一个大问题吗?何况曹雪芹本人既健谈,又好谈,谈话中哪有不流露他的反封建思想的道理?

这样,曹雪芹就不能不离开宗学。他可能是"道不同不相为谋"、"合则留不合则去"地自己辞职,但也可能是被革职。我从一九七四年十月起去故宫博物院明清档案馆查阅康、雍、乾的宗人府有关宗学的档案,得知左右两翼宗学都有"裁汰"人员之举。如乾隆二十五年总理镶白旗觉罗学的和硕显亲王给宗人府的呈文中就提到:"本年八月初八日裁汰两翼宗学教习汉缺出学,由拔贡考中教习……充补……。"这里要注意两点:一,此呈文年份虽然较晚,但"裁汰"教习似应是随时可行的事;二,这里讲的是"裁汰"左右两翼宗学的汉文教习。我认为:或由于超额,或由于被主管人所不满,"裁汰"职员或辅助教学人员的事,也自不免。然则,曹雪芹由于上述那些原因而被"裁汰"不是有可能么?当然,雪芹愤而辞职的可能,也是很大的。

在这里有必要再提一下那个卜宅三。他和敦氏弟兄"同虎门"、"联吟结社"的时候,怎么突然就"无何游浙东"了呢?而且回到浙东就"路穷",不得已又回北京了呢?我怀疑卜宅三离开右翼宗学不但距其进宗学很短,而且他离开的原因,也许同雪芹有相类之处。甚至就是因为他们在一起聚谈而发生了问题。那就是说,他也可能是被"裁汰"中的一个。

六 曹雪芹离开右翼宗学后的生活状况

曹雪芹离开宗学后的生活景况怎样?有许多迹象证明:曹雪芹离开

右翼宗学不是"善"离,而是有些"文章"的;并且他自乾隆十五六年离开宗学之后,生活一下子就成了问题。

在上引敦诚诗中,紧接着描绘他们在右翼宗学生活的那四句诗以后,就说他们两地分别不能相见,接着便奉劝雪芹不要寄食于人,不要去找那富贵的亲友,求助于他们,还是安心在山村里写那《红楼梦》罢!

从敦诚诗中这接连着的几句诗来看,可见曹雪芹自离开右翼宗学直到乾隆二十二年,根本就没有旁的工作,就失掉了主要的生活来源,而有寄食于人(相传他曾寄食于其岳家),求亲告友之举。正是由于"残杯冷炙有德色",所以敦诚才劝他"不如著书黄叶村",可见他离宗学后,景况一直是困窘的。

最近发现曹雪芹在丁丑年写的《南鹞北鸢考工志》自序里,有这样一句话:"〔正值〕斯时,余之困惫久矣。"丁丑是乾隆二十二年,他的意思是说,于叔度去西郊向他求助那年,他已经"困惫久矣"。据我考出:于去向他求助是在乾隆十九年。在乾隆十九年时,他自己说已经困惫"久"矣。那么,他当时至少也应该已经"困惫"三四年了。上溯三四年即乾隆十五六年。那就是说,他自十五六年就开始"困惫",而这正是他离开右翼宗学的时候。

到了二十二年,当他还住在香山正白旗的时候,敦诚劝他不要伸手求人,还是在山村著书罢。这也可见自十九年到二十二年这个期间,他的生活境况并没有改善。

当然,更直接的材料是《瓶湖懋斋记盛》里的白媪的话,她说雪芹那时已穷到"饔飧有时不继",卖画维生的地步。

到了二十三年的冬天,我们从敦敏的《瓶湖懋斋记盛》记董邦达对雪芹说的话:

> 杜少陵《赠曹将军》诗句云:"试看古来盛名下,终日坎壈缠其身!"思之令人嗟叹!

便可证明雪芹那时仍是困顿的。大概在那次会后，董邦达曾邀他去画苑而被他谢绝了。乾隆二十四年，他似有一次南京之行。这南京之行，以前只有敦敏乾隆二十五年秋遇雪芹于明琳的养石轩那首诗的暗示，现在却又有了一个传说，说他去南京行至瓜洲因大雨封江，滞留镇江某家一个月左右，并留赠他画的一幅"天官图"。这个传说是他去过南京的佐证。

综观上述，我们可以推知：曹雪芹自从乾隆十五六年离开右翼宗学以后，直到二十四年他去南京之前，他的生活一直是困顿的。即使他去了南京，即使他入了尹望山的幕府，也只是去了一年左右就回北京了。此后，直到二十八年，他死时的生活状况，也并没有什么改善。①

我认为离开宗学是曹雪芹物质生活变化的最后一个关键，是他的思想进一步变化的开始。他之由北京城内迁居西郊，由香山迁至白家疃等地，与农民、小手工业者接近，都肇始于此。

一九五七年六月二十五日原稿，一九七二年七月
二日改稿，一九七三年九月改定稿，北京沙滩。

---

① 从一九七七年底在北京发现的曹雪芹所用的两个书箱第二个背面雪芹续妻的悼亡诗中"停君待殓鬻嫁裳"句看来，雪芹死时是极困穷的了。详看我的《曹雪芹佚著浅探》（天津人民出版社出版）一书。

第二篇
结合文献和传说看曹雪芹

一 关于文字和口头材料

《红楼梦》的许多读者都发生这样的问题:"曹雪芹到底是个什么样的人呢?"特别是在今天即将举行曹雪芹逝世的二百年纪念的时候,这个问题尤其迫切需要解答。

但是关于曹雪芹的为人和生平的文字材料却极为稀少。从三十多年前开始考证曹雪芹的事迹时起直到现在,大家所反复引用的仍不外敦敏、敦诚、张宜泉、裕瑞、明义、永忠、舒坤等人的一些诗句和杂记而已。就是这一点点材料,在应用上却还有其局限性。(一)清代文字狱很多,曹家是被雍正抄了家的,在乾隆三十年(1765)以前,就有人对《红楼梦》不敢寓目,恐怕其中有什么"碍语"。因此,曹雪芹的朋友们便不敢在自己的诗文中,毫无顾虑地谈到他的情况,故已知的有关雪芹材料的本身就有局限。(二)文字材料绝大部分是诗。诗里所用的词汇和一般口语的描绘是有距离的。有些诗的作者,在形容雪芹的为人和风度的时候,又往往喜欢用典,而不是直接描绘,这就又增加了一层理解雪芹的障碍;或者说,使我们对雪芹的认识,不那么准确。(三)这些材料的作者,有的是式微的满洲贵族,他们每喜用家庭的盛衰之感来概括雪芹全部的思想感情。又有的用一般文人的眼光把雪芹看成一位"隐士"之类的人物。也有人只把《红楼梦》中的恋爱故事视为雪芹思想的重心,因而雪芹在这些人的心目中,就成一个"风花雪月"式的人物了。

由于以上三点,我们对于文字材料便不能只就其表面意义来引用,而必须加以疏证和分析,并从而判断它们适用的限度。

但就已有的文字材料而言,即使做了上述的工作,也由于材料太少而不可能对曹雪芹有全面的了解。这就有需要利用口碑了。我们必须把文字材料和关于曹雪芹的口头传说结合起来,才有可能对《红楼梦》作者,有较多较深的了解。在一九六三年以前,这种传说是很少的。即使有些,也只是关于雪芹的居处和葬地的。北京文化局曾经在香山一带调查过一次,访得一些口头材料,也都是关于居处和葬地的。直到一九六三年三月初,黄波拉同志来告诉我说:住在香山正黄旗营的张永海老先生知道一些曹雪芹的事迹,她还写了一篇访问的文章。我于三月十七日得《文学遗产》编辑部的协助曾去访问了张先生,才获知有关曹雪芹写书和一般生活情况的许多传说。关于这些传说,请参看:张永海后来自己写的《曹雪芹在香山的传说》(见《北京日报》一九六三年四月十八日),黄波拉《红楼梦及其作者的新发现》(见《羊城晚报》一九六三年四月二十七至五月一日)和我的《记张永海关于曹雪芹的传说》(写于一九六三年三月,先后由《文学遗产》编辑部打印和中国作家协会铅印,其后收入我的《有关曹雪芹十种》中,现见本书本卷第五篇)。这一传说的涉及面很广,包括居处、葬地、一般生活、《红楼梦》的续书者等等。

对于文字和传说两种材料的使用,我认为:当只有文字材料时,那就只好根据这种材料来分析,但必须结合已知的情况恰如其分地理解其中的词汇、典故和句语,既不可扩大也不应缩小其含义;当文字材料有口头材料可以对勘时,就把两者互相印证一下,这主要是存同去异,但"异"结合其他情况考虑,也可以是真实的;当只有口头材料而无文字材料时,那就必须把口头材料同过去已经推定的有关特征,按照事实发展的规律,加以分析应用。这样,我认为就有可能得出一个对曹雪芹的大致正确的印象。

我之所以这样做是有一个想法的。我认为曹雪芹既能有意识地写出那样一部反封建的著作,塑造出那些具有叛逆性格的人物的形象,则在他的随着客观遭遇而变化的思想感情中,哪里会丝毫没有相应的表现?在曹雪芹处世接物的行动中,尽管由于种种关系表现得并不明显,却也必定会有那种和封建社会不协调的特点。本篇就是要结合文字和传说中的材料,发掘这些特点。

二 曹雪芹"身胖、头广而色黑"的传说

许多《红楼梦》的读者都很想知道曹雪芹是个什么样的形象。但是《西游记》的读者却不那么想知道吴承恩是个什么样子。我们读《水浒传》的时候,也不一定想知道施耐庵是个什么样子。我想这主要是由于资产阶级学者的"自传说"把贾宝玉和曹雪芹等同起来的缘故。贾宝玉既然是罕见的美少年,那么曹雪芹也必然是个稀有的美男子了。大家都知道"自传说"掩盖了《红楼梦》的反封建的社会政治意义,流毒甚深。因此,我们觉得有必要先谈谈曹雪芹的真实形象的问题,破除那些根据自传说而造出的、毫无事实根据的猜想。

曹雪芹"其人身胖、头广而色黑"虽然是见于裕瑞《枣窗闲笔》的文字材料,但裕瑞却是根据他所听到的口头传说记下来的。这句话大致是可靠的。裕瑞是豫良亲王修龄的第二个儿子,生于乾隆三十六年,死于道光十八年。他本人未及见曹雪芹。据他自己说,这话是听他的"前辈姻戚"讲的。按裕瑞嫡生母是傅文的女儿,他的嫂嫂是明兴的女儿。明兴、明义都是他的母舅。从明义的《绿烟琐窗集》中的《题红楼梦》二十首诗的小序末两首诗看来,明义和曹雪芹是相识的。(一九七七年天津文物机关发现了一些明义的书简。明义称敦诚的叔父墨香为姐丈。墨香固与雪芹相识,则明义十分可能认识雪芹;即不然,他所传出有关雪芹的材料,也是很直接的。)故这一传说应该是可靠的。此外,乾隆二十五年秋,敦敏曾遇雪芹于北京城内明琳的养石轩,可知明琳必是敦敏和雪芹的共同朋友。明琳和明仁、明义都是弟兄,也都是裕瑞的"前辈姻戚"。裕瑞从明琳那里也可以听到关于雪芹的一些传说。这也可见裕瑞所记关于曹雪芹形象的传说是可信的。

王南石在乾隆二十七年曾经给曹雪芹画过一幅小像,画上的人物同

裕瑞所记的传说中的特点是符合的，可证裕瑞的话不错。但一九六一年胡适在《海外论坛》上发表《所谓"曹雪芹小像"的迷》一文，他认为这幅像画的不是曹雪芹，并指周汝昌、俞平伯等先生和我都是"受骗"了的。为什么受了骗呢？这个散布"自传说"的"考据家"还有一段心理分析。他说："爱读《红楼梦》的人当然都想看看贾宝玉是个什么样子。如果贾宝玉是作者曹雪芹自己的影子，那就怪不得《红楼梦》读者都想看看曹雪芹的小照是个什么样子了。……这种心情……正是周汝昌（裕按：周汝昌同志在一九七六年新版的《红楼梦新证》中，又不相信王冈此画是雪芹的像了）、吴恩裕诸君那么容易接受那幅小像的心理背景。"

自以为高明的胡适却猜错了：就我来讲，我并不是按着他的"自传说"的逻辑和心理才相信王冈那幅画像的。我是根据画像与裕瑞的传说符合以及其他理由，才认为那幅画像是真的。关于胡适这篇文章，既有吴世昌同志在一九六三年四月香港《大公报》上的《论王冈绘曹雪芹小像》一文中列举了许多驳斥的理由，又有朱南铣在他的《曹雪芹小像考释》（中国作家协会印稿）一文中找出了题像诗的作者们同雪芹相识的可能关系。这些已足驳倒胡适的说法。

胡适又说他当初看到的题像诗，不像是题一个"穷愁潦倒"的人的像的云云。殊不知，一般的题像诗总是要对那像的本人誉扬几句的。张宜泉的《题芹溪居士》，我认为就是题雪芹小像的诗。他在诗中却把雪芹说得像林和靖那样的"高人处士"；尽管毫无疑问的是，敦诚的留赠雪芹诗中"举家食粥酒常赊"、"日望西山餐暮霞"那些句子更符合事实一些。连张宜泉同雪芹那样知好的朋友在题像诗中都是如此，难道和雪芹有些老关系但往还不多而又是当时的显达人物，能够在题雪芹的像的诗里突出地说雪芹"穷愁潦倒"的情况么？

关于一九六三年八月间有人从河南博物馆发现陆厚信画并题的"雪芹先生"像，大家争论颇多。我在这里不想细谈，仅把我的总看法略述如下：（一）此像与王南石所绘的像极相似，我倾向于认为二者皆雪芹像；（二）不能因陆绘为雪芹而否定王绘之为雪芹。据近年发现的新材料，知道雪芹与董邦达很熟,而董与蔡以台等题王冈所绘雪芹像的人,大都相识,故很可能画像是由董发动让王画的。题像诸人中,有的是与雪芹直接熟识的,如有一个称雪芹为"学长兄",或疑为观保,因观保有与雪芹在咸安宫官学先后同学的可能;又有称"姻长兄"的,或疑为那穆齐礼,并疑此人与平郡王家有关。但另外的一些题像者则可以同雪芹并不直接认识,而是由董邦达代请他们题的,那些人虽然同雪芹不熟,甚至未谋面,但可知道雪芹的家世、才名,又或读过雪芹的《石头记》抄本。故我认为王绘确为雪芹像。

由此可见,裕瑞所记的"传闻"是可靠的,王冈画的雪芹像是真的。那么,曹雪芹就是一个"头大、脸宽、面色较黑、身体稍胖"的人了。靖藏本第一回在"生得骨格不凡,丰神迥异"句处批云"作者自己形容",甲辰本则批云"这是真像,非幻像也"。这些批语,应该都是真话。那么,曹雪芹的形象虽如上述,但二目炯炯,神气逼人,是个令人一见就有个深刻印象的人。加上敦氏弟兄的描绘,"高谈阔论",时以"白眼"向那些他所看不起的人,岂非"野鹤在鸡群"乎?王冈的画像,虽略苍老些,然双目有神,则可以窥见。

三 狂、傲、"放达好饮"背后的思想感情

一个人的形象和他的思想感情并没有必然的关系,但是他的"处世""接物"的态度,却能反映他的思想。

曹雪芹这方面的情况,我们知道的也并不多,而且在敦敏、敦诚、张宜泉、裕瑞诸人的诗文杂记中,还有着似乎是矛盾的描绘。

据裕瑞的传说,雪芹是一个"善谈吐,风雅游戏,触境生春,闻其奇谈,娓娓然令人终日不倦;是以其书(裕按:指《红楼梦》)绝妙尽致"(见《枣窗闲笔》)的人。敦诚和敦敏也有同样的描述。敦诚曾说雪芹"高谈雄辩虱手扪"(见乾隆二十二年由喜峰口《寄怀曹雪芹(霑)》)。敦敏也曾在明琳的家里隔着一层院子便听到了雪芹的"高谈"声音(见乾隆二十五年《芹圃

曹君霑别来已一载余矣……》一诗),并且说雪芹"高谈君是孟参军"(见同上诗)。在张宜泉的《伤芹溪居士》诗的注中,也看到雪芹"其人素性放达,好饮"。我们根据这些材料中的描绘,觉得雪芹是一个谈笑风生,辩才无碍,很容易和人"合"得来,而人们也喜欢他的人。

然而,在敦氏弟兄的诗中,却还有相反的描绘,说雪芹是既"狂"也"傲"、时常以"白眼"对人的人。例如敦诚曾说雪芹是"狂于阮步兵"(见乾隆四十五年《荇庄过草堂……》一诗),又说他"傲"——"接䍦倒着容君傲"(见上引《寄怀曹雪芹(霑)》一诗)。敦敏也说"傲骨如君世已奇"(见乾隆二十五年《题芹圃画石》)。而且两人都更形象地说雪芹时常予人以"白眼":"步兵白眼向人斜"(敦诚二十六年《赠芹圃》),"一醉酕醄白眼斜"(敦敏同年《赠芹圃》)。从这些描绘里,我们对曹雪芹又得到了一个相当"别扭"、很不"随和"并且时以"白眼"向人的印象。

那么,这两种不同的表现加在一个人的身上,究竟是否矛盾呢?若矛盾,到底哪一种是对的呢?若不矛盾,又怎样解释呢?我的回答是不矛盾的。而且,这两种对人的态度反而恰恰反映了雪芹真实的思想感情。

按雪芹的"狂"和"傲",不仅在他朋友的诗文中有材料可证,雪芹所以字"梦阮"也与此有关。我同意曹"霑"一名是雪芹家人为了表明"感谢皇上的恩泽"替他取的。但由"梦阮"一词的含义与"霑"字的意义毫不相涉一点来看,则"梦阮"很可能是雪芹年事已长之后自己取的。"阮"指的是魏晋时人的阮籍,亦即上引敦氏弟兄诗中的"阮步兵"。阮籍在当时是个很特别的人物。

为什么曹雪芹要梦"阮"呢?回答这个问题,我们先要知道:曹雪芹对于阮籍的评价是颇高的。他在《红楼梦》第二回中,曾借贾雨村之口,认为阮籍是属于那种"正气"和"邪气"两秉一流的人物。正气是"清明灵秀"之气,邪气是"残忍乖僻"之气。阮籍、嵇康、刘伶、陈后主、唐明皇、宋徽宗、卓文君、红拂、崔莺莺、薛涛等固然属于这一类人;那"不通世务"、"行为偏辟"、性情"乖张"的《红楼梦》中正面人物贾宝玉,也是这一流人物。可见雪芹是心仪阮籍这人而要以他为楷模,因此他才自字"梦阮"的。狂、傲、嗜饮这些特点也都正是阮籍的特点。《晋书》中《阮籍传》称：阮籍好老、庄，能啸，善琴，嗜酒，能为青白眼，傲然独得，任性不羁。虽然我们不知道雪芹能不能"啸"，但据《红楼梦》来看，他好老、庄是可以肯定的。

主要的问题还在于"狂"和"傲"。我们知道阮籍的狂和傲并不是没有社会和政治内容的。他对谁狂和傲？为了什么？他又为什么那样酣醉？这些问题，我们从《晋书》中，都可以得到解答。第一，《阮籍传》里说，籍"能为青白眼，见礼法之士以白眼……由是礼法之士，疾之若仇"。那么，阮籍的狂和傲显然有社会和政治内容：他是对"礼法之士"狂和傲的。因此，阮籍的狂和傲的态度是具有反抗旧礼教的意义的。（参看鲁迅：《而已集·魏晋风度及文章与药及酒之关系》一文）第二，《阮籍传》又说籍嗜酒，"文帝（裕按：指司马昭）欲为武帝（裕按：指司马炎）求婚，籍醉六十日，不得言而止。"又"锺会欲其言可否，而致之罪，皆以酣醉获免"。可知阮籍的酣饮，也是为了当时的政治原因有消极地避事避祸之意。可见阮籍这些外在表现，都是反映他对当时的社会和政治的思想感情的——反映着他憎恨什么、喜欢什么的态度。

曹雪芹也狂、也傲、也"放达好饮"，而且他还有意地自己字"梦阮"。那么，在曹雪芹的狂、傲、好饮这些表象的背后，到底有什么思想情绪呢？在我看来，曹雪芹这些表现反映着他的反现状的思想情绪，其意义远较阮籍的反他当时现状的思想意义为大。阮籍的问题是：哪一姓哪一家掌握封建政权的问题，是倾向于一姓的统治反对另一姓的统治的问题。曹雪芹则是反对整个封建制度的问题。在《红楼梦》中，我们可以看出他对一切封建政治、司法、考试制度、奴婢制度，特别是婚姻制度的揭露和抨击。具有这种反封建思想情绪的一位作家，歌颂像贾宝玉、林黛玉、晴雯那种具有叛逆性格的典型人物的一位作家，在现实生活中，他的境遇能够不"坎坷"么？他能够不感到"孤独"么？因而，他能够不对那些"卫道之士"和那些支持腐朽而不合理的封建制度的官吏们以白眼相加么？他能不傲视那些"准官僚"、"禄蠹"们么？在那"滔滔皆是"的环境和气氛中，他能不时常"一醉酕醄白眼斜"？他不可以"醉余奋扫如椽笔"来画一张嶙峋的巨石寄托他的怀感么？从这些方面设想，则曹雪芹之所以有狂、傲、嗜饮这些表现，便是很自然的事情，并且是自有其思想感情内容了。这种思想感情无疑地远比阮籍同样表现的内容，具有更大的社会和政治意义。

那么，又怎样说明这一事实和上引裕瑞对雪芹的描绘的不协调呢？我觉得这是不成问题的。具有反封建思想的人不等于他要反对封建社会中所有一切人。当曹雪芹的家庭被抄而败落、当他自己的物质生活遭到了巨变而下降的时候，他自己的思想感情也逐渐在变化。他会冷静地分析过去，憎恨过去和批判过去。但是憎恨旧制度和以白眼对待那些旧礼教旧习俗的维护者们，却并不意味着曹雪芹不可能有几个气味相投的朋友。不管是没落的天潢也好，"轻轩冕、隐渔樵"的文人也好，只要他们多少有对现状不满的一面，他们就会有共同语言，就和曹雪芹做朋友的可能。在这些朋友们的小圈子中，也就可以听到雪芹的"高谈雄辩"的"奇谈娓娓然令人终日不倦"的声音。这和雪芹对另外一种他看不起的人施以白眼，是并不矛盾的。我认为，这种态度正说明：曹雪芹即在平常生活中的待人接物上，也是一个爱憎分明的人。这是可贵的品质。

四　辞宗学和拒苑召意味着什么？

我曾经在《有关曹雪芹八种》中的《〈四松堂集〉集外诗辑跋》一文里，考出雪芹于乾隆十年到十五六年这段时间中，在北京瞻云坊石虎胡同的右翼宗学里担任过教学（但不一定是正式教师）或其他工作。他同敦氏弟兄和其他宗室子弟大概都是在右翼宗学里结识的。曹雪芹为什么、在什么时候离开了右翼宗学？没有材料可资判断。但在一九六三年张永海的传说中，却说雪芹是因为和老派教师搞不来，受他们的排挤，才辞去宗学职务的。张永海说：

> 他在绒线胡同的右翼宗学（裕按：误，彼时右翼宗学当在石虎胡同）当过"瑟夫"，就是教师。……宗学教师每月十二斗米，还有多少两银

子,生活不错。曹雪芹的年纪比旁的教师都小,又是个被抄家的人,老派的教师们就瞧不起他。曹雪芹呢,他也是个傲性子的人,嘴又好说,爱得罪人,他心想:"你们瞧不起我,我还瞧不起你们呢!"……乾隆十六年他就离开宗学,搬到西郊来住了。他是自己辞的还是宗学解职的,不知道。(见上述拙文)

张永海自己的文章中则说:

> 乾隆十六年……前后,曹雪芹辞了瑟夫的职务,去到香山……
> (见上述张文)

曹雪芹离开右翼宗学不管是辞职还是被解职,这一事实却意味着:"道不同不相为谋"和"合则留不合则去"。它说明曹雪芹是一个有原则性的人——他有他的主张与做法而不苟同。同时,也说明他不肯向封建社会的当权派屈服。在物质生活已经日趋下降的情况下,曹雪芹宁可放弃宗学的薪给,而断然移居西郊去过那艰困的生活,这就可见雪芹的骨头之硬和品格之高。在封建社会中,这都是难能可贵的品质。

后来,到了拒绝皇帝画苑的召请的时候,雪芹思想显然又发展和提高了一步——他决心终身著书荒村,宁愿贫困潦倒,而不给清朝的封建统治者服务了。

事实是这样。张宜泉在《题芹溪居士》一诗中说:"羹调未羡青莲宠,苑召难忘立本羞。"在第二句里,他用了唐朝阎立本这一典故并且着重在立本的"羞"于做个画师,这显然是在暗示:画苑曾经找过雪芹去供职,但雪芹本人却未奉"召"。为什么呢?因为他忘不了阎立本以做画苑供奉为耻的事实。

乾隆二十几年已是曹雪芹移居西郊多年的事了。他的生活不但远不如他在右翼宗学时的情况,而且已经到了举家吃粥、卖画沽酒的程度。当此之时,有了朋友的介绍,可以得到一个维持生活的机会,而雪芹竟然不肯就。这就表明,到了这时,他已经更清楚地认识了封建统治者的丑恶、凶残面貌,并且对于他们万分的憎恨了。这样,他又怎能去做一名供他们"开心"的画苑的供奉呢!

五 高人、不遇之士、"坏人"、"疯子"之目的实质

在封建社会中,像曹雪芹那样一个因家庭败落,困居山村,穷愁著书的人是很不易被人了解的。就是和他接触的朋友,也对他有着不同的看法。例如,我们读到张宜泉有关雪芹的某些诗句,就会感到他把雪芹看成了一个隐居西山的高人逸士。特别是他的《题芹溪居士》一诗,更令人有这种感觉。全诗云:

爱将笔墨逞风流,庐结西郊别样幽。
门外山川供绘画,堂前花鸟入吟讴。
羹调未羡青莲宠,苑召难忘立本羞。
借问古来谁得似?野心应被白云留。

这首诗末二句"借问古来谁得似?野心应被白云留"出自宋陈抟拒宋太宗之召的表文中。原句云:"一片野心应被白云留住。"张宜泉这首诗乃是把雪芹不得已的乡居看成是避嚣,把雪芹生活的表面用自己的想法予以"美"化。我们如果根据这首诗的描绘而推断雪芹并不至穷到衣食不给的程度,那就错了。因为即在张宜泉本人,也何尝不因目击雪芹的困苦境况,而终于在《伤芹溪居士》一诗中说:"琴裹坏囊声漠漠,剑横破匣影铓铓!"这两句诗吐露了雪芹才高境厄的景况。总之,认为曹雪芹是由于"清高"而远避尘嚣,去到西郊过隐逸的生活这种看法,是不符合实际情况的。

到底是敦氏弟兄和雪芹的接触年代久些,他们又很知道曹家的旧事,因此我们今天才得从他们的诗里知道一些雪芹当日贫居西郊的情况。敦氏弟兄关于这方面的材料是可以相信的。他们那些诗,大家已经熟知,不

必多引。但是读了敦氏某些诗文,又令人觉得雪芹可能是一个自叹怀才不遇式的人物。比如,敦诚在《赠芹圃》中就说"燕市歌哭悲遇合",如果这"悲遇合"二字是指雪芹在政治上的穷通遭遇的话,那么雪芹岂不真的是《红楼梦》开卷时所说的"因见众石俱得补天,独自己无材,不堪入选,遂自怨自叹,日夜悲啼惭愧"(第一回)"怀才不遇"的那类人物了么?事实上,有许多人的确是这样来看曹雪芹的。

我们必须要认识到,曹雪芹固然是不无个人身世之感的,而且他在《红楼梦》中也的确穿插了一些他家的事迹。但那些事迹只是作为组成故事和创造典型的素材来用的。如果说《红楼梦》全书整个都是写曹家盛衰的事实,寄个人穷通的感慨,那就显然陷入用资产阶级自然主义观点把《红楼梦》看成一部家传或个人自传的错误了。实际上《红楼梦》所包含的思想,乃是反对整个封建制度的"叛逆"思想。尽管他可能是由个人的遭际出发,但是他的落脚点却不只是厌憎和批判那给他的家庭和个人带来灾害的当时封建政权而已,而是憎恨、揭露和批判整个的封建社会制度——他是与整个封建社会制度为"敌"的。关于这一点,在以前,我们所能根据的只是《红楼梦》中的具有"叛逆"性的人物及其某些事实,如说贾宝玉是一个反封建的人物。现在根据传说,并和文字材料结合起来,可以证明曹雪芹本人也具有这种"叛逆"的思想感情。以前光读书中人物的叛逆性格,但《红楼梦》作者本人要是没有这种思想感情,他就写不出来像贾宝玉那样言行的人物了。

根据张永海的传说,当乾隆二十年雪芹住在健锐营正白旗的时候,由于连日阴雨把房子搞塌了,当时"人们"都不肯帮助他修理。原因是,他是被抄家人,"人们"认为这样的人当然是"坏人",谁肯帮坏人的忙呢?我们听到这一传说,可能会想:曹雪芹岂不是一个为"人们"的"舆论"所不容的人了么?在这里,我们必须分清:这种看法固然是"论",却并不见得是"舆"。为什么呢?因为香山脚下的小社会主要是由健锐营的八旗官兵及其家属所组成的社会,这些"人们"的职责是用武装维护清王朝的政权。他们的观点一般当然都是从统治者的利益出发的。他们的看法不但不能代表人民群众的看法，就是健锐营以外香山界面的其他居民的看法，也不能代表。所以把雪芹看成"坏人"虽然是一种看法，亦即是一种之"论"，但是却并不普遍，不能代表广大人民的意见，亦即并非"舆"论。稍一分析，便会知道这种看法背后的逻辑是："不合法的就是不道德的。"这显然是掌握政权阶级的逻辑。因为，在封建统治阶级的法律支配下的被剥削被统治的人民，还有另外的相反逻辑："不合法的不一定是不道德的。"但究极地说，这不是一个讲道理的问题。封建统治阶级必然是要迫使人民按着他们的逻辑来思维和判断的，尽管人们内心接受或不接受这种逻辑是要看接受者与统治阶级的利害关系如何来决定的。因此，我认为曹雪芹在健锐营一带有"坏人"之目这一传说，实际上绝不是广大人民的舆论。

在张永海的传说中，还有一个值得注意的问题，即当时还有人把雪芹看成是个"疯子"。他说，大约在乾隆二十几年间，雪芹

> 这时……的生活越来越穷，有时全家人都吃粥。曹雪芹虽然穷，可是他什么也不管，还是一心写他的《红楼梦》。头发长了也不剃，穿着一条蓝布二褡裢（即没有领的蓝布大褂），福字履；腰里常围着一个白布包袱，包着纸笔，不管走到什么地方，想写就写。听到别人谈话里有好材料，他马上就记下来，有时和朋友们喝酒吃饭，他突然就离席跑回家里；朋友们奇怪，就在他后面跟着，到他家一看，他却又伏在桌上写《红楼梦》了。他又常常一个人在路上来回走着想，路上的行人看他奇怪，他也毫不在意。因此，就有人叫他"疯子"。（见本书本卷第五篇《记张永海关于曹雪芹的传说》）

当初我听到张永海这些话时，就想到《晋书》中《阮籍传》说阮籍"傲然独得，任性不羁"，"当其得意，忽忘形骸，时人多谓之'痴'"的这些话。"疯子"和"痴"是接近的，都是一种由生理的不正常而引起的精神的变态。但是，据我们所知，阮籍和曹梦阮并不是这样的情况。人们之所以说阮籍"痴"、说雪芹是"疯子"，乃是说：他们那种不修边幅的形象、旁若无人的行

径、玩世不恭的态度,简直像个呆子或疯子似的。曹雪芹当然不是被人当作真的疯子。须知对雪芹持这种看法的人们,只是那些统治阶级圈内的,或者是与统治阶级利害相关的,也或者是受统治阶级思想观点影响的人们。后一种人自己不是统治阶级也不一定与他们有一致的利害关系,只是观点上的糊涂不清。前两种人自幸"躬逢盛世"并想"永庆升平",哪得不整衣肃容、谨言慎行地来处世接物呢?以上是分析一下把雪芹看成疯子一方面的人们。

就雪芹这方面说,那就似乎颇有文章了。由前面"辞宗学和拒苑召意味着什么?"一节可知雪芹是无意于仕途,根本不想给封建王朝的统治阶级服务的。从他书中描绘和歌颂的是一个"潦倒不通时务"、"行为偏僻性乖张"、"有时似傻如狂",而且还"哪管世人诽谤"的人物看来,应该断定:曹雪芹不可能没有反对所有封建社会的政治、伦理、道德等制度的思想。在这里,我们不但找到了敦敏、敦诚所看到他的"狂""傲"、他自己号"梦阮"以及他那"接䍦倒着"、"扪虱高谈"的态度的思想根源,也印证了他之所以有"疯子"之目的真正原因。一个在某些点上同李卓吾相似的人,他之所以被视为"疯子",不是可以想象的么?

这样一个人,他不在乎一切世俗的"常规",不向那些指斥和讥评他的力量屈服,具有"横眉冷对千夫指"的精神和态度,不是可以理解的么?

曹雪芹,据我们看来,就正是一个这样的人。我们不要以为他当时只是无声无嗅消极地寄居在荒山脚下,他是在那里"著书骂世"(张永海的传说中的话)。当时的"世"是什么世呢?是那个他深感其腐朽悖理的封建社会之世。他看到了不自由的婚姻制度、不合理的奴婢制度、不平等的社会经济制度……而深恶痛绝,予以"笔伐"——他是在积极地进行反封建的战斗!

他不采取理论上的驳斥方法,而是通过形象的描绘来表达他的进步的、革命的思想,这不但感人深和影响大,也在很大的程度上保证了他的书的流传。须知当日雪芹若是以理论辩驳的方式来表达他的反封建思想的话,则以清代文网之密,不但他本人会被绳之以法,他的书也会被禁被毁，无法流传，这正是曹雪芹的高明处。

一九六三年九月北京沙滩。

　　裕按：本篇原刊于一九六三年北京图书馆编的《图书馆季刊》。这篇文章虽写于本书所引用的曹雪芹的遗著和敦敏的《瓶湖懋斋记盛》之前，但我在这里根据史料分析雪芹的形象、思想感情及其对当时社会、政治的态度，基本上是与新发现的材料符合的。新发现的材料只能更加使我们认识到：曹雪芹晚年的世界观有所变化。

一九七二年八月十八日北京。一九七六年
八月十日改定于郑州旅次。

第三篇
曹雪芹在北京西郊的居处

解放前《红楼梦》的研究者就提出过曹雪芹在西郊的居处问题。当时材料很少，他们只根据敦诚"日望西山餐暮霞"这句诗，说曹雪芹是住在西山。但西山地区包括的范围很大，北京西北连绵二百多里的那条山脉，一般都泛称"西山"。其中包括北起昌平，南抵房山的太行山余脉。中间被永定河截为两段，南麓以马鞍山、潭柘寺为主峰，北麓以妙峰山为主峰。北麓的中段就是香山。由香山东向是青龙山，有青龙桥。南向到翠微山、八大处。在这样大一个地区里，曹雪芹当时究竟住在哪里，无法确定。

解放后，周汝昌同志在《红楼梦新证》一书的初版和再版中，曾设想这个西郊是指海淀，也未能证实。这个问题，一直没有人认真地考察研究。

从一九五四年起我开始注意有关曹雪芹的传记材料。他在西郊的居处，当然也是个重要问题。从那时起，二十三四年来，我陆续到以下各地调查访问：香山健锐营各旗营、小屯、蓝淀厂、门头村、大有庄、南辛庄的杏石口、韩家川、白家疃。接触的人，早期（即一九五四年开始调查时）的，已记不得了。一九七三年以来直到一九七六年六月十六日止的访问，曾与下述诸人谈过：白家疃的张德顺、刘兰、王荣等，香山北辛村的赵伯英，正白旗的舒成勋、南宪章、任老头、尹世林，原住北坞后迁至正白旗的王世珍，小屯的麻淑林，蓝淀厂的麻廷惠，大有庄的杨增厚，韩家川的曾汝丁，等等。其中大都是七八十岁的老人。

这些年来，由于有关传说和文字材料的陆续发现，我对这个问题的看法，也有些变化。原来我认为曹雪芹在北京西郊只有某一个住处；现在知道他在北京西郊曾几度迁徙，因而前后不止一个住处。以下先把我所知道的关于曹雪芹在西郊住处的各种说法，略加介绍。

一 关于曹雪芹迁往白家疃前在西郊居处的各种说法

（一）赵常恂先生说曹雪芹住在香山健锐营。一九五四年承德一位镶红旗满族人赵常恂先生看到我在《新观察》杂志上发表的《关于曹雪芹》一文后，来信告诉我说，他幼年在北京西城丰盛胡同满蒙文学校（相当于现在的中学）读书时，有个家住在香山健锐营的同学对他讲，他家那里的风景怎样好，星期天骑驴玩多么有趣。又说写《红楼梦》的曹雪芹当初就住在那里，当地有人还可以指出他的故居遗址，等等。

我接到他的信后，便复信问他一些详情，如：他的同学的姓名和住址以及所谓"故居遗址"所在的地名等。可惜他回信说，因事隔年久，他不但不知那位同学的下落，而且连姓名也忘记了。他的复信有云："关于雪芹穷居北京西郊健锐营说，系出于同学友谊的闲话，并无其他作用，故余虽未能征实，确信决非诳语。"（见其一九五四年十月二十五日来函）

（二）曹未风同志说曹雪芹是住在镶黄旗营。一九五四年九月，也因看到我在《新观察》上那篇文章，曹未风同志从上海给我来信说："记得在一九三〇年曾在北京西郊到过一个村子（在颐和园后过红山口去温泉的路上附近）名叫'镶黄旗营'。曾听到一位当地人士谈到，曹晚年就住在那里并死在那里。……事隔多年，可能记忆有误，提出来仅供参考。"

（三）周维群同志说，曹雪芹住在南辛庄的杏石口。一九六一年秋，北京市人委文化工作队根据我的《有关曹雪芹八种》，在香山南一带从事广泛调查。他们来问我一些情况并送给我一份详细的调查报告。参加那次调查的周维群同志在一九六二年四月的《北京日报》上连载过《曹雪芹的故居和坟地在哪里》一文。他认为："我考虑如果说曹雪芹的故居……在健锐营，那毋宁说在南辛庄的可能性更大些。假设曹氏故居还在的话，那应当紧贴着山根，正符合了'日望西山餐暮霞'、'门外山川供绘画'、'薜萝门巷足烟霞'等诗的意境，而南辛庄这个村子又离繁华的健锐营有一段距离，当不受其影响，真是'山村不见人'，'庐结西郊别样幽'。这样的自然村落,在二百年前用'满径蓬蒿老不华'、'衡门僻巷愁今雨'等诗句形容,也是恰到好处。"又说:"要是曹雪芹的故居在健锐营时,那敦氏弟兄、张宜泉等人的诗中当出现类似'军营'、'兵房'等诗句,可是我们今天看见的却是'山村'、'黄叶村'等等,这又合乎南辛庄这样的村落。"

(四)周汝昌同志说,曹雪芹是住在卧佛寺左近的北沟村。一九六三年出版的《曹雪芹》第二十章和最近新版的《红楼梦新证》七一七页,都认为曹雪芹的郊居地址是在卧佛寺西南侧的北沟村。他根据传说,认为"曹雪芹当日的故居左近,曾有成片的竹林子,这倒是一个很好的线索"。他又引敦氏兄弟和张宜泉的诗句,说曹雪芹的"村居情况是……'碧水青山曲径斜,薜萝门巷足烟霞','庐结西郊别样幽';到春夏之际是'谢草池边晓露香',而到严冬之日则是'野浦冻云深,柴扉晚烟薄。山村不见人,夕阳寒欲落'。可见他这所小村屋是门临野水,径掩蓬蒿,是个十分幽僻甚至荒凉所在"。故他断定卧佛寺旁樱桃沟、退谷地方现在还有竹子的北沟村就正是这样一个所在。

(五)张永海说,曹雪芹先住在健锐营的正白旗营,后迁至镶黄旗西营。一九六三年三月中国作家协会要我去香山门头村正黄旗访问张永海老人,了解关于曹雪芹的传说。事后我曾写了一篇《记关于曹雪芹的传说》(见《有关曹雪芹十种》)。张永海说,曹雪芹搬到香山是按"拨旗回营"的例,住在正白旗,在四王府之西,地藏沟口左边靠近河滩的地方。那儿今天还有一棵二百多年的大槐树。他说,曹雪芹既是按拨旗回营的例住的正白旗,那他每月就应该拿四两银子,每季一石米,住三间房。他又说,乾隆二十年春天雨大,雪芹住的房子塌了,不能再住下去,他住在香山镶白旗的朋友鄂比帮他在镶黄旗营北上坡的碉楼下找到两间东房。据说曹雪芹生前就一直住在那里。关于这个问题,另有黄波拉同志一篇文章刊在《羊城晚报》上;张永海同志本人也发表过一篇文字记载,内容基本上与以上所述相同。

(六)舒成勋说,曹雪芹是住在他自己现在的住宅——正白旗三十八号。一九七二年我在安徽濉溪接到北京友人的信,说北京西郊一户居民,因拆建房屋发现复壁,其中有写在白灰墙上的诗词,据说与曹雪芹有关,并且这所房屋很可能是曹雪芹的故居。同年五月我回到北京后,文、雷(即胡文彬、周雷)同志初次来看我,说他们已经在这个地方考察过十余日。这个地方就是香山与卧佛寺之间,四王府、峒峪村一带,地藏沟口外的正白旗三十八号住户舒成勋的四间房子。后来我又同他们两度往访其地。据知,舒成勋,满洲正白旗人,他住四间北房,靠东三间是一明两暗,西面连着单独的一间。据说这四间房子已有二百多年,从他祖父起就住在这里,至今也有一百多年。那就是说,他家搬来以前已是百年老屋。房子的骨架、部位都是旧观,但二百多年中当然几经局部更换与修整。一九七一年舒君因修单独那间的西壁,拆墙时发现有复壁,壁上有诗文。舒君根据那些诗文结合传说,断定他那四间房子,就是曹雪芹当年的故居。墙上的诗词有十几首。现将似乎有关的两三首,抄在下面:

无题(七律一首)

蒙挑外差实可怕,惟有住班为难大。

往返程途走奔驰,风吹雨洒自喷嗟。

借的衣服难合体,人都穿单我还夹。

赴宅画稿犹可叹,途穷受气向谁发!

学题拙笔

远富近贫以礼相交天下少,

疏亲慢友因财而散世间多。

真不错

富贵途人骨肉亲,贫贱骨肉亦途人。

试看季子貂裘敝,举目亲人尽不亲。

岁在丙寅清和月下旬偶录于抗风轩之南拙笔学书

（七）席振瀛说，曹雪芹先住在镶黄旗营上面的公主坟，以后迁至正白旗营的营外民居。一九七五年我和吴茜同志往访香山正红旗的席振瀛老人。据他说，曹雪芹是包衣正白旗，包衣不能"拨旗回营"。被抄了家的人等于被剥夺了政治权利，更不能"回营"居住。所以，曹雪芹不可能住在正白旗营营子内，而是住在正白旗营外的民房。他认为，曹雪芹到了香山是住在镶黄旗营的坡上、玉皇顶下面的公主坟。乾隆时，该地有一条小街，是一般居民、小商人以及为旗营做事的更夫、马夫、杂役等居住的地方。

（八）韩永曾听说，曹雪芹的住处是蓝靛厂的火器营。一九六二年北京市文化局在上述的调查报告中，曾提到西小府的民间曲艺艺人韩永曾听人说过，曹雪芹曾在火器营住过。我访问过的席振瀛老人也说过，据传曹雪芹曾在火器营住过一个时期。

（九）席振瀛和其他人还说：曹雪芹曾住过门头村。

（十）舒成勋告诉我，他的一个朋友曾说：曹雪芹住过安河桥（在颐和园附近）一带的大有庄。

以上是关于曹雪芹迁往白家疃以前在北京西郊的住处的传说。下节说一下我现在对这些传说的分析，并结合文字材料提出我的看法。

二 曹雪芹是哪一年从北京城里迁住西郊的？

在进入解答上述问题的讨论前，有必要把曹雪芹是哪一年从北京城里迁往西郊的问题考察一下。因为在以后的讨论中，常常要以解决这个问题为前提。

曹雪芹是哪一年迁出北京的？周汝昌同志在《红楼梦新证》一书中说，是在乾隆二十一年（丙子，1756）前后。他说：

> 雪芹何时迁居山村，不可确考；唯去年敦诚犹在宗学岁试优等记名，而明年敦诚赠诗已有"残杯冷炙有德色，不如著书黄叶村"之句，

可知其时盖由宗学卸职,寄居亲友一类生活阶段而转入山村僻处之交关也,颇疑迁入村居当不出本年前后。

我认为曹雪芹迁往西郊比周汝昌同志所说年代要早。据我在《〈南鹞北鸢考工志〉的成书年代》一文中所考,于叔度访曹雪芹求助是在乾隆十九年的年关。据孔祥泽君所见到的《瓶湖懋斋记盛》阙文,于叔度是出北京西城门走了一程,不觉已到了雪芹的居处的。这个西城门应该就是西直门,可见雪芹那时已经住在西郊了。雪芹在《南鹞北鸢考工志》的自序中说,他那时已经"困惫久矣"。结合他是因生活困窘而迁往郊居的这一情况,那么他当是在十九年前的数年就已经因贫而郊居了的。看这"困惫久矣"的语气,姑假定它是三数年,那么雪芹之迁往西郊,也就应该是在乾隆十五、十六年间了。

即看敦诚乾隆二十二年从喜峰口寄雪芹的"君又无乃将军后,于今环堵蓬蒿屯;扬州旧梦久已绝,且著临邛犊鼻裈……当时虎门数晨夕,西窗剪烛风雨昏"这些诗句的语气,也都可以说明:那时(即乾隆二十一年时)曹雪芹和他们分手,去西郊山村继续写书,已经不是很短时期的事了。

三　我对上述各种传说的看法

前面已经说过,过去我们谈曹雪芹在西郊的住处,都是说他不是住在甲处就是住在乙处或丙处,忽略了这样一个可能,即他甲、乙、丙三个地方先后都住过。经过我在一九七六年的重新调查,知道曹雪芹在迁往白家疃之前,他在西郊所住的地方,并不限于香山健锐营。

以下集中谈几个大问题:

(一)曹雪芹在西郊香山健锐营的公主坟即镶黄旗营的北上坡和正白旗住过,但不可能住北沟村。

先说为什么不大可能是北沟村。第一,周汝昌同志根据传说,认为北沟村一带的竹林是一个探讨雪芹居处的"很好的线索"。我认为二百多年来，竹林的变化很大，即使乾隆时该地有整片的竹林，但现在却没有，有的只是一小丛竹而已。反之，即使现在有，也不能证明二百多年前该地也有。所以拿竹林为线索是很靠不住的。第二，周认为曹当时的居处是个"十分幽僻甚至荒凉所在"，我认为这大概是对的。但即使现在我们也很难说北沟村"幽僻"、"荒凉"，何况乾隆廿几年时，香山是几千健锐营兵丁及其家属聚居之地，那个小地方人烟之密，店铺之多，可以想象。乾隆皇帝又时常"光顾"那里，其随行大小人员之众，更不待言。恰恰在这样地区内的一个近在咫尺的角落的村子，哪里说得上是幽僻荒凉？第三，周又引了敦氏弟兄和张宜泉一些诗句，来证明北沟村的自然环境与诗中所描绘的符合。据我看，也并不那么符合。姑举一例，但也是根据周所引敦诚关于曹雪芹西郊居处的诗句"日望西山餐暮霞"，则曹的居处应该不是坐东向西便是坐北向南的了，而绝对不可能是坐西向东。如果曹雪芹是住在北沟村的话，那他就只能"日望东山餐朝霞"了。因为北沟村正是位于西面的山根下，在那里能"日望"地藏沟，但那是东；也能望卧佛寺，但那是北。我们总不能假定曹雪芹每天走出屋来，转过身子来回"望"那就在鼻子前面的西山罢？第四，尤其重要的是，敦敏、敦诚这些诗都是写于乾隆廿六年的诗，那时雪芹早已迁往白家疃了。周所引张宜泉那句"庐结西郊别样幽"，过去大家都认为不过是"住"在西郊而已。现在由于《瓶湖懋斋记盛》残文的发现，我们才知道这个"结"字是盖房子的意思。当初那陶渊明的"结庐在人境"的"结"字也是盖房子的意思，不是单纯说自己住在那里。故周汝昌同志用乾隆二十三年以后，亦即曹雪芹迁往白家疃以后，他的朋友们给他诗中的句子，来印证他在香山居处的自然景色，是完全不适合的。

再说我认为他在健锐营住过的两个居处。曹住健锐营是赵常恂在一九五四年提出的。这是我们所知道讲曹雪芹在西郊居处的第一个具体的说法。但健锐营有八个营，到底是哪个营？还需要进一步调查。后来曹未风提出镶黄旗营，但他所讲的"过红山口去温泉的路上"却没有一个镶黄旗营。圆明园八旗兵营，有一个镶黄旗营，但那个营的坐落也绝不是

"过红山口去温泉的路上"。我在一九五四年曾设想香山的红山头或者就是曹未风所说的"红山口",但"头"和"口"显然不是一地,何况他既肯定地说是在"去温泉的路上",而又是他"到过的一个村子"。所以,我的设想就讲不通了。一九七六年夏,我又为了这事去韩家川一带调查一下。结果,那里的人没有人说那一带有个"镶黄旗营",也没有人知道曹雪芹曾在那里住过。我现在怀疑:或者,曹未风去过的那个村子就是白家疃村,他把名字记错了。或者,他把后来听到雪芹住过香山镶黄旗营的传说,给混在一起了。白家疃正是在去温泉的路上,而且是玩妙峰山必经之路。俞平伯先生在看到我在一九七三年二月号《文物》杂志上发表的《曹雪芹的佚著及其传记材料的发现》一文后,给我的信上曾说:

……白家疃,昔年游妙峰时曾屡过之,却不知曹氏旧居近在咫尺,可谓失之交臂。足下今亲履其地,以之印证各家之诗,风景宛然在目,其为"结庐"遗址自无可疑,亦治"红学"者之一快也。……

曹未风当时是否去玩妙峰山,我们不知道。但据我一九三〇年在清华大学读书时所知,当时学生去游妙峰山的颇多,曹未风当时也是清华学生,虽他去过妙峰山否不可知,但他走的这条路确是俞先生函中所说的同一条路。根据我一九五四年在香山健锐营的调查访问,再结合一九五四年赵常恂、曹未风,一九六三年张永海,一九七三年舒成勋,一九七五年席振瀛对我讲的传说,我们大致可以得出这样一个推断:即曹雪芹在香山的健锐营一带住过,居处地点是镶黄旗营上边、玉皇顶下面的公主坟亦即北上坡和正白旗两处。

雪芹在香山住过两个地方,张永海和舒成勋都肯定,席振瀛也不否定。结合雪芹因雨大屋塌,不得不迁移的传说,则他在香山不止住过一个地方,大概也是不错的。

但是究竟是先住公主坟,还是先住正白旗?张永海认为先住正白旗,后迁至镶黄旗营的北上坡,亦即公主坟。席振瀛却认为先住在公主坟,后迁至正白旗。我在《有关曹雪芹十种》中,接受了张永海的说法,现在我看席振瀛的说法,也不无道理。好在,先住哪里并不重要,总之,曹雪芹在这两个地方都住过。

但另外两个问题却是重要的,即曹雪芹住正白旗的时候是不是住在正白旗营子里面?雪芹的房屋是不是像舒成勋所说的,就是他现在所住的房子?

关于前一个问题,一九六三年张永海认为:曹雪芹是按"拨旗回营"的例住香山的,故他一定是住在正白旗营子里面,并且每月拿例银例米。但据一九七五年席振瀛说,曹雪芹是包衣旗,不能"拨旗回营"居住,而且曹家被抄后等于被剥夺了政治权利,更不可能"回营"居住。据一九六三年北京市文化局的调查报告,他们经几个月的时间,广泛地调查研究,得知当时"各营都有营墙","营房属于禁地,从不允许外人居住"。曹雪芹既非各营的成员,他就不可能住在正白旗营子里面。这就自然得出这样一个结果:曹雪芹当时是住在正白旗营子外附近的一般居民房屋里。他的住处是在从正白旗营下的河滩向峒峪村去的中间一带的某一个地方。究竟是哪个地方?那就不易判断了。好在那块地方并不大,我们知道曹雪芹住过那一带就行了。

关于现在正白旗三十八号舒成勋的住宅,是不是当日雪芹的故居,我在这里需要多谈几句。从一九七二年我自安徽回北京到现在这五年中,我已去过舒成勋那里多次,同舒君也谈过多次。他认为:他的那四间房子就是曹雪芹当日在正白旗的居处。他的主要根据是他修房拆墙时发现写在复墙上的一些诗句。其次根据屋中门窗格式的图案、房子木料的陈旧程度,断定这是二百多年前的旧屋。

我认为:舒成勋的四间房子是两百年前的旧屋这一点,并不能直接说明那是曹雪芹的故居所在。那墙上的诗句,我在一九七二年第一次看过后,就认为绝不是曹雪芹的诗。后来看到了吴世昌同志一九七一年六月九日的《调查香山健锐营正白旗老屋题诗报告》(打印本),知道他的看法和我的相同,但他分析得比较详细。就诗的本身言,墙上的那些诗可以断

定绝非雪芹所作。吴世昌同志在报告中有"关于墙上题诗的年代"一段,很有说服力。他说:

> 上文所录破墙上扇形题诗(裕按:即本文上引"富贵途人骨肉亲……"一首),记有"岁在丙寅清和月下旬"字样。按百年以前的丙寅,最近者为同治五年(1866),其时舒家祖上已迁入,墙诗既非舒家之人所题,当再上推一甲子,即嘉庆十一年(1806)丙寅。再早为乾隆十一年(1746)丙寅,当时传说中鄂比赠雪芹的对联(裕按:即张永海首先传说鄂比赠雪芹之上引"远富近贫以礼相交……"一联)尚未出现,雪芹也还没有移居郊外。墙上的丙寅,可以定为一八〇六年,其时雪芹已死了四十多年。

我还可以加上一点,即鄂比那一副对联,在舒成勋的墙上被写成菱(◇)形,最后以"真不错"三字足成这个菱形。我认为:这也可以证明非曹雪芹自己所书,因为旁人赞美他的话,他绝不会自己再来说什么"真不错"的。

因此,我最后认为:舒成勋的住宅不能断定是雪芹在正白旗的居处,虽然雪芹当日在正白旗的居处也必定在那个地方的附近。

关于曹雪芹住过镶黄旗营北上坡即公主坟的问题,张永海、席振瀛、舒成勋的说法都是一致的,曹未风所说的"镶黄旗营",实际上也就是这里的镶黄旗营,而不可能是圆明园的镶黄旗营,更不可能是火器营的镶黄旗营。结合乾隆时公主坟一带为一般居民聚居之地,雪芹既非"拨旗回营",既不能在营子里面住,则他曾住过公主坟,是完全可能的。

(二)曹雪芹在北京西郊也住过火器营——蓝淀厂,而且很可能是迁出北京城后的头一个郊居所在。

北京市文化工作队一九六二年曾听到民间曲艺艺人韩永讲过,我在一九七五年听席振瀛也说过,曹雪芹曾经在蓝淀厂的火器营住过。这一传说的真实性很大。我们现在还可以找到两个佐证。

第一,孔祥泽君据敦敏的《瓶湖懋斋记盛》下半篇(原文始终未见到)

所写的《懋斋记盛的故事》稿本中曾说,于叔度在乾隆十九年因家贫无以自给,儿女啼饥号寒,把妻儿送往岳家之后,自己信步出城,意欲觅地自杀不果时,又继续向前走,"不觉地"就走近了雪芹的住处的。按于叔度信步出城很大的可能是出的西直门。从西直门要是到香山正白旗,那可是三十来里的路程,绝不是"信步"、"不觉地"就能够走到的。但倘使雪芹最初迁出北京城,先住在火器营所在地的蓝淀厂一带,那就是可以较快走到的了。故雪芹住过火器营的传说,似非无据。

此外,白媪对敦敏所说的"因闻雪芹又将远徙"这句话中的"又"字,也说明雪芹于乾隆二十三年迁往白家疃,绝不是在城外第一次的"远徙"。那就是说,从香山迁往白家疃,至少是第二次的"远徙"了。那么,第一次的"远徙"是不是从火器营迁到香山健锐营呢?我认为有可能。

第二,一九七六年六月七日我曾同吴茜同志到蓝淀厂访问过八十一岁的回民老人麻廷惠。麻廷惠家世世代代都给人打夯,打夯时为了减轻劳动的辛苦经常唱夯歌。其中有一个夯歌就是关于《红楼梦》的。这位麻老先生精神极好,记忆也不差,他不识字,但凭记忆给我们背出七十多句,内容是叙说宝玉去探黛玉病的。夯歌的头几句道:

数九隆冬冷飕冰,滴水檐前挂上冰凌。
百草花开败树叶落地,松树开花万年青。
有才子留下半本《红楼梦》,列位不知尊耳是听:
…………

下面的情节是:贾宝玉在大观园里游花逛景,忽见紫鹃和雪雁走来,便让她们引路去潇湘馆看黛玉,当时在病中的黛玉正睡午觉,醒后两人谈话,不外叙说病情,最后黛玉说了一些感伤的话;中间还有些陈述黛玉房中摆设的句子。

我认为,"红楼梦夯歌"在蓝淀厂、小屯一带的流传,和张永海家从乾隆年间以来就世代相传地在香山一带唱《红楼梦》的莲花落,都同样可以作为曹雪芹曾经住过这两个地方的佐证。

从上述于叔度在乾隆十九年冬访雪芹的情况看来,雪芹迁出北京后第一个住处就应该是蓝淀厂,即火器营的所在地。从这里逐步经其他地方(如杏石口、门头村等),才迁到香山的。

关于曹雪芹是否在南辛庄的杏石口住过,我的看法是这样:周维群认为雪芹既在这里住过就没有住过香山的看法,是不对的。根据王大中所说,他幼年听老师说,曹雪芹的坟在杏石口,结合北京市文化工作队同志们的调查,我认为曹雪芹不是没有可能住过杏石口的。但即使住过,也是远在乾隆廿三年以前,故决不能拿二敦及张宜泉的诗句来做他住过那里的证明。而且,调查报告中所谓"荒凉幽僻的所在",在北京西郊是到处皆是的。

我对曹雪芹迁居白家疃前在西郊住处的看法,大致就是这样。

四　乾隆廿三年春夏之际曹雪芹由香山迁往白家疃村

曹雪芹于乾隆二十三年迁往北京西郊去温泉路上的白家疃村,是见之于文字材料《瓶湖懋斋记盛》的,不容怀疑。但是,香山的舒成勋同志却认为雪芹之由香山移住白家疃是不可能的。他对我说,曹雪芹的生活来源是靠官家发的每月例银和例米,他只有在他自己所属的香山正白旗才能领到,若迁到白家疃就不行了。舒成勋的这一说法是以"拨旗回营"说为基础的。如果曹雪芹之住香山不属于"拨旗回营"的范围,那就不发生领例米例银的问题,因而也就不能用这个理由说雪芹不可能迁出香山健锐营。根据席振瀛的传说和北京市文化工作队的调查,事实也是这样:曹雪芹正是因为生活困窘才由北京城内迁到蓝淀厂的火器营、香山的健锐营居住的,并不是什么"拨旗回营"。

关于雪芹迁往白家疃的事实,又有人以为:香山距白家疃,如果从香山奔颐和园,再由颐和园转赴温泉的路上去白家疃,那就有七十多里的路程,因而不太可能。我认为,倘使这样走法,两处的确相离很远。但经过多次访问两地的居民后，得知从香山去白家疃有一条极近的山路。这条山路是由卧佛寺后登山向西北行，行至山顶，再向山下走，大约不过十里多路，即到达了白家疃村。据两地居民说，长期以来，两地居民交往、婚嫁等接触，都走的是这条路。我自一九七二年由皖北回北京后，曾数往两地访问，只是没有走过这条路。直到一九七六年四月某日，我才同吴茜同志去过一次传说曹雪芹曾借住过的玉皇顶寺寓遗址，又从山上走到卧佛寺的后山顶，看到了通向白家疃的那条山路。这条路相当宽，由于不断有人走，草已不生长了；到了同卧佛寺接近的一段，还铺上了石。据白家疃的老人估计，曹雪芹当初由香山迁往白家疃一定是走这条路的。这一事实解决了因两地相隔很远而否定迁居可能的疑难。

白家疃距北京西直门约七十里。现属海淀分局某派出所管界。从颐和园乘去温泉的公共汽车，沿途经安河桥、红山口、黑山扈、东北旺、西北旺、果林队、韩家川、亮甲店、屯店大桥、太舟坞、黑龙潭即至白家疃东口。雪芹的住处是在白家疃西口的车站下车，过此即苗圃，再前一站，即为温泉。

我初访白家疃是在一九七二年十月二十四日。从颐和园出发后，可以看到这条路左侧是延绵不断的山。到了白家疃，这条山脉便由南向北伸展下去。雪芹故居所在的白家疃西口，距离这由南向北转折的地方很近。这条山脉下还有人工修整的一道长河。在汽车上看，沿途风景，颇为秀丽。

我那次往访时，承当地有关的同志协助，得与七八位八九十岁的老人聚谈。他们提供了很有用的材料。据他们说，村西有一河滩，春夏之际有水，是从南山流下来的。那里还有一座小石桥，至今已有两百多年了。石桥是用四块巨石组成的，既笨重，又无大用处，对居民也没有什么妨害，以故二百多年来一直原样不动地放在那里。

得到了几位老人这项很有用处的线索，我参照敦诚《瓶湖懋斋记盛》中所说：

〔其地〕有小溪阻路，隔岸望之，土屋四〔间〕，斜向西南，筑〔石〕为壁，断枝为椽，垣堵不齐，户牖不全，而院落整洁，编篱成锦，蔓植杞藤□□□□□，有陋巷箪瓢〔之乐〕，得醉月迷花之趣。循溪北行，越〔石〕桥〔乃达〕。①

沿着小溪在山根下的源头走下去，也就正是"循溪北行"。若按现在的公路走，应说南行才是。敦敏之所以说"北"行者，大概因乾隆时车马走的路都在山根，而由山根向石桥的方向走则是"北行"。走到石桥，"越〔石〕桥乃达"到曹雪芹的居处了。

现在的小溪已经干涸，二百多年来，溪床早被冲积得和地面一样高了。在当时小溪有水的情况下，敦敏从石桥的这边向小溪对岸望去，可以看到曹雪芹所居"以石为壁"的"土屋四间"及其"垣堵不齐，户牖不全"的情况。可见当日雪芹的房子离小桥是很近的。敦敏又说雪芹的"院落整洁"、"编篱成锦"。可见雪芹已把他编织的艺术应用到美化他的小天地上了。由于这些，敦敏才说："有陋巷箪瓢〔之乐〕，得醉月迷花之趣。"

四间土屋的痕迹，早已不可见。但大致所在，则可指出应是越桥西南的地方。其地之东北十余步，据说有一间五道庙，至今尚有遗址可稽。正西有□□庙，尚有较大的遗址。敦敏说土屋是"斜向西南"云云，系因他当时骑着马从桥东向桥西南看，雪芹新居是在"西南"方向，并非房址"斜向西南"。按其地居民房舍，大都正南正北，正东正西。雪芹的新居，似不会例外。这四间土屋显然是杂七杂八凑成的。据敦敏所记，那个白媪，就亲口告诉过他说，她曾经以祖茔旁边的树木帮助曹雪芹建新居。我以前写《曹雪芹的故事》时，曾设想他在西郊的房子是四间，而且是三间自成一明两暗的格局，另外又有一单间。现在看来，这个设想正与敦敏所述巧合。曹雪芹给白媪住的就应该是这另外的一间。他自己的三间则是他同他的孩子（即敦诚《挽曹雪芹》诗中的"孤儿"，此子至壬午年夭亡）以及后来娶

---

① 案"越〔石〕桥〔乃达〕"，后经细察孔祥泽描摹的底稿，应作"越〔石〕桥〔再南折〕"方是。（一九七九年六月廿日于北京沙滩。）

的夫人(即《挽诗》中的"新妇",大概是庚辰年所娶)住的。

从曹雪芹的居处西行五里许,有一突起的高山,名成子山,树木青葱茂密,山上有个娘娘庙。它的北侧还有一座突起较低的山,也有林木。这两座山的背后,还有与南面的山连接起来一直伸向温泉方向的远山。据白家疃生产队长说,这座山才是真正的"西山"。

拿白家疃村的实地情况来和曹雪芹朋友们的诗句印证,则知敦敏的诗"日望西山餐暮霞"中的"西山"乃是指的这座山,不是香山一带的山。因为敦敏诗是乾隆二十六年(辛巳,1761)往访曹雪芹时的留赠诗,其时曹雪芹迁居白家疃已有四年之久了。张宜泉的《题芹溪居士》一诗中说"庐结西郊别样幽"中的"结"字,现在才知道是"自己盖房子"的意思。同时,我们也因而得知张诗是乾隆二十三年以后写的。同诗中"门外山川供绘画"句,也是描写白家疃这里,而不是健锐营一带的景色。敦敏和敦诚乾隆二十六年来访雪芹的留赠诗中有"满径蓬蒿"、"薜萝门巷"等词句,也可与"垣堵不齐,户牖不全,而院落整洁,编篱成锦,蔓植杞藤……"诸句相印证。

曹雪芹在白家疃的住处,是在村的最西头。根据老人们说,早年河滩(亦即敦敏所谓"小溪")西面根本没有住户。河滩东面,从怡亲王允祥建的戏楼起到石桥约二百米的一带地方也没有居民的屋舍。大概怡亲王既在那里兴建别墅,就禁止居民在别墅的西面建屋了。雪芹当时的居处大概是这样:西有个庙宇,东、南都无人居住,东北是大花栏和小花栏,两片茔地。看来乾隆二十三年曹雪芹在这里"结庐"的时候,这个地方应该是很荒凉的。也可见张宜泉"寂寞西郊人到罕"这句诗,正合当时当地的情况。

有人说曹雪芹之筑茅屋于荒峭与允祥有关,这是很可商榷的。按雍正三年曾派允祥(和硕怡贤亲王)在白家疃那里管理水利、营田事务。但雍正八年,允祥就病死了。允祥与曹家固然有些关系。雍正五年十二月曹頫在北京被扣时,雍正就把曹頫交给允祥,由允祥传奏他的事。关于这一点,请参看本书卷七第二篇《现存己卯本〈石头记〉底本来源的推测——

弘晓和曹家、曹雪芹及敦诚、墨香、明义等〈石头记〉早期抄本收藏者的关系》。但是，曹雪芹迁往白家疃村，上距允祥之死已有廿九年之久，不可能有任何关系；况且曹雪芹绝非趋炎附势者流，如何能够设想他为此而迁往白家疃呢！曹雪芹从香山迁往白家疃的原因不能确考。敦敏记那位白媪的话是现存唯一有关的材料。但她也只对敦敏说"因闻雪芹又〔将远〕徙"而已，至于为什么要"远徙"，她也没有说出或者不知道。

据我们今天估计，他的再迁有以下几种可能性。

第一，是为了经济原因。健锐营一带是八旗兵营驻在地，连官带兵，又加上他们的家属，特别是其地也是阔人常去的地方，有一定的特殊性，推想当地生活水平不会太低，曹雪芹当时已经到了鬻画维生的景况，久住也难维持下去。

第二，健锐营的小社会中大半是与八旗有关的人，那时当地的社会风习，一般看法和"舆"论，都是接近统治者的观点的，曹雪芹讨厌这些，为了避嚣，他又远徙至白家疃。

第三，张永海的传说中，曾说有一次大雨曹雪芹的屋塌了，但由于人们认为他有政治上的"问题"，无人给修葺。不知此事发生在其香山第一个住处还是第二个住处。如系第二个住处，则因此而迁往白家疃，固然是很自然的，但如果是这样搬家，则必是急迁，哪里容许从从容容地新盖房子？且据白媪所说"因闻雪芹又〔将远〕徙"的话来看，也不像是"迫不及待"的情况。

第四，曹在香山居处的情况既是像第二条所说那样，又恰值白家疃可能有相识的朋友怂恿，又有白媪助以盖房子用的木料，于是就在那里起盖新居，迁到那里去了。且其地"泉甘木茂"（引允祥死后所立碑文中语），风景甚佳，以至允祥当日因喜欢那里，而想"诛茅筑馆，置为别〔业〕"。不想"工木未毕"，他就病死了。于是才改别墅为祠堂，这就是遗留到今天的贤王祠。

张宜泉的诗"爱将笔墨逞风流，庐结西郊别样幽，门外山川供绘画，堂前花鸟入吟讴"（下略），诗中所写的不正是一个远避尘嚣，专心著书的所在么？所以，我认为曹雪芹迁居白家疃的原因，大概是以这最后一条为主，第一、二条也不无关系。

关于白家疃还有一点应该提及。即当日允祥在这里兴修水利，必然大事挖沟修渠，这就必不可免地要占用一定数量的民田。有的自耕农因土地被占用而影响生计，也有的虽然是租佃地主的土地，但也会因所耕之田被占用而无地可耕。人民群众对此当然是痛恨的。我们读到早期抄本《石头记》第一回甄士隐同他妻子商量要到田庄上去时，作者说：

> ……偏值近年，水旱不收，鼠盗蜂起，无非抢田夺地，民不安生……

按盗贼只能抢掠动产，如何能"抢田夺地"？我认为曹雪芹有感于统治阶级强占民田，以致农民不得安生，才写出这样表面上似乎不通而实质上是在揭露统治阶级罪恶的文字。我们若再注意一下那个"鼠盗"的"鼠"字，因而联想到《诗》里面的《硕鼠》一章，就更会相信：曹雪芹在这里说的是那些搜刮民财吃得肥头大耳的"硕鼠"——封建官僚地主亦即当时的统治阶级了。

一九七三年五月脱稿，一九七七年五月改定于沙滩。

第四篇
敦敏、敦诚和曹雪芹

在曹雪芹的交游中,敦敏和敦诚是他的两个最熟的朋友。我们今天能够得知雪芹生平的梗概,主要是靠敦氏兄弟留给我们的材料。本篇略考敦敏敦诚和曹雪芹的关系。

敦敏字子明,《爱新觉罗宗谱》作"敦明",是错了。他是清太祖努尔哈赤第十二子英亲王阿济格的五世孙,理事官瑚玐的长子。他弟兄共五人,二弟敦诚,下文详谈。三弟敦义,五岁就死了。四弟敦祺,卒年四十一岁。五弟敦舒,四岁卒。敦敏生于雍正七年,死年大约在嘉庆元年。宗谱说他死于乾隆三十七年,也是错误的。因为到嘉庆元年,他还给他的亡弟敦诚写了一篇《敬亭小传》。

敦敏少时在家塾读书,后来进了宗学。据敦诚的《先祖妣瓜尔佳氏太夫人行述》,乾隆二十年敦敏和敦诚一起参加宗学的"岁试",考列优等,当时他是二十七岁。乾隆二十二年正是他二十九岁的时候,他的父亲瑚玐在山海关司榷事,他也在锦州做过税官。据敦诚的《鹪鹩庵笔麈》说,"子明兄自锦州榷事归",又《懋斋诗钞》庚辰诗有《秋夜偶思丁丑岁居锦州天桥厂》一题,而丁丑即乾隆二十二年,都可证明。据《宗谱》,他在乾隆三十一年才授右翼宗学副管。四十年改授右翼宗学总管,四十八年因病告退宗学总管的职务。

敦敏虽然是所谓"天潢"贵族,但在当时却不是显贵。他的五世祖阿济格被赐自尽并黜了宗籍这件事情,对于他的后人影响很大。敦敏为人比较热衷些,乾隆二十七年,他因"挑选未就",在他给汪易堂的题壁诗中自称为"失意客"。虽然不过四年他就做了右翼宗学副管,后九年又改授右翼宗学的总管,但他仍觉得未展生平怀抱。大约在乾隆六十年,他的堂弟宜兴做仓场侍郎的时候,有一次他们同在通州联床夜话,他还有这样老而不遇之感的诗:"羡君有志家声远,老我无才旧业荒。"这时他已经是六十七岁的老人了。

敦敏住在北京内城西南城角太平湖侧的槐园。据《乾隆京城图》,太平湖乾隆时还有水,通臭水河。敦诚在《山月对酒有怀子明先生》一诗中也说:"定知清梦迷烟树,湖上南园听雁鸿。"句中的"南园"即指敦敏的住处槐园。因敦诚此诗的自注有云:"兄家在槐园太平湖侧。"这太平湖的槐园,当时还颇有林邱之胜,敦诚《夜宿槐园(伯兄子明宅)步月》诗中有云:"砧杵千家月一钩,酒人连袂坐林邱。"可是,由于敦敏的生活景况并不充裕,槐园似乎也久失修葺,有他自己描写他这个园子的诗句"荒园径合青藓斑,小斋壁染苔纹绣"可证。由于槐园是曹雪芹常到的地方,我在一九五六年暮春曾经去过一次,已经是什么遗迹都看不到了。湖水是干了,槐园旧址在湖的东侧,听当地老旗人宗室说,清末时槐园旧址是袁家花园,现在还有些土邱,是一个工厂的所在地。

敦敏的生活和一般满洲文人差不多:喝酒和作诗。他的生活本不算宽裕。他曾经为了做春衣把冬天的皮袍典质出去。他在《典裘》一诗中说:典了皮袍是为做春天的衣服,可是还剩下几个钱,那么,就拿来喝酒,酒干了不要紧,新做的春服还可以拿出去换酒。这就是八旗文人生活的一般情况。槐园就是他平时和他许多朋友们饮酒赋诗聚会的地方。他的师友有黄去非、张云汀、曹雪芹以及后来的永忠、永𩆜等。

敦敏很想望着逛逛江南,但他始终只能赋"我梦江南犹未得"而已。他的足迹所至不过榆关、锦州、卢龙、松亭、连山、通州、东皋这些地方。

据我关于"虎门"的考证,可知曹雪芹和敦氏弟兄的结识是在所谓"虎门"。所谓"虎门"就是北京西单牌楼北石虎胡同的右翼宗学。敦诚《寄怀曹雪芹(霑)》诗中"当时虎门数晨夕,西窗剪烛风雨昏;接䍦倒着容君傲,高谈雄辩虱手扪"之句,所指的就是在右翼宗学的事情。

当时敦敏和敦诚是宗学里的学生,雪芹比他们年长十几岁,是宗学中的职员或助教。他们在宗学里接触的时间,大约是由乾隆九年敦氏兄弟入宗学时起,直到乾隆十五六年这段时间之内。因为敦氏弟兄虽然在宗学待到乾隆十九年,但雪芹却已于乾隆十五六年离开宗学了。

乾隆二十七年为曹雪芹题像诸人中的观保、钱大昕、倪承宽、谢墉、钱载、那穆齐礼和蔡以台中的某几人,就有可能是曹雪芹在右翼宗学任职这段时期结识的。

此外,敦诚在《重游陶然亭记》中曾说,宗室敏诚,即寅圃于是年就官,而他在雪芹和寅圃死后写的《哭复斋文》中说:"未知先生与寅圃、雪芹诸子,相逢于地下,作何言笑,可话及仆辈念悼亡友之情否?"寅圃也在宗学读过书,可见雪芹和寅圃也相识,而他们的相识,早在这个时期就有可能。复斋也是宗学出身,但稍晚些,他和雪芹的结识可能也是在宗学这个时期。

乾隆二十三年春夏之际,雪芹迁居白家疃。这一年夏秋,敦敏曾两访雪芹于其新居。冬,又与雪芹、董邦达、过子龢、端隽等有槐园懋斋之会。其详况见本书有关各篇。

二十四年秋,雪芹大概有南京之行。

乾隆二十五年的秋天,敦敏有一次去到北京某地明琳的养石轩,隔院听到似乎是雪芹"高谈"的声音,他遂急去相访,果然是雪芹。本来他们在前一年还见过面的,因为敦敏诗序中说:"芹圃曹君(霑),别来已一载余矣。"可见他们在乾隆二十三或二十四年曾经会过面。在雪芹去南京分别一年多以后,并未听说雪芹归来,偶然碰到旧友,所以敦敏自己说是"惊喜意外"。正因为久别重逢,所以敦敏才"呼酒话旧事",对于与雪芹年来的聚散有如浮云的无定,深致感慨;又对雪芹当时贫困落拓"燕市悲歌"的景况,和从前"秦淮旧梦"的繁华对比,不胜同情。

同年,敦敏给雪芹画的一幅石题了一首诗,由敦诗可知雪芹尝于醉后画石,以舒其胸中不平之气。这幅画,很可能就是送给敦敏的,我还疑心也就是张政烺先生告诉我他在十余年前所看到的那幅画。据张先生说,一九四六年端午节前,琉璃厂书商持画一幅求售。画为一条屏,中绘一巨石,左侧有由上到下之题诗,诗句已忘却,画者署名"梦阮",又下图章一方,亦曰"梦阮"。据书贾称,是作《红楼梦》的曹雪芹画的。但张先生当时以既无"曹"字,也没有"雪芹"字样,故未置信。等到近年由张宜泉的《春柳堂诗稿》中得知雪芹实字"梦阮"后,他才大悔不置,但已无法踪迹求之了。

乾隆二十六年秋天,敦敏和敦诚大概曾经联袂去西郊白家疃访过雪芹,敦敏有纪事诗或留赠诗。诗中对雪芹"薜萝门巷"的村居,卖画沽酒的生活,以及所谓"燕市悲歌"、"秦淮风月"的新愁旧恨,再致他的同情之意。当时雪芹的新居据张宜泉描绘,十分幽静,门前有山有水。乾隆二十六年深秋或初冬,敦敏又曾到白家疃去访雪芹,但未遇。他写了一首《访曹雪芹不值》的诗。由诗中可以看出:雪芹居处是"柴扉晚烟薄"、"山村不见人"的冷落景象。

乾隆二十七年的秋天,雪芹来到北京宣武门内的槐园访敦敏,第二天清早在槐园遇到了敦诚。这次会晤,将于下文谈敦诚和曹雪芹时详述。

乾隆二十八年旧历二月末一日,敦敏曾用小诗代柬,请雪芹由西郊进城,到槐园吃酒。他的诗中有"诗才忆曹植"的句子。敦敏一直是看重雪芹的,乾隆二十五年他记载他们在明琳的宅子相遇的诗中,就称雪芹是"野鹤在鸡群"。乾隆二十八年除夕雪芹死后,翌年初春,敦敏在潞河某处同他的朋友们登楼共饮时,想起了和雪芹生前同样的聚会,不禁有"逝水不留诗客杳,登楼空忆酒徒非"的凄苦之感。

敦敏和雪芹的有关事迹,现所知者,不过这样。

敦诚字敬亭,号松堂,是敦敏的胞弟。他十五岁时过继给他的九叔祖定庵的已故子宁仁为嗣,敦诚生于雍正十二年,死于乾隆五十六年。他五岁入家塾,十一岁进右翼宗学,又曾从他的叔父月山学。在他读书的各阶段中,都受到师长的称赞。月山称他:"兄弟齐名似陆云,行年总角学能勤。"(见《月山诗集》)敦敏在其所写《敬亭小传》中也说:"执经问难,为师长所期许。"他在二十二岁时与敦敏一同参加宗学的"岁试",因为考列优等,得到了乾隆的"恩赐笔墨",并以宗人府笔帖式记名。乾隆二十二年他的父亲瑚玏正在司榷山海关的时候,他受父命"分榷松亭"。乾隆二十四年瑚玼革职回北京，敦诚也就不在松亭关司分权了。到了乾隆三十一年，已是他的宗学考试以宗人府笔帖式记名的十年之后了，他被补入宗人府笔帖式旋授太庙献爵的职务。据敦诚自己表示，他"自顾驽骀，不堪应世；然卒不免于捧檄者，承母旨也"。所谓"母旨"是指瓜尔佳氏太夫人的意旨。以瓜尔佳氏于乾隆三十六年死后敦诚就辞官证之，他的话"但得多钱压酒囊，不愿人间好官职"，倒还是真实的。

敦诚和敦敏一样，虽是宗室，却不显贵。他居常以和朋友们作诗、饮酒、游山、玩水自娱。可是他虽喜遨游，足迹却不出河北、东北、热河诸地。他殷切地想望"攀吴山"、"泛西湖"，但终于"杳不可期"。（以上均见他的《松亭记》。）他的住处四松堂几乎经常有朋友们去高谈畅饮。

他的父亲瑚玼给他留下的旧日西园，到了他这个时候，已经是卧云熏风谷、控鹤岭、鱼乐园诸遗迹都荒颓殆尽了。由于他毕竟是"天潢"特权阶级，他还有力量新建梦陶轩、拙鹊亭、五笏庵，宜闲馆。他把四松堂给"绕屋甃石为池，引山上井泉成瀑布，白练横空，飞挂帘前"，敦敏称之为"奇观"。他又别构小屋，效村垆式，悬一帘，名葛巾居，有客来了就在这里面喝酒。欢呼豪歌，大有杜甫所谓"谁能更拘束？烂醉是生涯"的境况。一时清宗室诗人如永𤩩、永忠等，都常到他那里纵酒赋诗。

敦诚的诗在宗室诗人中的地位是很高的。不但旗人如法式善在他未刊的《八旗人诗话》中称道他说"诗幽邈静靓，如行绝壑中，逢古梅一株，着花不多，而香气郁烈"，即纪昀序《四松堂集》以及《渔洋杂俎》对他的诗，也加以赞扬。永𤩩和他的相识，就是因为钦佩他的"人语落秋空"的句子。他的诗友很多，如复斋、寅圃、龚紫树、汪易堂、永忠、永𤩩等。但在他的诗友中，我们最关切的还是曹雪芹。

在现存的直接材料中，敦诚和雪芹可考的最早接触是乾隆二十二年敦诚由喜峰口寄给当时已由蓝淀厂的火器营迁居香山健锐营的曹雪芹的诗。由上面引过的那首《寄怀曹雪芹（霑）》诗中的"当时虎门数晨夕，西窗剪烛风雨昏"诸句，又可推知他们在右翼宗学时期的生活。（这一点在讲敦敏处已略述及。）这首诗告诉了我们：雪芹家庭由盛而衰的事实，雪芹的诗才,雪芹的高谈雄辩;同时也暗示给我们在乾隆二十二年的时候,雪芹已是"环堵蓬蒿"过着靠亲求友的生活了。唯其如此,敦诚才说:"劝君莫弹食客铗,劝君莫叩富儿门;残杯冷炙有德色,不如著书黄叶村。"雪芹自从家败落后,迫于生活,便由京城内祖传大宅迁出。据传他曾住北京西单旧刑部街,又曾移居崇文门外卧佛寺,最后终于不得不迁出北京,往住西郊。他的生活不可避免地要有求亲告友的事实,这一点我们从脂砚斋的《红楼梦》批语里面,也可以看出。正因为这样,所以敦诚才劝他"不如著书黄叶村"的。他著的这"书",应该就是指的《红楼梦》。

到了乾隆二十六年,敦诚已经从喜峰口回到北京。在夏秋之际,曾同他哥哥去西郊访晤雪芹,并有和敦敏用同韵写的诗记载其事。从敦诚这首《赠曹芹圃》诗中,可见雪芹的生活已经到了"举家食粥酒常赊"、"日望西山餐暮霞"的地步。同时,这首诗也告诉我们:雪芹虽穷,却傲骨如昔地"步兵白眼向人斜"。

乾隆二十七年秋天,雪芹从白家疃来北京访敦敏于槐园,一个早上却和敦诚巧遇。落着雨,早晨秋风冷彻衣衫,而主人敦敏还未起床,雪芹却已"酒渴如狂"。敦诚身边没有带钱,于是便"解佩刀沽酒而饮之"。雪芹十分高兴,即时作了一首长歌,以谢敦诚。敦诚也写了一首《佩刀质酒歌》,来答雪芹。可惜雪芹这诗已无法看到。不过由敦诚这首答诗中的句子"曹子大笑称快哉,击石作歌声琅琅"看来,雪芹的长歌一定是十分激昂雄壮的。由敦诚诗所说"身外长物亦何有"、"腰间更无黄金珰",于是解下佩刀买酒,以解好友的酒渴,充分地说明了他们交情的深厚。敦诚在诗中又欣赏雪芹的诗"堪与刀颖交寒光",称道他"诗胆如铁",同情他那"抑塞欲拔"的才气,更可见敦诚是深知雪芹的。大约也在这一年,雪芹又给敦诚所写的《琵琶行传奇》一折题过诗,雪芹的题诗现在只剩下末二句"白傅诗灵应喜甚,定教蛮、素鬼排场"了。

乾隆二十八年,大约在深秋,雪芹的前妻之子死了。雪芹"因感伤成疾"。到了这一年的除夕(雪芹卒于乾隆二十八年除夕,我另有考),雪芹也逝世了。乾隆二十九年正月敦诚写了两首《挽曹雪芹》诗。(请参阅本书卷六第一篇)由敦诚第一首挽曹诗的初稿(即新获挽曹诗的第一首)中的"四十年华太瘦生"和改定稿(即《四松堂集》底稿本中所收的挽曹诗)中的"四十年华付杳冥"两句诗,结合张宜泉的"年未五旬而卒",再以雪芹是曹颙的遗腹子的假说推之,雪芹卒年大概是四十八岁。两诗中又都表明雪芹已死前妻留下一个儿子,死后又有一个"寡妇",即初稿中的"泪迸荒天寡妇声",亦即定稿中的"新妇飘零目岂瞑"中的"新妇"。不过,可注意的是,第二首新发现的挽曹诗开首便说:"开箧犹存冰雪文……一病无医竟负君。"前一句与敦诚乾隆二十二年《寄怀曹雪芹(霑)》诗中所谓"不如著书黄叶村"句联起来看,再结合敦诚的叔父墨香(名额尔赫宜)藏有《红楼梦》抄本的事实,可以大致推断这"冰雪文"应该是指《红楼梦》。后一句则充分说明雪芹大概不是什么必死之症,不过只因为贫困无医遂致不起。在雪芹生前,敦诚本极有可能偶尔接济他,所以当他死后,才有"一病无医竟负君"的感想。

　　敦诚为人很重感情,笃于友谊。除上引各诗外,他又于其他诗句和书信杂记中,多次提到曹雪芹。一、雪芹死后不知何年,他在他的《鹪鹩庵笔麈》中曾说:"余昔为白香山《琵琶行传奇》一折,诸君题跋不下数十家。曹雪芹诗末云'白傅诗灵应喜甚,定教蛮、素鬼排场',亦新奇可诵。曹平生为诗,大类如此,竟坎坷以终。余挽诗有'牛鬼遗文悲李贺,鹿车荷锸葬刘伶'之句,亦驴鸣吊之意也。"二、大约在乾隆四十五年以前不知何年,敦诚手录已故友人诗文书翰手迹,名为《闻笛集》,其中必有雪芹诗文。三、敦诚在《哭复斋文》中曾云:"未知先生与寅圃、雪芹诸子相逢于地下,作何言笑?可话及仆辈念悼亡友之情否?……"四、大约在乾隆四十四年,敦诚于《寄大兄》(裕按:即敦敏)书中说:"抵南村便觅一古庵下榻……萧然孤坐一室,易生怀感。每念故人如立翁、复斋、雪芹、寅圃……不数年间皆荡为寒烟冷雾;曩日欢笑那复可得?时移事变,生死异途,所谓'此中日夕,只以泪洗面'也。"五、乾隆四十五年敦诚《荇庄过草堂命酒联句即检案头〈闻笛集〉为题是集乃余追念故人录辑其遗笔而作也》一诗中曾两及雪芹。其一云"诗追李昌谷(原注云'谓曹芹圃')",其二云"狂于阮步兵(原注云

'亦谓芹圃')",这几句诗原来是从《四松堂集》底稿本辗转抄来的,联句全诗甚长,本不可见,一九五四年在我看到的乾隆庚辰本《四松堂诗钞》中得睹全诗,现已收入《〈四松堂集〉集外诗辑》中。

我们现在所知敦诚与曹雪芹的关系,大略如此。

一九五五年初稿,一九五七年十月增改,
一九七六年改定于沙滩。

第五篇
记张永海关于曹雪芹的传说

  裕按：此篇是整理张永海当时的谈话所记，内容全是他所讲的。自敦敏的《瓶湖懋斋记盛》发现后，张永海所述的传说，已有许多与《记盛》的内容不符之处。我个人的看法，当然应以雪芹的朋友敦敏留下的文字材料为准。但传说中也有不少可资参考的地方，故仍予保留。

一九七六年七月二十五日。

一　传说的来源

  一九六三年三月初，黄波拉同志首先得悉香山张永海老先生知道曹雪芹的一些事迹，曾往访问。同年三月中旬，《文学遗产》编辑委员会委托我去香山访问一下张永海。我觉得一个人去，既要谈话又要记录，很不方便。遂又于三月十七日又邀了吴世昌、周汝昌、陈迩冬和静蓝诸同志去访问了张先生。我们在他家谈话三小时，由静蓝同志笔录。这篇东西经我整理后，曾由中国作家协会内部印行过一次。

  张先生现年六十岁，原为蒙古旗人，清末八旗高等小学毕业，他家自清初到现在一直住在香山门头村正黄旗，原属健锐营的右翼。他的父亲名霨泉，蒙名莫德里·阿林，是四兄弟中最小的一个。张先生的大伯父曾任广州知府，二伯父曾任绍兴知府，三伯父通德语，一九〇〇年八国联军入侵的时候，曾经被德国侵略军绑去过。霨泉少时不喜读书，酷嗜音律和编唱莲花落。家人说他："连劈柴都不劈，老是闭着眼拿手在腿上拍着工尺字，编《红楼梦》的莲花落！"后来生活渐困，遂做了吹鼓手，却仍不断编演莲花落。他曾把全部一百二十回《红楼梦》编成莲花落和一些同好的朋友们在健锐营一带上装连台演出,有时逾月。他扮凤姐,少辈人称"二姑娘爷爷"。这位民间艺人,由于自己编演《红楼梦》的莲花落,对于《红楼梦》的作者也有探究的兴趣,又因世居健锐营,故获知其先人所述及当地居民关于雪芹的许多传说。张永海先生所讲的雪芹事迹就是小的时候从他父亲口里听到的。

二　张永海谈曹雪芹的事迹

以下是整理后的谈话记录,我尽可能保持原话,但次序是经过重新安排了的:

"曹雪芹是雍正年间回北京的,确实哪年,记不清了。南方的家抄了以后,又住了些时候才回北京。被抄家的是他叔叔。他父亲早死,名字记不起了;曹寅是他的亲爷爷。回北京住在东城的老宅里,他北京的家没被抄。

"曹雪芹当过内廷侍卫,哪年当的记不清,因为他是皇族的内亲才挂名当侍卫的。平常不去上班,有时候陪着王爷们游玩游玩。这个差事听说俸禄很高。大约在乾隆十一年到十三年间,他就不干了。为什么不干的,不知道。

"他在绒线胡同的右翼宗学当过'瑟夫',就是教师。哪年当起的,也记不清。他和敦敏、敦诚就是在这里认识的。他们弟兄俩都是宗学学生。宗学教师每月十二个米,还有多少两银子。生活不错。曹雪芹的年纪比旁的教师都小,又是个被抄家的人,老派的教师们就瞧不起他。曹雪芹呢,他也是个傲性子的人,嘴又好说,爱得罪人,他心想:'你们瞧不起我,我还瞧不起你们呢!'他在宗学既受老派教师的排挤,心里很不痛快,就想:《红楼梦》已经写出了一些,还不如不教这书,到乡下一心写《红楼梦》去哩。乾隆十六年,他就离开宗学,搬到西郊来住了。不知道他是自己辞的还是宗学解职的。

"他搬到香山,按拨旗归营的例,住在正白旗,每月拿四两银子,每季一担米,按他这俸禄说,他住的应该是三间房子。因为当时拿四两的住三间房,三两的两间,一两半的一间。他住的地点在四王府的西边,地藏沟口的左边靠近河的地方;那儿今天还有一棵二百多年的大槐树。两年前听我儿子讲,有人说曹雪芹住在北辛庄杏石口,那是没有的事儿。他是旗人,必得住在旗里头。北辛庄是民居,出了健锐营的范围,他就不能住。那时候旗里和民居是分得很严的。

"正白旗那三间房小院里有枣树,枣是早生贵子。有松树,松是万年长青。也有香椿树,这是当时旗人的习俗。有的院里也有竹子。那时曹雪芹的前妻还在,她很漂亮,听说和曹写《红楼梦》里的黛玉有关系。他们还有一个儿子。他们的生活就靠那点钱和米,比在城里的时候差多了。

"有一个叫作'鄂比先生'的镶白旗人,也是不知道犯了什么罪,拨归健锐营镶白旗来住,他比曹雪芹来香山怕还早些。画一手好葡萄,也会画竹子,和曹雪芹老早就熟识。在香山两人住处只隔一个四王府,他俩常常聊天,有时在四王府附近的小酒店喝酒,曹雪芹就跟他谈《红楼梦》,后来鄂比都能背着讲出全部《红楼梦》的故事。曹雪芹的生活渐渐穷困起来,虽有敦家哥俩偶尔帮助,也不济事。后来他就卖画。他本来是喝酒的,晚年穷了更喝得厉害。没钱喝酒就用卖画的钱来打酒。曹雪芹穷是穷,可就是不喜欢和富人接近,跟他相好的都像鄂比和敦家弟兄那类人。那时曹家还有好亲戚,有钱不借给他。到了年下,鄂比就送他一副对联:'远富近贫以礼相交天下有,疏亲慢友因财绝义世间多。'他和鄂比非常好,鄂比也很关心他。曹雪芹在正白旗住了四年,他的原配妻子,就死在那里(不知哪年)。乾隆二十年春天雨大,住的房子塌了,不能再住下去。曹家是被抄家的人,平时人家拿他当'坏人',房塌了也没人给他收拾。

"鄂比帮他的忙在镶黄旗营北上坡碉楼下找到两间东房,同院只住一个老太太。曹雪芹是在那里续娶的,新娶的妻子年纪轻,文化很低。北上坡靠近玉皇顶,坡下坡后,都是狼道,很荒凉。

"这时他的生活越来越穷,有时全家人都吃粥。可是他什么也不管,还是一心写他的《红楼梦》。头发长了也不剃,穿着一件蓝布二裆裰(即没有领的蓝布大褂),福字履,腰里常围着一个白布包袱,包着纸笔,不管走到什么地方,想写就写。听到别人谈话里有好材料,他马上就记下来。有时和朋友们喝酒吃饭,他突然就离席跑回家里;朋友们奇怪,就在他后面跟着,到他家一看,他却又伏在桌上写上《红楼梦》了。他又常常一个人在路上来回走着想,路上的行人看他奇怪,他也毫不在意。因此,就有人叫他'疯子'。

"他的朋友敦敏和敦诚有时来看他,鄂比更是经常和他在一起聊天了。

"乾隆二十八年的中秋节前,他儿子闹嗓子,得了白口糊,到中秋那天就死了。曹雪芹晚年得子,儿子死了非常悲痛,天天到地藏沟他儿子的坟上去哭他。鄂比时常到他家劝解他,也没有效果。他喝酒喝得更厉害了,心里又不痛快,不久自己也病了。到了快过年的时候,他的病越来越重,鄂比去看他,劝他好好养病;他对鄂比说:'我该骂的也骂了,该说的也说了,我这病是治不了啦,怕过不了初一。我那部书请你给我传出去!'到除夕那天他就死了。他一死,他的续妻只管哭,一点没办法。大过年的,谁没有个事儿,幸亏同院的街坊老太太来帮些忙。老太太对曹雪芹续妻说:'他活着的时候对你那么好,他死了你连个纸钱都不给他烧!'就找把剪子拿起桌上整叠的字纸剪了许多纸钱给烧了。曹雪芹死后,人人都说:他和他儿子的死日子,占了两个'绝日',一个是八月节,一个是除夕。

"初一那天鄂比给曹雪芹的朋友们报丧。敦敏、敦诚都来探丧,丧事都是敦家哥俩和鄂比他们给办的。灵停了四天或是七天,乾隆二十九年正月初几就出殡了,葬在他原先住的正白旗本旗的义地地藏沟。那时正白旗的正式坟地在朝阳门外,离得很远;香山地藏沟是给穷的、孤寡没有后人的用的义地。送葬回来后,鄂比看到沿路的纸钱,一面有字,拾起来一看,是《红楼梦》的底稿。鄂比就连忙沿路捡,捡起一大堆纸钱,包了一包。回到曹雪芹家一看,原来是《红楼梦》后四十回的稿子。又在桌屉里发现包好了的前八十回的原稿和一百二十回的目录。后来鄂比想给补,因为他极熟悉后四十回的事儿。可是他的文才不够,好几年没续成。又过些年，他的过继儿子高鹗长大了，才给续成了后四十回。

"曹雪芹擅长画，画什么，不清楚。他有一张画像，上面有他的像，有竹林，听说那竹子就是鄂比画的，像是另外一个画家画的。"

三 曹雪芹的旧居遗址和葬地

听完了张永海先生的讲述，我们在下午一时半就去看雪芹的旧居遗址。雪芹所住两处，都在凤凰山的左翼，同时也是健锐营的左翼。我们先到他从乾隆二十年住到二十八年他死时的镶黄旗营。雪芹的旧居是在万花山的东侧山坡上碉楼的下面。现在还有一个残缺的碉楼立在那里。这个地方很荒凉，据说雪芹住的是两间东房，面对碧云寺。在院子里可以向西、南、东看到健锐营全景，也可看到玉泉山。南向的山坡下是狼道，西通玉皇顶。狼道南是从碧云寺来的水源的河，现在干了。与河并行的是小御道，又隔相当远些的南面，便是正式的御道，即今天由颐和园通香山车站的马路。雪芹旧居现已平为耕田，其旁为一墓地，有方形砖围。

镶黄旗营是由雪芹的旧居向东展开的。这个营的东边尽头处，接峒峪村，又东为关帝庙，三间庙门现在仍存遗址。庙前有大槐树一株，据云雪芹与鄂比当初即在那个地方的一个小酒店喝酒。

又东走，横过今天通往卧佛寺的马路和现在的河滩，走出河墙外就是地藏沟口。雪芹由乾隆十六年住到二十年的第一个旧居，就在沟口南面的一棵古槐附近。他的旧居后面是当年的档房，档房是正白旗存档的地方。东南面不远便是四王府旧址，四王府之东是镶白旗，镶白旗西南的后山上有座塔，塔下就是鄂比住的地方。从鄂比的住处到雪芹第一个旧居约一里多，距第二个旧居则二里多路，都不算远，他们往还很便当。雪芹在正白旗的故居旧址，现在仍有房子，都是按当年旧规格历经翻修的。因此，雪芹所住房屋的样式，还可考知。这个旧居地势较镶黄旗营为低，但是也可以西望香山碧云寺，南望正黄旗一带的山，却因后山挡着，看不到玉泉山一带了。旧居的门前横着一条河，北侧则是由地藏沟下来的山水。

档房后面,向山沟里走不到半里地,就是地藏沟,是正白旗的义地。雪芹的儿子和他自己都葬在那里。这个地方现已修了房子,不易觅得雪芹的墓地了。

四 我的一些看法

这一传说,内容涉及很广,几乎包括了雪芹回北京后直到他逝世的全部生活轮廓。传说中有的事实与文字材料符合,另一些事情则于文字资料中无征。我认为:考证史实原是"去伪存真"的工作,只要合乎道理并与所考的人物或事实的具体情况相符,我们不应该忽视口碑而唯文字的记载是信。更不该因传说中某些事不大合理,就否定其余可信的事实。兹就管见所及,略谈数点如下。

第一,有些人认为雪芹是曹頫的儿子,但这个传说却与雪芹是曹颙遗腹子的说法符合。遗腹子说最早见于一九三一年五月十六日《故宫周刊》李玄伯文中。一九五五年王利器同志又用《春柳堂诗稿》中的材料加以论证(见同年三月七日《光明日报》)。在这个问题的考证上,传说无疑地提供了可以参考的资料。

第二,关于雪芹曾任侍卫的说法,在文字材料中,尚无证据。在目前,这个传说是雪芹曾任侍卫的唯一资料,还有待证实。

第三,雪芹曾在右翼宗学呆过,是我在一九五七年考出的(原见一九五七年版的《有关曹雪芹八种》,今见本书本卷第一篇)。由二敦诗中对他的口气来看,很难断定雪芹当时是在右翼宗学任教。所以我推测:雪芹或者担任职员,或者做辅助教学的工作。传说中说他做正式教师(瑟夫),终嫌不能说明他与二敦的关系。可见,雪芹在右翼宗学究竟做什么事情,尚无定论,而传说则可供参考。

第四,关于雪芹的儿子和他自己都死于乾隆二十八年,一个死于八月节,一个死于除夕,因此当时人们就说,而且流传到今天:雪芹家里死人占"绝"了!——这一传说也有参考的价值。关于这个问题,我还是老看法:

一个人死在除夕不易记错；一家人，儿子死在八月节那天，父亲死在年终末一日的晚上，十分好记，在众口相传的传说中，是不会弄错的。

第五，关于雪芹住处和葬地，我曾于一九五四年十月十八日接得承德赵常恂先生函告雪芹住于香山健锐营的消息后，参照同年九月二十八日上海曹未风同志函示雪芹住镶黄旗营的传说，曾于一九五五年、一九五六年夏秋之际，两度往访该地。在看到一九六二年北京市文化局调查雪芹故居及葬地的记录之前，我大致上一直相信雪芹住在镶黄旗营。读了文化局的调查记录之后，我又觉得其中所说的北辛庄杏石口也有可能。但是听了这次的传说并同张先生实地查看之后，觉得这两个旧居地点，都有"门外山川供绘画"的自然环境，合乎雪芹友人诗中所说的情况。尤其是雪芹是拨旗回营的，他只能够住在健锐营的范围之内，不能住在民居的北辛庄。所以传说中的雪芹旧居，似乎是可靠的。至于葬地，雪芹既死于贫困，匆促埋葬，又不能越旗葬，则葬于正白旗义地之地藏沟，也似合理。

第六，传说中最使我感兴趣，也似乎是最可靠的，是关于雪芹风度、为人以及其贫困著书的情况。张先生所谈这部分材料和已出的文字材料在内容上并无雷同之处，但精神上却是完全一致的——曹雪芹是一位不顾流俗，不为封建政权给他带来的贫困所屈，有意识地著书"骂世"（张永海先生语），具有反抗精神的作家。

卷五　曹雪芹卒年考辨存稿

小　引

曹雪芹卒年问题的讨论,是一九六三年春为了确定曹雪芹逝世的确切年代而发起的。我以前没有研究过这个问题,但当时王昆仑同志因事来我家一再让我写一篇文章,以便引起讨论。后来在参观恭王府时,文学研究所的何其芳同志,也要我写。恰好那时《光明日报》来要文章,我就写了下面的第一篇。讨论是引起来了,但效果并不好。费了各报许多篇幅,不但对卒年问题并未得出一致的结论,即对可据的基本材料,参加讨论双方的看法,也始终不能一致。到了七月初,《文学遗产》的编者陈翔鹤同志打电话问我:有无必要继续讨论下去。我说:"我看结束了罢,再讨论下去看来也不会有什么结果。"他遂要我写一篇结束讨论(至少在《文学遗产》上)的文章,这就是下面的第三篇。我现在对那次讨论的看法是:即使不是从写文学史的观点出发,对于曹雪芹这样一个伟大的作家,也还是应该把他的生卒年考出来的。但不一定在报刊上发表论辩的详细过程。比如,邀集研究者们开会讨论,最后再把结果在报章上发表,就比较妥善一些。考据细还是要细的。不细怎么能精确呢?难道要粗疏么?但把那种涉及一字一句的细微的论证,连篇累牍地刊诸报端,那就不怎么恰当。由于读者不一定了解那次讨论的缘起,我在这里特加说明如上。关于我在第二和第三篇中对《懋斋诗钞》的看法,可参阅本书卷六第二篇《敦敏的〈懋斋诗钞〉稿本考》。

一九七七年七月八日沙滩。

第一篇
曹雪芹的卒年问题

《红楼梦》作者曹雪芹的二百年忌辰快到了。可是关于雪芹的生卒年,到现在还没有定论。由于缺乏直接材料,确定他的生年更不容易。我们只有先决定他的卒年,然后再利用间接材料推定他的生年。即使是这样间接地推断,也还有两三种关于生年的不同说法。本文不想涉及曹雪芹的生年,仅就他的卒年问题,提出我的看法。

关于曹雪芹的卒年,有两种说法。

一说雪芹卒于乾隆二十七年壬午除夕(一七六三年二月十二日),另一说主张雪芹死于乾隆二十八年癸未除夕(一七六四年二月一日)。我是同意癸未除夕说的。以下结合前些年讨论这个问题以后所发现的新材料,证明何以壬午除夕说不如癸未除夕说的证据较为合理。说雪芹卒于壬午除夕是根据脂砚斋的批语,而癸未除夕说则是根据敦敏和敦诚有关雪芹的几首诗。以下分别说明。

从一九二八年直到一九六一年,壬午说所提出的主要论据不外是:

(一)"壬午除夕,书未成,芹为泪尽而逝",不管是脂砚斋还是畸笏叟批的,根据这句批语,总比从敦敏和敦诚诗的年代来推断雪芹卒于癸未除夕更可信,因为批者远比二敦与雪芹的关系接近,甚至批者还可能是他的家属或家族。

(二)由于《懋斋诗钞》既是传抄本,又"不是严格编年",《小诗代简寄曹雪芹》可能是壬午的诗"错编"在癸未年内了。

(三)承认上诗是癸未写的;但又说,直到"上巳前三日(三月初一日)","很可能敦敏弟兄都还不知道雪芹已死了近两个月了。"(见一九六一年胡适所写的影印本《乾隆甲戌本脂砚斋重评石头记跋》一文。裕按:

上巳是夏历三月三日,其前三日应该是二月末一日。乾隆癸未年二月小,故应作"二月二十九日"。)

(四)敦诚甲申年初挽曹诗中所谓"旧垧",指的是雪芹壬午除夕死,癸未年葬,而甲申年敦诚才写挽诗的那个旧坟。若说死于癸未除夕,则其葬必在甲申。同年的挽诗,如何能说"旧垧",亦即旧坟?敦诚的挽诗只是"上坟"的诗,非送葬的诗。

我认为主壬午说者这些论据,都是值得商榷的。

一、主张癸未说者用《小诗代简寄曹雪芹》之写于癸未,来证明雪芹不死于壬午除夕,而死于癸未,的确是一个重要的论据。关键在于《懋斋诗钞》是不是传抄本?是否"严格编年"?

据我的《懋斋诗钞稿本考》一文,可知《诗钞》并非旁人的抄本,而是敦敏的手钞本,有敦诚亲笔批语,经过他的圈选。

《诗钞》也是比较严格编年次季的。具体到《小诗代简》一诗,就编年说,则由《小诗代简》向上数第三首诗《古刹小憩》题下署"癸未",表示该诗是癸未年第一首诗。又自《小诗代简》向下数至第二十四题《十月二日谒先慈墓感赋》一诗内自注云:"先慈自丁丑见弃,迄今七载。"从丁丑到癸未恰是七年,可见《感赋》也是癸未的诗。那么,夹在这三四十首癸未诗中间的《小诗代简》当然是癸未的诗。《诗钞》不但有年份,春夏秋冬的次序也很明显:《小诗代简》以前和以后都是癸未春天写的诗。就此点而言,也不容易单单把一首壬午年春天所写、相隔三四十首诗的诗,错抄在癸未年春天的诗里。最重要的一点却是,《懋斋诗钞》的编年并不是后来"编"的年,而是每写出一首就抄上去一首。由影印本末附行书诗稿《水阁山庄》等三诗原来是贴上去的每行一条的几张条子看来(这种情况,在影印本中已不可见,可看北京图书馆藏原书),当初写诗时可能就是随便用一张纸写出,改定后就"抄"入现存的《懋斋诗钞》稿本里去的。这种逐年逐月随写随抄的所谓"编年",并未经作者或旁人大加编整,其前后次序错误的可能性是极小的。

既然《小诗代简》写于癸未,那就是说,乾隆二十八年二月末一日敦敏还请过曹雪芹到北京喝酒赏春,他哪里会死于乾隆二十七年的除夕呢?

二、说敦氏弟兄在雪芹死了近两个月还不知道他逝世,以二敦与雪芹的关系以及与其他共同的朋友间的消息交流关系而言,这已经不大可能;况且,即使这样,那么敦敏的《代简》寄出之后,总应该得到回答,总应该知道雪芹是死了还是活着。假如已死(即假如照壬午说死于壬午除夕,而敦敏直到癸未二月末一日以后才知道他死),那么,他自己和他的弟弟又有什么理由必须等到甲申年才写挽诗? 而这个"跋"者胡适,却又是最早相信敦诚的挽诗是写于甲申的人,可见这一理由的荒唐。

三、敦诚的《挽曹雪芹》诗,一九五六年夏天以前,只流传一首。原诗及诗题云:"《挽曹雪芹》(甲申):四十年华付杳冥,哀旌一片阿谁铭?孤儿渺漠魂应逐(前数月,伊子殇,因感伤成疾),新妇飘零目岂瞑!牛鬼遗文悲李贺,鹿车荷锸葬刘伶。故人惟有青山泪,絮酒生刍上旧坰。"一九五六年夏我又发现敦诚两首挽曹诗。诗之一云:"四十萧然太瘦生,晓风昨日拂铭旌。肠回故垅孤儿泣(前数月,伊子殇,因感伤成疾),泪迸荒天寡妇声。牛鬼遗文悲李贺,鹿车荷锸葬刘伶。故人欲有生刍吊,何处招魂赋《楚蘅》!"其二云:"开箧犹存冰雪文,故交零落散如云。三年下第曾怜我,一病无医竟负君! 邺下才人应有恨,山阳残笛不堪闻。他时瘦马西州路,宿草寒烟对落曛。"此二诗见于卢文弨抄本的《鹪鹩庵杂诗》,皆为前所未见。但第一首显然是流传挽曹诗的初稿,第二首则是与第一首一齐写完后,很早就自己删掉了的。因此,即在《四松堂集》的底稿本中,也看不到这首诗。

关于这几首挽诗,我们应该注意下列各点:

首先,它们是敦诚在甲申年写的。一九五六年我发现的乾隆抄本《四松堂诗钞》也注明"甲申",可以证明。此诗又是敦诚自己所选的(或所作的)甲申第一首诗。因该诗上一首《山月对酒有怀子明先生》是癸未秋所作,而下一首《遣小婢病归永平山庄未数月闻已溘然淹逝感而有作》则是甲申正月作的。

其次,挽诗是送葬归后所写的诗而不是上坟的诗。不但较早流传的那首挽曹诗中的"哀旌一片"、"鹿车荷锸"、"絮酒生刍"与诗注中"前数月，伊子殇"等都表明是送葬诗；新发现两首挽诗中，尤有是送葬诗的明显证据。"晓风昨日拂铭旌"以及"他时瘦马西州路，宿草寒烟对落曛"，其中"昨日"、"他时"都可证明是送葬，不是过了一年多来上坟的诗。主壬午说者也可以说，即使送葬，安见其非壬午除夕死后，停灵年余到了甲申正月才葬？须知，由"前数月，伊子殇"的词气，固已能证明雪芹死期极近，而由"一病无医竟负君"一句，则生时贫困落拓之曹雪芹求医且不能，岂有死后尚讲排场经年而葬之理？所以，综合观之，雪芹实系死后不数日即葬。至于把"上旧垌"解作"上曹雪芹那个旧坟"，早已有人指出那完全是一种误解了。

四、对于壬午说的主要根据——那条脂批，我们必须实事求是地承认：这里的"壬午"二字不一定是抄错的。庚辰本《脂砚斋重评石头记》第十五回批云："八字道尽玉兄，如此等方是玉兄正文写照"，但接下去却写着"王文季春"四字。这"王文"二字固然是由于"壬午"二字当初是行书而辗转抄错了的，但"癸未"和"壬午"字形相差太远，所以倒不太可能是抄错的。

可是，在事隔十一年（乾隆三十九年甲午所批）之后，记错了或算错了干支，却是完全可能的事。有人说，古人以干支纪年不容易错。殊不知，记乾隆二十八年是直接的记忆，而以干支纪年是间接的记忆。脂砚斋在曹雪芹逝世十余年后回忆往事，虽然清楚地记得雪芹卒于"除夕"，但把乾隆二十八年的癸未误记或误算为乾隆二十七年的壬午，其可能性应该说是远远地大于说二敦的诗分别在其诗集中双双都有问题的。二敦的诗固然也是用干支纪年，但他们的诗都是逐年逐月写了诗随即录入誊清本的集中，而且敦诚还明白地声明："吾诗聊记编年事"（见《四松堂诗钞》），其错的可能是远比十一年以后再来追忆弄错的可能小得多的。因此，我觉得"壬午"的错误可能性是较大的。

但是主壬午除夕说者又驳主癸未除夕说者道："你们既无取于'壬午'，为什么又不放弃'除夕'二字呢？"须知"壬午除夕，书未成，芹为泪尽而逝"中,"壬午"虽可因二敦有关各诗的年代和内容而加以怀疑以至于否定,但逝于"除夕"却是可信的。因为"壬午"有可能记错或算错,而一个和曹雪芹接近的人对于雪芹死于那年的末一日晚上(即除夕)这件事,则是万无记错之理的。考据是对历史事实的调查研究,要根据可靠的证据,也要依靠通达的常识。试想:一个人死在除夕可谓是件比较罕有的事。对罕有的事一般是不易记错的。因此,我认为"除夕"是不会错的。

由于以上所举的理由,我认为雪芹卒于癸未除夕,是比较可靠的推断。

考证曹雪芹的卒年要实事求是。必须有充分的正面证据,才能十分肯定。这是最理想的结果。现在还不可能达到这种理想的结果。目前所能得出的结论,只能是一个在现有各种证据下比较合理或正确的结论。

(原载一九六二年三月十日《光明日报·东风》)

第二篇
曹雪芹卒于壬午说质疑
——答陈毓罴和邓允建两同志

由于我正在搞旁的工作，直到今天才得用春假的时间答复陈、邓两同志对我那篇《曹雪芹的卒年问题》提出的讨论。陈、邓两同志的文章相当细致深入，对我有启发；在某些点上也有所是正，应该感谢他们。

我对雪芹卒年原无成见，只觉得壬午说和癸未说各有困难；而在我看来，癸未说的困难小些，相对地说，壬午说的困难就大些。因此我同意癸未说。陈、邓两同志的文章，无论就看法和论据言，都在一定程度上给壬午说增加些力量。不过，壬午说的根本困难并未解除，反驳癸未说的论据还有待商量。特再质疑，至希指正。

一　为什么要怀疑脂批？

怀疑雪芹卒于"壬午"除夕这条脂批，最根本的理由当然是由于《小诗代简》写于癸未，也由于敦诚的挽诗写于甲申而雪芹却又不是隔年而葬，等等。本文第二、第三节就是要就这两点再抒浅见的。本节结合陈、邓两同志的文章（陈文《有关曹雪芹卒年问题的商榷》，见一九六二年四月八日《文学遗产》；邓文《曹雪芹卒年问题商兑》见一九六二年四月十七日《文汇报》），先谈以下几点。

（一）主壬午说的人认为"壬午除夕"是直接材料，而癸未除夕则是由间接材料推论出来的。诚然癸未除夕是推得的，但脂批"壬午除夕……芹为泪尽而逝"，严格地说，也不是直接材料。直接材料应该是碑铭和向官署报死亡的文件之类东西。这条脂批只是事后旁人追忆的记载。对于这类材料，即在没有相反材料的情况下，也未可轻信；何况既有相反材料，为什么不能对它怀疑呢?

(二)不但是回忆的记载,并且也不是回忆者本人的亲笔,而是抄了不知多少遍的过录。据一九六一年胡适影印的《乾隆甲戌脂砚斋重评石头记》看来,批语字写得虽然工整,错却不少。如此批前段(实则是两批,姑认为一)中的"癞头和尚"误抄为"獭头和尚",后段中的"是书何幸"误为"是书何本"等。与年代有关的批语,也不是没错的,最突出的,如"壬午季春",在庚辰本中竟误抄为"王文季春"。这些例子固然都不能直接说明"壬午除夕"是错的,但是否应该考虑由于不是脂砚斋的亲笔而可能产生的错误呢?

不只抄错,有的地方,字迹也模糊不清。拿这条最重要的批语说,批末另外一行,署"甲午八月泪笔"六字。字很工整,但"月"字第一画却短到令人疑为"日"字第一画的程度,而"月"字第二画虽然较长些,也易令人疑为"日"字第二画的拖长。正因为这样,邓同志才提出"甲午八日"的看法。(按影印本此六字旁有黑色"此是八月"四字,也可能是钢笔字,蓝黑色。这是胡适的字。)俞平伯、周汝昌先生都认为这四字是"甲午八月"。细察这个影印本此六字的情况,我同意俞、周两先生的看法。既有抄错、写得有时又含糊,脂批怎么会不引起怀疑呢?

(三)既是"甲午八月"事后的追忆记载,那么,结合脂砚斋的年龄来看,自然发生十一年后能否记错的问题。最近看到吴世昌先生的文章,他认为脂砚斋见过康熙末次南巡并假定当时他至少是十岁,从而推断他"到壬午年已六十五岁左右",到乾隆三十九年(甲午,1774),应该已达七十八九岁的高龄(见《脂砚斋是谁》一文)。我从前也得出相似的结论。我的办法是:假定脂砚斋可能直接听到曹寅说"树倒猢狲散"这句话[脂批"'树倒猢狲散'之语,全(今)犹在耳"],曹寅对座客施瑮等说这句话至迟也得在他死那年——康熙五十一年(壬辰,1712,事实上可能还早),而能听得懂这类话的脂砚斋当时最低年龄也得是十四五岁,他的生年就应该是康熙三十六七年(1697或1698)左右,到了乾隆甲午年脂砚斋岂非七十七八岁的老人了么?一般地说,这样高龄的老人对往事的回忆记载容或有错误,也并不是"不可想象的"。

(四)主张壬午说的同志强调脂砚斋和雪芹的"特殊关系"或"密切关系",这固然是对的。他们又说当他写上批时"何等的激动",这也是事实。这种看法作为对两人关系的体会,固然是很深刻的。若根据这样一个老人在雪芹逝世十一年后因受"重大打击"、心灵上"创痕"很"深"而"激动"地提笔写出上批这一事实,来证明这条批语不会有错误,我认为,即使不是相反的假设更可靠些,至少也不易得出"不会有错"的论断。

(五)何况,他的批语又是用干支纪的,就更易滋错误。尽管在清代文人中用干支纪年很普遍,但这毕竟是一种间接记忆的方法,容易产生错误。第一,所谓"直接"、"间接"是相对说的。对于搞清楚本来应该以数目字记的或者最后总归是要还原到数目字的"年代"来说,用数字是直接的,用任何其他办法,如甲子、乙丑或猴、兔、龙等等,都是间接的。最后,真要到了计算哪年生哪年死、活多少岁的时候,无论用什么方法代替,总得回到二十年或三十年上去的。第二,这种间接记法,当然比直接记二十几年或三十几年容易出错。古人以干支纪年错的正多。远的不说,收藏《懋斋诗钞》的那位燕野顽民不是把乾隆二十九年(事实上《诗钞》并不始于这年,但那是另一个问题)的甲申误说是"乾隆二十九年戊寅"、把乾隆三十一年的丙戌误说成"乾隆三十一年庚辰"了么?如果没有干支问题搅在一起,燕野顽民直接记乾隆二十九年,错误的机会总要少些罢?这样看来,用干支纪年为什么不比较容易出错呢?

我并不想仅仅靠这些理由就否定壬午说,而是回答陈同志文章第一节中向我提出的问题;同时也作为可以怀疑"壬午除夕……芹为泪尽而逝"这条脂批的一般性的理由。当然,壬午说的主要困难,还是在于不易否证敦敏的《小诗代简》写于癸未,也在于不能有力地证明雪芹是隔年而葬。敦敏《小诗代简》写于癸未的问题,是很早就由周汝昌先生提出的。我个人则认为,在今天"是否隔年而葬"成为重要争论之点的时候,敦诚写于甲申的那三首挽诗,更为重要。

二　《懋斋诗钞》的编年和《小诗代简》是哪一年的诗？

我对《懋斋诗钞》的看法，还停留在一九五四年所写《懋斋诗钞稿本考》的水平。当时我的主要目的是在于证明：它是著者亲写、敦诚手批的稿本，并不是恩华所谓"残钞本"。正因为这样，所以我对其他问题就或者未接触到，或者探究得不深。

为了讨论方便计，我建议分清（一）《诗钞》原本的编年情况，即燕野顽民"粘补"以前的情况，这是由推测而知的，故名此本为"原本"。（二）燕野顽民"粘补成卷"的本子，名为"燕本"。（三）即今天的"影印本"。

应该指出，陈、邓两同志根据影印本和燕本所考出一些错编年代的诗，是我在一九五四年所没有注意到的。这是他们深入研究的成果，是值得欢迎的。我在《稿本考》中，认为诗是按年次季编的。但我当时却并没有显明的"有条不紊"的感觉，而是读到像《河干集饮题壁兼吊雪芹》那种地方，觉得年度季度的次序有些混乱。正因为头脑中有这个印象，所以一直到我写《曹雪芹的卒年问题》时，还只说它是"比较严格编年次季的"。

我现在的看法是《诗钞》的原本的确是按年次季编的，它是"逐年逐月随写随抄的编年"，而且我认为凡是编年的稿本总是要这样做的。这种做法的错误可能性是极小的。燕本虽经"粘补"，大体上也保留原本编年次季的情况。陈同志也说："现在看来，诗的排列是按春夏秋冬，可以承认它大致是编年。"影印本经过大家的核对，有少数情况与燕本不同，但一般都与燕本相同。

在承认燕本和影印本大致是编年的前提下，我认为只有这样的处理才公允，即除了已经有特别证据证明某几首诗的年度、季次的确编错了外，就应该承认其余的诗是编年次季的才对。如果对其余的诗，既无有力证据说它们是编错了的，却又硬说或泛说它们的编年是可疑的，因而便把它们"存疑"起来，那么，请问这《诗钞》还叫什么"大致编年"呢？陈同志处理《小诗代简》的办法，就是没有特殊有力的证据（也无有力的旁证）便把它放在"存疑"之列的。为什么说没有有力的旁证呢？因为，陈同志用《四松堂集》同题诗是写于壬午年的来证明《诗钞》燕本中癸未诗《题画四首》也是壬午年的诗错编在癸未年诗中了的；并且他从而断定它的邻（注意：并非"紧邻"）诗《小诗代简》也不是癸未年的诗，或至少是要存疑的。我可以同意《题画四首》是壬午诗（须知还有一个可能，即弟弟可以在壬午而哥哥却可以在癸未写这四首同题诗），但《题画四首》为什么被错放到这里来的情况，却应该研究一下。

按《题画四首》见影印本九五至九六页，成为一中国叶的前后两面。九五页由"题画四首"四字开始到"岭梅寒欲……"四字止，九六页由"放"字起到《题朱大川画菊花枝上一雀》一题止。但在燕本中，整个九五、九六两页里面都没有《题朱大川画菊花……》这个题目。燕本该题是在九四页末一行，即在"卜夜拟宿松堂中"七字那一行之后，而影印本这一行却已成空白了。可见，燕本在影印时有人改动，把九四页末行的《题朱大川画菊花……》这个题目移粘到九六页末行去了。这样虽把《题朱大川画菊花……》这一诗题和本诗连接在一起，但把燕本本来粘改的面貌弄消失了。照燕本原来的情况，《题画四首》所占的九五页和九六页这一整叶，一看就知道是从别处调来的。因为这一叶与前与后都不合牙。九四页末既有《题朱大川画菊花……》一题，但接着的九五页前却不是该诗，而是与这个题目不相干的《题画四首》。后面九六页末空白无题，九七页前却有诗（即《题朱大川画菊……》的本诗）无题。因此，在燕本中《题画四首》这四首诗，即使无《四松堂集》的证据，也会令人疑问：它们到底是哪里来的诗？

但是，《小诗代简》的情况却与此不同。它的具体情况相反地都可以说明它不容易是其他年度的诗错编在这里的。它的具体情况如下。

它不是孤零零地单占一叶。在燕本中《小诗代简》占的是正面，相当于影印本的九一页，但在影印本中，它却是在背面的，即九二页。根据燕本九一页《小诗代简》之前，尚有"春服尚可捐"这前一叶（等于两页）《典裘》诗的末句。其后是《月下梨花》一题。有这"春服尚可捐"一句，就说明它既非孤零零的一页而是与前页毗连，就没有来自别处的可能。若是来自他处，那就是前页也是从他处来的，而以下证明并非如此。

从下署"癸未"二字的《古刹小憩》起到"以宁自松关载酒……"止共二十六个诗题（《题画四首》除外），有的在《小诗代简》之前，有的在后，其中有七首诗是有证据断为癸未年的诗。（一）第一首《古刹小憩》下署"癸未"自当是该年诗。由于"癸未"二字是粘上的，所引起的问题，且留下面再讲。（二）第二首《过贻谋东轩同敬亭题壁……》诗中有"十五年前事漫论，春来依旧绿盈轩；焚囊惭负东山教，嗜酒频劳北阮樽……"诸句。"焚囊"是用《世说新语》中谢安焚谢玄紫罗香囊的故事。盖敦敏曾从其叔父月山学，月山死于乾隆十二年五月十一日。这首诗是回忆往事之作。由乾隆十二年五月至二十八年早春适得十五年又六个多月，所以知道这首诗写于癸未。（三）第十首《刈麦行》。《四松堂集》亦有癸未同题诗，可知这首也是癸未诗。（四）第十二首《黄去非先生以四川县令内升比部……》，黄去非是他俩弟兄在宗学时的老师，重来北京是在癸未，敦诚本年也有《黄西江（克显字去非）先生自蜀来京话旧感作》一诗可证。（五）《四松堂集》癸未诗有《访鸿上人于潞河之东》，可证《诗钞》中第十四首《闻敬亭自潞河过通州至邓家庄访鸿上人……》也是该年诗。（六）第二十四首《十月二十日谒先慈墓感赋》，前文已经证明为癸未年诗。（七）第二十六首有《以宁自松关载酒遗敬亭敬亭以诗见寄依韵奉酬并简以宁》一诗。在《四松堂集》癸未诗内也有同韵的《以宁（穆靖安堂妹丈）归自塞上以松亭酒见惠作此寄谢》一诗。

从《小诗代简》的前后邻诗都是癸未诗这一事实看来，我觉得在《诗钞》"大致"是编年的前提下，认为《小诗代简》是癸未诗，远比否认它是这年的诗为合理些。

说到这里，主张壬午说的同志必然提出：《古刹小憩》下面"癸未"二字是后粘上去的，不足为凭。关于燕本的粘补问题，应该区别三种情况：其一，粘而未改的，大都是属于前后页次编整的，这极少可能是原本的情况，很大可能是燕野顽民为了"成卷"而"粘补"的；其二，粘改诗句，如影印本《赠芹圃》末句原作"一醉酕醄读楚些"末三字后粘改为"白眼斜"等等，这类粘改我认为都是作者自己改的，极少可能是旁人，如兄弟之类人改的，更不可能是燕野顽民及其他人改的;其三,年代的粘改,我的看法是,有一种是由作者自己粘改的,一经加以思索就可以想出粘改的理由,另一种也是作者改的,但我们还未发现其理由。

前者如《诗钞》第九页燕本在"东皋集"三字旁"自山海归"跨加"戊寅夏"三字,"夏"字原作"年",粘改为"夏",显然是为了较细致地符合当时的归期。又如第十页"癸未夏"中的"癸未"二字,原作"庚辰",后粘改为"癸未"。为什么呢?我在《稿本考》中的解释是这样:庚辰确是抄诗的一年,也就是写小序的一年,所抄的诗是自戊寅起到庚辰抄诗时止;但以后又作又抄,抄到癸未,自己觉得原序说庚辰抄诗,乃竟抄到癸未,未免不符,遂把庚辰二字粘改为癸未;殊不料癸未之后,又随写随抄上一些甲申的诗,也就不暇以"甲申"二字再粘改癸未了。这个看法现在还可以适用。

至于后者的例,如《古刹小憩》下所粘"癸未"二字,原因固尚不知,但也似乎没有理由断定这是由燕野顽民或其他人粘上去的。假如认为是作者自粘的,倒有些理由。在《小序》中既然把"庚辰"粘改为"癸未",那么癸未年当是作者核对各诗年代的一年,与其说《古刹小憩》下"癸未"二字是错粘的,倒不如说是为了纠正什么错误才粘上正确的"癸未"二字的。况且,《古刹小憩》之下连着一首诗是癸未诗,以后间隔着的五六首诗上文也确定为癸未诗,恐怕就是这里没粘这"癸未"二字,只由另起一个春夏秋冬的次序而这次序又是癸未年的次序(其上则为壬午冬日诗)看来,则《古刹小憩》之为癸未春日诗,也不致发生什么问题罢?

总括上述,我认为:根据和《小诗代简》毫不相关联,而且有上述特别情况的《题画四首》之非癸未诗,来怀疑《小诗代简》之写于癸未是没有充足理由的;反之,说它写于癸未倒还比较公允些。

三　敦诚挽曹诗是甲申初的送葬诗(雪芹死后即葬)

甲申年初敦诚的挽曹诗最初只见一首,它却是由初稿最后改定的一首。一九五七年我又发现两首送葬后就写的该诗初稿。挽诗写于甲申,由《四松堂集》底稿本可见,由《四松堂诗钞》亦可见,挽诗是甲申年初作的,而且还是《四松堂诗钞》中标明"甲申"年的第一首诗(可能《四松堂集》底稿本也是如此,未见原书,不能确定)。由其下接着的《遣小婢病归永平山庄……》一诗中"满山风雪葬孤魂"的景象觇之,挽诗还有可能是甲申年正月初几的诗。

以下一方面就挽诗的内容说明雪芹不是隔年而葬,另方面据一般常理来看也不是隔年而葬。

(一)就诗题而言,敦诚标明"挽曹雪芹"诗,就应该是初丧时作的挽诗(曾次亮先生已早指出),犹如当时送致"挽联"一样。若是死后停灵一年以上,似乎就不该称"挽诗"了罢?

就诗中所用的典故说,诚如吴世昌先生所指出的,"絮酒生刍"皆指新丧。《后汉书》卷四十三《徐穉传》说徐穉遇"有死丧,负笈赴吊,常于家预炙鸡一只,以一两绵絮渍酒中,暴干以裹鸡",以为祭物。又郭林宗"有母忧,穉往吊之,置生刍一束于庐前而去"。这都是指初丧的例。敦诚引用此二典,不会全无考虑。

而且"鹿车荷锸葬刘伶"这类话,如果是停灵一年多以后再葬,说得就没有什么意义了。

因此,他才说"他时瘦马西州路,宿草寒烟对落曛"这种分寸较严的话。他的意思是,现在人刚刚死,等到"他时"再策马出郊来展墓的时候,恐怕只有看到"宿草"寒烟对那落日的斜晖了。如果写诗的时候是停灵一年有余才葬,尽管是停灵,那恐怕应该是早就长了"宿草"的时候,不必说"他时"再来始见"宿草"了。这里的时间关系是很清楚的,是挽刚刚死的人的诗。

另外,挽诗作者敦诚送葬当时所联想的情况,也以断为初丧时的情况为合理些。如他想到"前数月,伊子殇"因而写出"孤儿渺漠魂应逐"的句子,说刚死的雪芹魂灵儿也是要去寻找他儿子的;而"新妇飘零目岂瞑"也只有说刚死的雪芹未知身后新妇飘零何所,岂能瞑目,才适合情况。若死了一年以上,则"死不瞑目"的问题似乎也无须提了。"一病无医竟负君"

也应该视为友人刚死时的遗憾,比认为它是在一年多以后"旧事重提"为宜。

关于"前数月,伊子殇,因感伤成疾",主张壬午说的同志认为是指雪芹死前数月,我认为是对的,但我却以为这句话同时也和敦诚写诗的时间大致符合。否则敦诚就该说"其前数月"或"雪芹死前数月"了。这是我和他们的不同而与吴世昌先生的看法相近处(但他好像是说此语专指后一意义)。正因为我认为两者时间大致符合,所以壬午子殇就是不可理解的了。

因为它有指雪芹死前"数月"的一面,就又产生了一个雪芹不是卒于壬午的证据。据庚辰本第二十一回脂批说壬午九月雪芹向脂砚斋索书(《石头记》稿)甚迫。这一事实似可帮助推论雪芹及其子都非死于壬午。因为按一般说话用词习惯,"前数月,伊子殇"中的"前数月"至少应指三个月以前的事。那么,雪芹既死于除夕,伊子似应殇于九月之前。若伊子果殇于九月之前,则雪芹因"感伤",九月间就不可能还有兴致索回《石头记》底稿来续写或校改了。同时,他自己也应该已经因感伤而"成疾"了。

此外,尤其重要的是,壬午"秋晓"敦诚"遇雪芹于槐园",请他喝酒,"雪芹欢甚",并且还"大笑称快哉,击石作歌声琅琅"哩。由"风雨淋涔,朝寒袭袂"(敦诚《佩刀质酒歌》序)和"秋气酿寒风雨恶,满园榆柳飞苍黄"诸句看来,其时当是九月底近十月初的情况。看序中诗中描绘的雪芹不但无病而且还很高兴的样子,绝不像已有"子殇"的事故发生。既然如此,那么若说壬午"子殇"则必殇在这次聚会之后,亦即殇于是年十月之内,那就似乎更不合"前数月"中"数月"在一般用法中的含义了。所以雪芹是年子殇似不可能,而雪芹死于是年也就不可能了。

(二)但我对雪芹之非经年而葬,却还有从常理上讲的理由。陈同志说雪芹死后不是因为"讲排场"而停灵迟葬。我却认为:一则,既然雪芹生前穷困,身后萧条,那么,他死后当时买个棺材需款比停灵可能要少些,因为停灵除了棺材(而且还要比立即葬埋的棺材质量好些)钱外,还得寄灵的费用;再则,雪芹死后因无进款可望,就不会停灵一年多等待葬费,而只有死后即筹丧葬费还比较容易些。

  最后,由常理还可怀疑的是:如果是壬午除夕死了,隔一宿就是癸未年,该年不葬到甲申再葬即使可说,可是却选择在甲申年的正月初葬。照北京的季候,正月初乃是地冻三尺的时节,如果刚死并且立葬,那自然无话可说,只得挖地埋葬。既是停灵而且停得已经那么久,为什么偏偏选择那样一个动土既不方便,而又是刚刚过了年的正月初的时候来葬?

一九六二年四月二十二日。

(原载《文学遗产》第四一三期)

第三篇
考证曹雪芹卒年我见
——再答陈毓罴和邓允建两同志

这次考证曹雪芹的卒年,目的是为了确定他的二百周年忌辰。我那篇《曹雪芹的卒年问题》(见三月十日《光明日报》的《东风》),就是想引起对这一问题的讨论。在意料之中的是,假如没有新的有力材料,无论壬午说或癸未说都很难得出绝对的结论。但是,根据两说目前所掌握的证据,能不能通过细致的讨论确定哪一个说法比较合理?我最初设想是可能的。经过这一段时间的讨论,看来在参加讨论者中间得出这样一致的看法,并不是那么容易了。这却是出乎当初意料的。我尝推想:这原因究竟何在呢?在相信每一参加讨论者都没有而且也不应该有成见的前提下,我觉得两说的主张者对于现有重要材料的看法以及处理它们的方法的不同,似乎可以部分地说明这一情况。结合着对重要材料的看法和使用,我答复邓允建和陈毓罴两同志的《再谈曹雪芹的卒年问题》和《曹雪芹卒年问题再商榷》(均见一九六二年六月十日《文学遗产》)如下。

关于《懋斋诗钞》的编年

我认为《懋斋诗钞》的原本是个很原始的本子。如果不算敦敏写诗时随时所用的纸头或草稿本在内,它就是敦敏这一时期(由乾隆二十三年大约到三十年左右)诗的最原始本。因此,就这个原本而言,无论在编年或在排列一个年度之内的次序上,由于它是随写随抄上去的诗,其次序都不会轻易弄错。周汝昌先生所谓"严格编年,有条不紊",如果是指这个原本,我是完全同意的。可是,正如我已经说过的,原本是我们推论出来的,我们现在只能看到燕本。在燕本中,虽然有很多地方是原著者和批选者改动的,但的确有的地方有了调动,如《题画四首》,便已经不是原本的次序了。在这种情况下,我们必须承认:燕本只是"大致编年"。

可是,在理解这"大致编年"上,癸未说者和壬午说者有歧异,而这一异点正是证明《小诗代简寄曹雪芹》一诗是否写于癸未的关键。

在我看来,既是"大致编年"而不是"大致不编年",也不是只有一小部分诗是编年,那就应该是:除了确能证明"编"错的(其实只是后来的人安插错的)诗和有充分理由可疑的诗应分别定为"错置"和"存疑"外,所有其余的诗都是编年的,并且是严格编年的。如果具体处理这"所有其余的诗"中某些或某一首诗时,又不承认其为编年,那就等于自己否定了"大致编年"的看法。

在论证《小诗代简》并非癸未诗的时候,壬午说者一开始就否定了他们自己提出的这"大致编年"的看法。他们所举的《题画四首》确是错置了的。但在我看来,证明此四诗并非癸未年的诗,不能因而证明与它们毫无瓜葛的、包括在"大致编年"那部分诗中的《小诗代简》也不是癸未诗。须知这和我用《小诗代简》的近邻诗为癸未诗来证明《代简》也是癸未诗不同。因为,同是在承认"除确判为错置的诗和确实可疑的诗外,所有其余的诗都是编年诗"的前提下,说"其余诗"中某些或某首诗是编年无误诗,是可以的;说它们或它不是编年诗,是不可以的。这逻辑十分明显,无待多说。

等到我真的提出用那属于"所有其余的诗"中的某些与《代简》近邻的诗和远邻诗之为癸未诗来证明《代简》也是癸未诗的时候,壬午说者却又提出:(一)它的邻诗都不是癸未诗,(二)《代简》一诗有剪痕——意思是,它们不是原邻而可能是移来的邻居,因而不能用其邻诗为癸未诗来证明《代简》也是癸未诗。这种"两头堵"的办法,就是逻辑中所谓"进退维谷"的论证方法:(一)若邻诗不是癸未诗,你自然不能说《代简》是癸未诗;(二)若邻诗是癸未诗,而《代简》却有剪痕,它是从旁处移来的,因之,你也不能把它与其邻诗的年度,相提并论。

但这一意在使癸未说者陷于进退两难的论据,却也不难解决。关于邻诗不是癸未诗一点,壬午说者最近又提出《古刹小憩》、《过贻谋东轩……》以及《典裘》三诗都是庚辰诗,并从而作出《代简》也是庚辰诗的"结论"。在作出这样的推论的时候,他们完全忘记了,他们曾经为了另外的目的指出过《代简》一诗与其下一首邻诗之间,有"剪贴接缝"的痕迹因而不能与其邻诗的年代相提并论。除了这一矛盾之外,要紧的是,壬午说者从这"大致编年"的《诗钞》中的癸未诗里抽出以上这四首他们认为应当是庚辰的诗时,还忽略了以下两个应该注意之点:

(一)既承认《诗钞》原本是编年的(例外不算在内,即"大致编年"),那就非把(须据燕本,不能据影印本)从《古刹小憩》一直到《九日过东皋吊问亭将军》这十九个诗题(中间的《题画甲首》姑且除外)一并或集体地抽出不可。因为这十九个诗题的二十几首诗一直是上下叶毗连着的,直到《九日过东皋……》一诗的末句"词华愧后生",才与下页断绝了叶际瓜葛。而这种毗连和瓜葛,都是不应该任意分割开的。(须加说明:《题画四首》不计后,恰好原在燕本"卜夜拟宿松堂中"七字后的《题朱大川画菊花枝上一雀》一诗题与抽出《题画四首》那一整叶后下页的《题朱大川画菊花……》的本诗"此花称逸士……"毗连上了,所以此处也不能分割。)换言之,要移至庚辰,就必须把这十九个诗题二十几首诗集体地迁移,而不能无故抽出一两首个别地迁移。壬午说者或曰《代简》一诗后有剪贴接痕,不能算连接着的云云。那么,我们就应该仔细考查一下这剪痕是否不对口,如不对口,则《代简》自是可疑而和它上面及下面的诗都不能一例相绳了。可是,如果虽有缝而能对口,那就仍须一例看待。若此一诗来自他处而此处诗被移至旁处或废掉的话,则绝不可能对口。

(二)也必须给这十九个诗题的二十几首诗集体地在庚辰年度诗中找个"安身之处"才行。怎奈,庚辰年度诗虽不少,却也都是上下叶毗连瓜葛分割不开的。仅有两个地方好像有懈可击:其一是把它们安置在《春柳十咏》前面那几行空白中,其二是安插在《送和怡斋牧马塞上》这首自辟另叶与上叶《题携琴过桥图》一诗并无瓜葛的诗的前面。姑无论在开头、结尾处,这十九个诗题的诗迁到新居是否在行、页安排上对头,即仅仅以季度的次序而言，也接不上。例如，固然十九个诗题的前几首诗都是春天的诗，放在《春柳十咏》前面没有问题，但其末尾的诗是九月"九日"的秋天，与《春柳十咏》接不上。假如放在《送和怡斋……》一诗前面，也是前能合上而后合不上。因为在《题携琴过桥图》下加入《古刹小憩》等三四首诗虽然是可以的，但《古刹小憩》这十九个诗题的最末的九月"九日"诗，与《送和怡斋……》下一首《水南庄即事》的春日诗也接不上头。并且"水南庄……"下隔一首即《立秋前三日……》一诗，恐怕没有到九月九日才立秋的事实罢？

　　以上这些问题好像壬午说者并未认为是问题。若然，那岂不就等于口头上承认《诗钞》是"大致编年"，而实际上却把它当作"乱七八糟"的东西看待，这如何能令人信服？

　　虽然壬午说者在具体推论各诗年代时并未贯彻他们那"《懋斋诗钞》是'大致编年'"的看法，但癸未说者是在承认它是大致编年的前提下，始终遵守这条原则来考虑问题的。壬午说者可不可以先承认而后又不承认《诗钞》是"大致编年"呢？当然可以，但那就应该把讨论转入《诗钞》是否"大致编年"的先决问题上去了。

关于敦诚挽曹诗的年代

　　壬午说者对于考证雪芹卒年的新发展之一是对敦诚挽曹诗写年的变化——从承认它们是当初就有"甲申"纪年的诗到认为"甲申"二字是多少年后改诗时加上而且是加错了的。按挽诗写于甲申，本来是壬午说癸未说都一致承认的，现在却有了分歧。这也使讨论增加了困难。

　　我认为邓允建同志这一说法的论据是十分薄弱的。他所设想的那挽诗写、改的情况，也是令人怀疑的。

　　第一，我承张次溪先生见允，得以早就看到他所藏的《鹪鹩庵杂诗》。杂诗最大的可贵处在于保存了敦诚两首《挽曹》诗的初稿。由于它是分类抄录的，所以各诗一律都没有，也没有必要有纪年。但是这却丝毫不能证明：它所依据的敦诚自存的《四松堂集》中的各诗也都没有年代。相反，敦诚自己说"吾诗聊记编年事"，他的《诗钞》底稿本（现存北京大学图书馆）是严格编年的。因此，在《杂诗》中看不到《挽曹》诗两首初稿的写诗年代，并不能证明敦诚当初写这两首诗时就没有年代。因为是挽诗，在《四松堂集》的稿本中，如果它是挽雪芹那年的第一首诗，就更会注明年代；如果不是那年的头一首诗，其编年也更不会错误。因为，挽某年死的人的诗较之内容空泛的古意、咏怀以至题画之类诗，是更不易编错年代的。

第二，邓同志以《杂诗》所收最后的诗"最迟至甲午年"来证明杂诗编、抄于甲午或乙未，这是可以的。但是从而推论"直到乙未年，两首挽曹诗还未改写，且未署年代"，却是不妥的。一则如上所说，《杂诗》中的诗一律未抄纪年，不能证明二诗"未署年代"。二则也不能证明"直到乙未年，两首挽曹诗还未改写"。因为即使有了改的稿，而原稿也流传出去这个可能，并无理由给抹掉。并且，敦诚自改了挽诗后，自己又何尝不可以有两个抄自己诗的本子，一个只保存两首初稿，另一个只保存改后的挽诗，而《杂诗》的编、抄者抄的却是前一个本子呢？

第三，因此，壬午说者从《四松堂诗钞》的诗终于癸卯因之便是抄于甲辰这一假设，来推论敦诚改写挽诗是在"乙未至甲辰"之间，也就不是那么可靠了。这完全忽略了一个可能，即《四松堂诗钞》是根据敦诚只保存改后的挽曹诗那个本子抄的，而改挽曹诗却完全可以远在这以前，甚至在甲申正月写完了两首后，随即改写为一首的。只要有此可能存在，邓同志就不能得出那个结论。

总之，不能用这些来证明当初的两首挽诗没有注明"甲申"二字，也不能证明后改的挽曹诗必须写于乙未、甲辰之间，从而，也就无从假设"乙未距曹雪芹死已有十四年……甲辰有二十三年"，改时就"难保毫无错误"的想法了。

此外，关于敦诚挽曹诗的解释，那倒是自来就成问题的。不过壬午说者并未分清癸未说引用挽曹诗的主要和次要证据，而仅对次要的或辅助的证据加以反驳。比如，我在《质疑》一文中对"他时瘦马西州路，宿草寒烟对落曛"加以解释后,说道:"这里时间的关系是很清楚的:是挽刚刚死的人的诗。"对于这一怀疑经年余始葬说法的主要论据,陈毓罴同志只字未及,却只说什么我把"絮酒"、"生刍"的"典故看得太死了"云云。殊不知我在《质疑》中是先建立了主要论据,然后才用这些典故为辅证的。用典故虽然可死可活,但对典故的解释却要跟着包括这一典故的诗或文的主导思想和主要内容走,也就是说,要为后者服务。我用只有人刚刚死才能"挽"、"晓风昨日拂铭旌"、"他时……宿草"等等,已经证明雪芹死后即葬这一主要内容,我当然应该采用此二典"皆指初丧"的本意,才符合那个主要内容。这并非把"典故看得太死",而是原诗的主要内容不允许我把它们解释得太"活",尽管我同意典故有时是可以活解的。关于这一点,我觉得最近吴世昌先生的《敦诚挽曹雪芹诗笺释》一文,是值得参考的。

另外,关于用雪芹的活动情况帮助说明一些论点,我认为在没有新的有力的直接证据的情况下,不失为一种办法。我在《质疑》中用了两个例子。一个是庚辰本脂批《石头记》第二十一回批语"壬午九月,因索书甚迫"。在陈同志对我引用这一批语为辅证的指摘中,我觉得对"前数月"与"壬午九月"的关系的看法,原是可以商讨的。但关于是谁索书?索的是什么书?他就未免性急了些,而竟至"断章取义"了。索书的是曹雪芹,书是《石头记》。关于此点,见我在六月二十三日《东风》上答复吴小如先生的短文,兹不多赘。(见本书卷八第四篇的《"壬午九月索书甚迫"解——答吴小如同志》)另一个是《四松堂集》中的壬午年秋抄诗《佩刀质酒歌》。陈同志举出许多例子来"证明九月初也能有此景色"。但我却认为按照集中壬午年诗中那么多描写秋日的景象的诗的次序而言,按照该诗前已有深秋景象诗(如《西郊感事》中"落叶下寒原,飞霜杀枯草……",而该诗后接着就是《冬晓书怀》)而言,实在没有理由说这诗不是九月末的诗。值得注意的是:不但有这类雪芹活动的例子来帮助证明雪芹壬午年子殇的可能性小,而且还有证据能够帮助说明癸未年夏秋之际雪芹子殇的可能性很大。据我所知,曾次亮先生就掌握了雪芹子殇于癸未的可能大的证据。未敢掠美,先泄露一点玄机:他考出癸未年夏秋之际北京地区的痘疹流疫甚剧,小儿殄者几半城,敦氏一门就有五个人相继死亡。既有壬午秋雪芹子殇的不大可能,而癸未又大有可能,加上《代简》写于癸未,挽曹诗写于甲申,又非隔一整年多才葬,那么,雪芹不死于癸未死于哪年呢?

关于脂批的使用

对于重要材料的脂批,至少我个人的看法与壬午说者的看法,是不同的。从文学批评的观点估价脂批,有的同志前些年已经做过,在这方面,我不能赞一词。脂批在文学欣赏与批评上的价值,与我们知道或不知道的批者是什么人这个问题,关系不大:知道了最好,不知道也无关宏旨。但是要利用某些资料性的脂批来作历史考据的证据,那就必须先确定这些资料的可靠性如何,是什么人批的?他或他们和曹雪芹有什么关系?在哪一年批的?在什么情况下批的?这些都是使用一项历史资料之前必须解决的问题。其中第一个问题尤其是关键性的重要问题。不解决它,其余的问题都很难处理。即使从某条批语中能看出时间、地点和情况的特征,但由于"究竟是谁批的"尚未解决,也就局限了该条批语用途的限度。

几年以来,对于解决脂批的批者是谁,曾经有过不断的探讨。解放后出版的《红楼梦新证》就首先努力过。最近值得注意的是《红楼梦探源》(用英文写的)作者吴世昌先生的研究结果。他的"脂砚斋是雪芹的叔父曹硕"这个结论与较早的传说(如裕瑞)吻合,这是可以重视的。但吴先生的中文稿还未脱稿,无法得窥其详细论据。

在不确知脂砚斋是谁的情况下,使用脂批作历史考证的材料,只能把它当作旁证或辅证。只能在有了其他证据的前提下,引用脂批来"助一臂之力",而这也的确会增加些力量。但要以脂批为证明重要问题的"孤证",那可就是本身"身份不明"的脂批所"力不能胜"的任务了。壬午说的唯一根据——"壬午除夕,书未成,芹为泪尽而逝",就恰恰是这样一个孤证。特别是由于有癸未说的反证,我们有理由也合法地要求:这条脂批

"孤证"必须提出证明他自己的合法身份的另外证据。使用这条脂批的人光说"看口气批者和雪芹的关系是这样那样亲密",这是不行的。如果无法证明这条孤证的可靠性,那就只好把它当作辅证,而另外找出"雪芹卒于壬午"的主要证据才行。当然,我也引用脂批作证,但我却是拿它作为辅助证据的。那就是说,取消了它,无大损于主要证据;有了它,却增加些力量。这和主壬午说的同志对待脂批的态度是不同的。这不同,也是两种主张不能接近的原因之一。

最后我认为既然在对以上几种有关卒年问题主要材料的看法上都有很大的差异,似乎就应该用其他方法(而不是公开讨论)让大家对这些先决问题的看法先取得一致。否则先决问题和一些有关的细致问题搅在一起,那讨论不但会使读者眼花缭乱,就是讨论者们也会感到很难有效地进行下去了。

一九六二年七月二日。

(原载《文学遗产》第四二二期)

卷六　有关曹雪芹诗文考略

第一篇
敦诚挽曹雪芹诗的两首初稿
——乾隆抄本《鹪鹩庵杂诗》和《四松堂诗钞》的发现

《四松堂集》是一部流传极少的书。一九五五年文学古籍刊行社出版了《四松堂集》刊本的影印本，给读者以很大的方便。但刊本的《四松堂集》并没有把敦诚的诗完全收入。比较完全的本子则是北京大学图书馆藏的《四松堂集》付刻前的底稿本。底稿本除了包括全部刊本的诗文以外，还有未刊的诗。这些未刊的诗，可能是敦诚死后他的堂弟桂圃（即宜兴，是他的从堂弟）为他刻集时，和他的哥哥敦敏商酌删掉的。这个底稿本的另一个好处是在书的上端用干支注明了写诗的年代。

另外，我在一九五六年和一九五七年又连续发现敦诚诗的两个抄本，一个是《四松堂诗钞》，另一个是《鹪鹩庵杂诗》，其中都保存着影印本《四松堂集》未收入的许多诗。现在将两书的情况，分述如下。

一九五六年五月，我见到抄本《四松堂诗钞》一册，这个抄本是北京西单北灵境胡同口外鼎古斋店主送到我家里的，原藏者是一位姓王的。那个店主代索价五十元，我未买下，后归文学研究所。这个抄本是用竹纸抄写的，纸已经黄暗并且很脆了，同我一九五四年看到的《懋斋诗钞》抄本的纸张完全一样。从各方面看，可以断定这是一个乾隆时的抄本。抄本的字迹像敦诚的字，但不能十分肯定。因为我只有敦诚《鹪鹩庵笔麈》的行书手稿，没有见过他的楷书。但这个抄本却是很重要的。

抄本只抄到敦诚乾隆四十九年（甲辰）的诗，则此抄本很可能是甲辰年的抄本。当时敦诚年五十一岁。其中保存着刊本删落的诗共有三十五个题目，以诗而言，却有三十九首诗，抄本注明了作诗的年代。我们借这个抄本得知敦诚从乾隆二十二年（丁丑）到乾隆四十九年（甲辰）诗的写作年代。我们比较抄本诗的次序和刊本诗的次序，发现很少的变动，即使小有变动也是在本年之内的次序颠倒，并没有跨年变动次序的例子。因此，我们可以说，敦诚的《诗钞》是比较严格地编年的。再看他的自白"吾诗聊记编年事"（见《四松堂诗钞》）一语，更可证明。

由于有这一严格编年的诗钞，加上敦敏写的《敬亭小传》（见刻本《四松堂集》卷首）以及《懋斋诗钞》、《神清室诗稿》、《延芬室集》中有关敦诚的事迹，我们就能比较详细地知道敦诚的生平。由于有关曹雪芹的传记材料非常缺乏，也由于敦诚和曹雪芹密切的友谊关系，所以，我们对敦诚、敦敏知道得愈清楚，对我们了解曹雪芹也就愈有帮助。根据曹雪芹和敦诚接触的年代及其他一些具体事实，我们可以间接得知雪芹许多活动的年代和情况。根据曹雪芹的朋友们的有关著作，来考证曹雪芹的生平，以前的研究者们所下的功夫不多，而这又确实是一项可以做出些成绩的工作。

《鹪鹩庵杂诗》抄本是一九五七年六月张次溪先生借给我的。从纸张上看，这也是个乾隆抄本。抄本第一页署"鹪鹩庵杂志"，题下有"卢文弨撰"墨印楷书四字，应该是卢氏用自己写作的本子，来抄录了敦诚的诗。大概卢氏原想抄敦诚的《鹪鹩庵杂志》，亦即《笔麈》，后来不知为什么又改抄杂诗了。这个抄本第一页原题虽作"鹪鹩庵杂志"，但实际上却连一条"志"也没有，全是诗。因此我后来引用时，即署"鹪鹩庵杂诗"。从前的一粟、现在的周汝昌同志（看新版《红楼梦新证》），对此都有"纠正"。但实际上是"纠"而"不正"，因为原题虽是"杂志"，实则纯是"杂诗"。故我仍称"杂诗"。卢文弨字召弓，号抱经，浙江仁和人，生于康熙五十六年，死于乾隆六十年，比敦诚还多活三年。卢文弨同孔继涵很熟，孔死后，卢为他写过哀辞。按孔继涵即孔梅溪，亦即《红楼梦》第一回中的东鲁孔梅溪。敦诚的诗，在宗室诗人中，是很有名的，故卢文弨抄他的诗，并不奇怪。这个抄本因为没有敦诚很晚的诗，当系敦诚在世时抄出传阅的。诗是分类抄的，没有年代，虽然这是一个缺点，但它保存前此各本所未见的诗，却有二十九个题目之多，因此是很可贵的。

用《鹪鹩庵杂诗》来校读刻本《四松堂集》，可以看出许多诗都有异文，也可证这是一个流传较早的本子。凡是有关曹雪芹诗的异文，我在这里都转录下来。《杂诗》中许多诗都是考订敦诚生活情况的好材料，但最使人兴奋的却是两首《挽曹雪芹》诗初稿的发现。对于考证曹雪芹的生平说，《鹪鹩庵杂诗》是很有用处的。

以下想根据我个人的浅见，把《四松堂集》所未收入，但见之于各抄本的诗的价值，略加说明。

（一）乾隆二十六年敦诚的《赠曹芹圃（即雪芹）》一诗，不见于刻本的《四松堂集》。今天大家引用它都是从前人有关《红楼梦》考证的文章中辗转传抄来的。其实，这首诗原见于《四松堂集》底稿本。诗云：

> 满径蓬蒿老不华，举家食粥酒常赊。
> 衡门僻巷愁今雨，废馆颓楼梦旧家。
> 司业青钱留客醉，步兵白眼向人斜。
> 阿谁买与猪肝食，日望西山餐暮霞。

我所发现的抄本《四松堂诗钞》和抄本《鹪鹩庵杂诗》中，却都有这首诗。惟第七句有异文，而作"何人肯与猪肝食"。由《四松堂诗钞》可知这首诗是乾隆二十六年秋天写的。年代是由抄本直接可以看出的。秋天，由诗中"满径蓬蒿老不华"句可见，由刊本下一首诗中有"枫叶芦花作雨声，西风双雁破秋清"句，也可证明。敦敏在乾隆二十六年也有一首《赠芹圃》诗。诗云：

> 碧水青山曲径遐，薜萝门巷足烟霞。
> 寻诗人去留僧舍，卖画钱来付酒家。

> 燕市哭歌悲遇合，秦淮风月忆繁华。
> 新愁旧恨知多少，一醉酕醄白眼斜。

据我所发现的《懋斋诗钞》原稿本和影印的《懋斋诗钞》（原本我后来为文化部代购下，今藏北京图书馆），此诗末一句作"一醉酕醄读楚些"，后粘改为"一醉酕醄白眼斜"。《红楼梦新证》作者周汝昌同志说：此二诗由于（1）题同、体同，（2）韵同、内容同，断为同时作；又谓：看其皆说"门巷"，又云"留客醉"，可知是敦敏兄弟二人同访雪芹于其家同饮留赠之作。（见《新证》旧版四三二页。）这个推断是对的。按敦敏此诗中所说的"碧水青山"，显然也是北京秋日的景象。由敦敏这诗下面的一首诗中有"秋风乡味重"之句（见《懋斋诗钞》五七页）也可证明是秋天。

敦诚《赠曹芹圃》一诗中"步兵白眼向人斜"，人们已经知道是描绘雪芹为人态度之句。"满径蓬蒿"，"衡门僻巷"，"举家食粥"，也早成了雪芹居处简陋、生活艰困的证据。"日望西山"，即白家疃一带的西山，这可以说明当时雪芹住的所在。"司业青钱"一典，出于杜甫《戏简郑广文虔兼呈苏司业源明》一诗。诗云："广文到官舍，系马堂阶下。醉则骑马归，颇遭官长骂。才名三十年，坐客寒无毡。赖有苏司业，时时乞酒钱。"郑虔很穷，赖有苏司业时常送给他酒钱，他才吃得上酒。敦诚这句诗引用苏司业这个典故，说明雪芹的情况穷困有类似苏司业那样的朋友送给他钱沽酒。

（二）《挽曹雪芹》一诗向来是考曹雪芹卒年的重要材料之一。该诗见于《四松堂集》底稿本，但不见于刻本和《熙朝雅颂集》。现在，我看到的《四松堂诗钞》和《鹪鹩庵杂诗》中却都有这首诗。可贵的是这首诗在《四松堂诗钞》中，明白标注着是甲申年的诗，而且还是甲申年的第一首诗。由下面接着的一首诗《遣小婢病归永平山庄未数月闻已溘然淹逝感而有作》中所云："……一路关河归病骨，满山风雪葬孤魂。遥怜新土生春草，记剪残灯侍夜樽。……"又可证明挽曹诗确是写于癸未除夕之后的甲申早春某日。但最可贵的却是《鹪鹩庵杂诗》中保存了两首《挽曹雪芹》诗。那两首挽诗是：

四十萧然太瘦生,晓风昨日拂铭旌。
肠回故垅孤儿泣(原注云:"前数月,伊子殇,
因感伤成疾。"),泪迸荒天寡妇声。
牛鬼遗文悲李贺,鹿车荷锸葬刘伶。
故人欲有生刍吊,何处招魂赋楚蘅?

开箧犹存冰雪文,故交零落散如云。
三年下第曾怜我,一病无医竟负君。
邺下才人应有恨,山阳残笛不堪闻。
他时瘦马西州路,宿草寒烟对落曛。

前一首,除第五句第六句和流传的《挽曹雪芹》诗相同外,其余各句均有小异。无疑地,流传的挽诗是比较晚的定稿,而上面第一首挽诗是初稿。可注意的是,两次稿中的第一句都有"四十"的字样。流传的挽诗中作"四十年华付杳冥",上述第一首挽诗则作"四十萧然太瘦生"。稿凡两易,却始终不放弃"四十"一词,考曹雪芹的生年卒年时,这一情况似仍值得推敲。从"晓风昨日拂铭旌"一句诗可见敦诚的挽诗是癸未除夕雪芹死后刚刚过了年到甲申正月送葬时所作,距雪芹死期是极近的。因此,流传的《挽曹雪芹》诗在《四松堂诗钞》中才标明是"甲申"年的第一首诗。事实上,这也可能是敦诚在乾隆甲申年正月初八日所作的本年第一首诗。俞平伯先生在《曹雪芹的卒年》(见《文学遗产》第一期,一九五四年三月一日《光明日报》)一文中,用较早流传的《挽曹雪芹》(甲申)诗末句"絮酒生刍上旧坰"中的"旧坰"来反对雪芹卒于癸未除夕之说,不但他对"旧坰"的解释有错误(参看一九五四年四月二十六日《光明日报·文学遗产》第五期曾次亮先生驳俞的文章),而且他猜测挽诗隔了一年的时间才写,也是不对的。

后一首一向未被发现的挽诗其重要性更大。

"开箧犹存冰雪文"中的"冰雪文"可能是敦诚辑存故友诗文遗墨的《闻笛集》中的雪芹的诗文书简,也可能是指敦诚所藏《红楼梦》的抄本。

"三年下第曾怜我"初读之,不可解。详审有关敦诚材料后,始知敦诚大概在乾隆二十年参加宗学岁试考试以前,还参加过三次什么考试,但都失败了。《鹪鹩庵杂诗》中《冬晓书怀》云:"……二毛未上鬓,廿九非云老。胡为不自量,磊落负怀抱?三次藐大人,再蹶嗤群小。猿鹤相轻嘲,松竹几枯槁。……"按此诗写于乾隆二十七年,时敦诚年二十九岁,是追溯往事,而所谓"藐大人"一语,则出《孟子》。雪芹在乾隆二十年以前是和敦诚有过从的(见本书卷四第一篇《曹雪芹和右翼宗学——"虎门"考》),当时他对敦诚的考试失利,深致同情之意,故敦诚此诗云"三年下第曾怜我",而雪芹"一病"竟至"无医",这其中可能也包括着一些无法确知的事实。如雪芹无力就医,敦诚又因故未能及时帮助雪芹请医,因而自己感到有"负"故友,深为遗憾。末二句"他时瘦马西州路,宿草寒烟对落曛",和前一首的第二句"晓风昨日拂铭旌"合起来看,再联系传说,雪芹当是死后即葬于北京西郊寓处附近的。"西州路"一词在敦诚诗中屡见,系引用《晋书·谢安传》故事。《谢安传》载:安病还都,"舆入西州门(中略)。羊昙者太山人,知名士也,为安所爱重。安薨后辍乐弥年,行不由西州路。尝因石头大醉,扶路唱乐,不觉至州门。左右白曰:'此西州门。'昙悲感不已,以马策扣扉,诵曹子建诗曰:'生存华屋处,零落归山丘。'恸哭而去。"敦诗写在雪芹死后葬时,说将来(即"他时")策马出郊不能再见故人,不过"宿草寒烟对落曛"而已。"宿草",据《礼记》中《檀弓》"朋友之墓,有宿草而不哭焉",当然是指雪芹茔墓所在之地。我从前从情理上推测雪芹贫甚,他的葬处不会在东郊,而是在西郊居处附近,似可得到证实。

(三)《四松堂诗钞》中的"荇庄过草堂命酒联句即检案头闻笛集为题是集乃余追念故人录辑其遗笔而作也"这一联句,我们从前既不知道它的年代,也没有看到它的全文。只有从《红楼梦新证》中抄引这个题目以及有关雪芹的两句诗。《新证》作者在早年看到过《四松堂集》底稿本。现在由《四松堂诗钞》也可知此诗作于乾隆四十五年(庚子),雪芹已死十七年后的"岁暮",即过旧历年之前几日。因此诗前一首是《岁暮宿村寺中怀感不寐挑灯感赋二首》,甲辰抄本《四松堂诗钞》并有注云:"时腊月廿四日也",可证联句是写于腊月廿四日之后的。

在这个联句中,讲到"我辈漫相评"之后,开头就提到曹雪芹,说他"诗追李昌谷",后来又说他"狂于阮步兵",可见雪芹的诗在敦诚朋侪中的地位和朋友们对他的观感。

此外,联句中也谈到敦诚的其他许多朋友,如秀岩、龚紫树、周立崖、璞翁(即席特库)、罗介昌、复斋、寅圃、明益庵、贻谋等人中的一些人大都可能与雪芹相识。复斋名吉元,寅圃名敏诚,两人都是右翼宗学学生。明益庵即明仁,是怡亲王弘晓的姐丈。贻谋、汝猷都是敦诚之弟,周立崖是敦诚之父瑚玏的朋友。他们都同敦诚常有过从。试观敦诚在乾隆四十四年《寄大兄》一信中说:"每思及故人,如立翁、复斋、雪芹、寅圃、贻谋、汝猷、益庵、紫树,不数年间,皆荡为寒烟冷雾。曩日欢笑,那复可得!"又《哭复斋文》:"未知先生与寅圃、雪芹诸子相逢于地下,作何言笑?可话及仆辈念悼亡友之情否?"看这种口气,雪芹生前似应和他们都是认识的;否则雪芹同他们也不会"相逢于地下"在一起谈论活着的人的情况了。

由于敦诚和明益庵相熟,又可推测他和明益庵的弟弟明我斋(义)也认识,因为据《随园诗话》的舒批,明义是明益庵的胞弟。明义的《绿烟琐窗集诗选》中,有《寄益庵兄》一诗,其末二句云:"谁怜老母萧萧发,日望南军涕泗垂。"我这个推测终于在《四松堂集》刊本中得到证实。在甲辰以后不知何年诗《答念园即次来韵》一首中,敦诚诗有云:"无波舫(原注:'念园斋名')里得相逢,又听环溪万壑松(原注:'我斋园',裕按:即环溪别墅,又称三贝子花园,亦即今天北京的西郊公园)。"可证敦诚和明我斋也是有过从的。重要的是,这是明我斋通过敦氏弟兄和曹雪芹认识的一个线索。曹雪芹是否与写《题红楼梦》二十首诗的作者明义相识的问题,请参看本卷第四篇《明义的〈绿烟琐窗集诗选〉及其〈题红楼梦〉二十首诗》和卷七第二篇《现存己卯本〈石头记〉底本来源的推测——弘晓和曹家、曹雪芹及敦诚、墨香、明义等〈石头记〉早期抄本收藏者的关系》。

（四）《四松堂诗钞》中还有两首比较重要的诗。一是乾隆二十三年的《岁暮自述五十韵寄同学诸子》，二是乾隆四十八年的《寿伯兄子明先生》。写《五十韵》时敦诚二十五岁，因诗中有"过此二十六，老大益增忧"之句。乾隆二十三年敦诚正在松亭司分榷事。年底曾回北京，《五十韵》就是那时写的。翌年正月又匆匆回松亭。我在本文一九五七年的初稿（见《有关曹雪芹十种》）中，曾经有如下的推测：

  这一年敦敏从山海关回到北京，据乾隆二十五年敦敏诗说他和曹雪芹"别来已一载余矣"，那么敦敏在这一年和曹雪芹是会过面的。敦诚于这一年（指乾隆二十三年）正月再赴松亭司分榷事，在岁暮回北京写《五十韵》时，也有和雪芹见面的机会。（《十种》，十一页）

由于一九七一年敦敏的《瓶湖懋斋记盛》手抄本的重要发现，可知我推测二十三年敦敏与雪芹曾会过面是对了，因《记盛》一稿说明在这年的腊月二十四日雪芹曾到懋斋同许多人聚会（详看本书卷二第二篇《〈南鹞北鸢考工志〉的附录敦敏〈瓶湖懋斋记盛〉残文校补》）。敦诚则因滞留松亭，未得参与，直到快过年时他回北京，过了年后又匆匆回松亭。他这次回北京并没有和雪芹见过面。因此，我说他"也有和雪芹见面的机会"是错了。

《五十韵》这首长诗关于敦诚二十五岁以前的重要事迹几乎都叙述到了，可与《四松堂集》卷首敦敏写的《敬亭小传》合看。《小传》是旁人的叙述，此诗则除自述一些事实外，还写出了他在每个时期对一些事情的看法。这都是写比较详细的敦诚传记的有用材料。

《寿伯兄子明先生》一诗写于雪芹逝世后的二十年，涉及敦敏的儿、孙、女、婿在他的生日的欢聚，本不重要；但此诗中"先生少壮时，虎门曾翱翔。文章擢巍第，笔墨叨恩光。当年工射策，至今宗署藏"诸句，却对解决自一九二二年胡适的《红楼梦考证》以来没有解决的"虎门"问题，很有帮助。我的看法已在本书卷四《曹雪芹和右翼宗学——"虎门"考》中说明。

（五）有些诗可以看出敦诚的生活情况。如由《鹪鹩庵杂诗》中的《携家住南村作》可知他还有"婢媪五六辈,僮奴六七人"。他在所谓"南甸"还有个山庄,有"茅屋八九间"。田呢,"况有负郭田,宁止二顷耘?"又敦诚的住处西园,据他的《四松堂记》一文,可知即是瑚玎预告后住的所谓"城西第"。只据"城西第"一词,还不知道究在城内或城外。但敦诚有出游《归晚为严城所限不得入》的诗,有《饮晚未得入城》的诗,最明显的是有《携家住南村作》中说的"□□出城闉"一句诗,可见西园是在城内。由敦诚诗中屡称槐园为"南园",如"湖上南园听雁鸿"下注云"兄家槐园在太平湖侧"等,又可知西园在宣武门之北。西园所在地十分静僻,据《鹪鹩庵杂诗》中之《嵩山寄诗次韵答之》一诗里面的"僻巷希闻雷走车,地偏吾亦爱吾庐"二句,似乎可以证实他确住在不甚繁华的西城根一带。《冬晓书怀》、《携家住南村作》二诗中还有许多诗句是表明他的志趣的。

《四松堂诗钞》和《鹪鹩庵杂诗》以及《四松堂集》付刻前底稿本中不见于影印本《四松堂集》的诗文,我都抄存在本书的附录里,供研究者参考,因为这三种稿本都是不容易看到的。

> 写于一九五四年夏,一九五七年六月二十五日、一九七二年六月二十八日改稿,一九七六年七月八日据新发现的材料,略加增删于沙滩。

第二篇
敦敏的《懋斋诗钞》稿本考

《懋斋诗钞》是敦诚的哥哥敦敏的诗集，对于研究曹雪芹的生平是很重要的材料。敦敏和雪芹有许多酬唱的诗都收在里面。由《诗钞》中所纪的年代及当时他们这般朋友之间的思想和气氛，也可以使我们对于曹雪芹增加一些理解。

《红楼梦新证》作者引用的"秘笈"《懋斋诗钞》，是前燕京大学所藏的一个抄本。这个抄本，据邓之诚先生告诉我，当初胡适考《红楼梦》时，曾托陆志伟先生问他有没有这本书。邓先生说他自来就厌恶胡适，所以他明知这个抄本收藏在燕京大学图书馆里，但没有告诉他。后来却被周汝昌同志在一九四七年发现了，周所看到的本子只是个一般的抄本，不是著者手抄本。抗日战争胜利以后，这个抄本以及其他与研究曹雪芹有关的材料，如永忠的《延芬室集》、书诚的《静虚堂集》，等等，都不见了。

一九五四年盛暑之际，在参加了北京市的普选工作之后，我全力奔走访求有关曹雪芹的资料，竟然在写《八旗艺文编目》的恩华氏（已故）家里发现大批乾、嘉之际的满洲人著作，其中还有许多手稿。《延芬室集》、《春柳堂诗稿》、《懋斋诗钞》等都在里面。全部书籍二千八百余册，都由郑振铎先生嘱我代洽售与文化部，现归北京图书馆收藏。一九五五年九月，文学古籍刊行社曾把《懋斋诗钞》原稿本影印行世，现在就原稿本，略加考订如后。

《懋斋诗钞》竹纸抄本一册。由纸色觇之，当是乾隆抄本。第一页有燕野顽民的题识。题识署"壬戌仲春二十九日"，"壬戌"大约是同治元年。据题识，《诗钞》原为蕴辉阁藏。最后的私人收藏者是蒙古巴噜特恩华（字詠春）氏。《诗钞》第一页三个图章中，"詠春"即恩华。"砺堂"姓蒋名攸铦,字颖芳,砺堂是号,辽阳人。生于乾隆三十一年,卒于道光十年,《清史稿》有传。蒋砺堂和长白伯麟友善,伯麟的《退思斋吟草》有《秋日同倪松泉山长蒋砺堂方伯蒋培元廉访泛西郊观稼小憩近华浦和砺堂方伯原韵二首》。昭梿的《啸亭杂录》卷三《古史笔多缘饰》条曾说"蒋砺堂(攸铦)之廉名素著"云。"臣本布衣"一章,王利器同志据印泥颜色谓为敦敏自己的图章。近读蒋砺堂所藏的《退思斋诗钞》,其中也联用"臣本布衣"及"砺堂"两个图章,可见"臣本布衣"一章也是蒋砺堂的。敦敏是爱新觉罗氏,不可能自称"臣本布衣"。"燕野顽民",不知为何许人。

燕野顽民说《诗钞》"自乾隆二十九年戊寅起,至三十一年庚辰止",是很错误的。第一,乾隆二十九年并不是戊寅,三十一年也不是庚辰。他把干支和纪年给弄错乱了。第二,细察《诗钞》中的诗篇,实际上乃是起于乾隆二十三年戊寅,而终于乾隆二十九年甲申。

《诗钞》中的诗,据敦敏的《小序》说,是始于乾隆二十三年的戊寅,也似乎暗示终于乾隆二十八年的癸未。《小序》虽云:"癸未夏,长日如年;偶检箧衍,数年得诗若干首。……书此以代异日卜居左券。"但是,实际上抄诗却是始于戊寅的。开卷第二首诗《谒三忠祠》即戊寅年所作。三忠祠在沙河之景忠山,敦敏曾在本年和他的弟弟敦诚、汝猷及王植三等登过景忠山,游过三忠祠,而且曾"以诗纪之"。《小序》中,敦敏又暗示终于癸未,亦即有癸未年抄的诗,自然好像是终于癸未了似的。事实上,也不是这样。据我所看到的原稿本《诗钞》,"癸未夏,长日如年"句中的"癸未"二字是后粘上去的,原来本作"庚辰夏"。这就奇怪了。我们细检《诗钞》,编年次季,大体不差。癸未年以后诗,又另有一个春夏秋冬的次序。始知庚辰确是开始抄诗的一年,也就是写《小序》的一年,抄到癸未,自己觉得原序说庚辰抄诗,乃竟抄到癸未,未免可笑,遂把庚辰二字粘改为癸未。殊不料癸未之后,又抄上一些甲申的诗,也就不暇以"甲申"二字再来粘改癸未了。可见《诗钞》中所有的诗都是庚辰以来历年陆续抄上去的,抄到甲申为止。从《诗钞》各年的笔迹差别上,大体上也可以看出来。所以,《诗钞》终于甲申,即乾隆二十九年,可无疑义。

《诗钞》并没有包括敦敏所有的诗,是残本。关于这一点,燕野顽民已认为敦敏的诗"约不止此",并指出是"残本"。恩华在他的《八旗艺文编目》中也以"残抄本"著录。我们再举出《诗钞》是残本的两个理由。

第一,《诗钞》起自乾隆二十三年,止于乾隆二十九年,那么,二十三年以前的诗和二十九年以后的诗,当然没有包括在内。乾隆二十三年以前即敦敏三十岁以前哪里会没有诗?不但应该有诗,而且还应该包括着与曹雪芹酬唱更有助于我们了解曹雪芹生活情况的诗。乾隆二十八年以后,即敦敏三十五岁以后一直到他死的嘉庆元年这三十一二年中,也哪里会没有诗?而且在《延芬室集》稿本和《神清室诗稿》中,明明有这一时期敦敏和永忠、永𢣂唱和的证据,但那些诗却都不见于《诗钞》。

第二,《熙朝雅颂集》收了敦敏将近三十首诗,其中竟有二十五首是《诗钞》中没有的,也可见《诗钞》是残本。

可是,《诗钞》却是很可宝贵的敦敏手稿。恩华认为它是"残'抄'本",是不对的。燕野顽民固然说它是"草本",但不知道他根据的理由是什么。我认为《诗钞》是敦敏誊清的手稿,有以下的理由。

(一)《诗钞》末页行书《水阁山庄》、《溪桥策蹇》和《云岩凫影》三诗的字迹和《鷦鷯庵笔麈》封皮敦敏的字相较,知是敦敏的手迹。这三首诗当是作者由他另外的底稿本剪粘者,这由原本可以看出是剪粘的条子。此外,《鷦鷯庵笔麈》手稿封皮上所写"望桂圃弟可将此册内数条转烦汤老先生抄出,附入《鷦鷯庵笔麈》后,此系末年所作也"数语的字迹,和《懋斋诗钞》中七十七页《小雨访天元上人》以及二十六页《春柳十咏》及《小序》的字迹,显然是一个人写的字,尽管所写的时间不同。《诗钞》大体写于乾隆二十九年以前,而上引《笔麈》数语则写于嘉庆元年。这都是最主要的证据。

(二)《小雨访天元上人》七字以及《春柳十咏》及其《小序》,"十咏者镇国将军嵩山次苏雷岩韵作也。讽咏之余,不觉技痒,然二作在前,又恐意涉雷同,爰分十种,仍次原韵"。又《隋堤》共四十九字,和《诗钞》中其他各诗的笔迹,也都是一个人写的;只是在不同的时间,并且使用了不同的笔而已。又，《小序》中把《诗钞》原抄的年代"庚辰夏"粘改为"癸未夏"；《赠芹圃》一诗中之"一醉酕醄读楚些"粘改为"一醉酕醄白眼斜"，当然更是作者自己粘改的了。

（三）可以作为极其有力的辅证的是：用敦诚的《鹪鹩庵笔麈》手稿十三则来证明《诗钞》的眉批是敦诚的手迹。如《水南庄》一诗眉批云"入画"，《官道》一诗眉批云"婉而多风"，《村柳》诗中写村柳句上眉批云"恰是村柳，移他处不得"，《草屦次韵》一诗眉批云"工细不入纤巧，妙极"，《陶然亭饯秋园先生》一诗眉批云"意远"，等等，都可以看出是敦诚的字。特别是《二月十五日过松轩忽忆去岁亦此日同敬亭贻谋大川小集松轩用阮亭集中韵各赋七律一首转瞬一年矣因用杜句花枝欲动春风寒分韵余得花字》一诗的眉批"璞玉未刻，浑然天宝"（裕按：现影印本作"军然天宝"，"军"字是"浑"字，原来的"氵"因纸脆脱落了。我藏有未脱落"氵"时的"璞玉未刻，浑然天宝"八字的照片可证）八字的笔迹和《鹪鹩庵笔麈》第十三则中的"红烛薰天"四字，完全相同，确证是出一人之手。

（四）用眉批的字迹及语义二者辅证：《戏赠敬亭山居》（裕按："敬亭"即敦诚）的第二首中"千崖恨不接蓬莱，巀嶭游踪亦壮哉！我笑振衣长啸客，月明骑鹤有谁来？"的末二句上有眉批云"谑我亦佳"，不但字是敦诚的，而语义也是在说："就是和我开玩笑也是好的！"这不是敦诚的语气是谁？结合这样的批语，再看《遇朱大川（渊）登酒楼各话旧游感成长句》中"击筑未妨高士节，雕虫深悔壮夫谋"在"深悔壮夫谋"数字旁批有"同一感慨"四字。这也是敦诚的"感慨"，敦诚的笔迹。

由于上述这些，我们断定《诗钞》是经过敦诚手批，有些字句是改过了的敦敏的手写本。由眉批中有"选"、"抄"等字样，而有些诗并有被整个删掉的情况，可知《诗钞》还是另一个真正选本所根据的底稿本。删有用笔勾掉和剪掉两种，疑均非作者自己莫办。《诗钞》虽然不是敦敏全部的诗集，但照上面的情况，也是十分值得珍视的了。可惜影印本没有把原本的某些特点保存下来，如粘改和脱落之处等等。

写于一九五四年十二月。

第三篇
新获《延芬室集》底稿残本
——永忠吊曹雪芹三首诗的发现

远在一九三二年,侯堮先生就对于永忠的《延芬室集》中有关于曹雪芹和《红楼梦》的材料做过研究,见其所著《觉罗诗人永忠年谱》,载《燕京学报》第十二期。据他一九五四年六月二日见访时对我说,他当时看过两个本子,都是永忠自己手抄的。其中之一,比较完整,而且装订精致,归燕京大学图书馆收藏。另一个本子有残缺,并且没有装订,是书贾送到燕京大学图书馆想出让的。前一种本子据说已于抗日战争胜利前,被日本军阀攫去。后一种本子,因燕大当时未买下,后归《八旗艺文编目》的著者恩华,直到一九五四年冬,我发现后才介绍由文化部购下,现藏北京图书馆。

永忠字良辅,又字敬轩,号臞仙,亦称蘂仙。他生于一七三五年即雍正十三年,死于一七九三年即乾隆五十八年。他是康熙第十四子胤禵的孙子,多罗贝勒弘明的儿子。他能诗、工书、善画。昭梿在《啸亭杂录》卷二中说他"诗体秀逸,书法遒劲,颇有晋人风味"。当时人很喜欢他的字和画。求他写字绘画的人,多到使他应接不暇,以致他竟不得不写出一篇《拟辞书画扇告白》,想加以谢绝。他幼时就十分聪颖,为他的祖父胤禵所爱重,使他和当时一些宗室的文人及剩山和尚等接触,这对于他以后的思想是很有影响的。他曾做过宗学总管、满洲右翼近支第四族的教长,并封授辅国将军。永忠当然是统治阶级内部的人物。他的祖父胤禵和胤禛(即雍正)的政治斗争失败后,由于他们是同一生母的弟兄,雍正没有杀他而把他禁锢起来,直到乾隆时才被释放。弘明在乾隆朝也终身不得一实职。他闲得无聊到给他的几个儿子各制一套棕衣、帽、拂。他死后永忠体会到他的用意,遂自号栟榈道人。实则,他这是要远避名场,保全身首之意。永蠹在他的《神清室诗稿》上卷中,曾有《栟榈道人歌》一诗。大概永忠目击并且体验到统治阶级内部那种凶残斗争的事实,又与剩山这类人接近,他的人生观遂变得消极。因此,他遂终生以诗、酒、书、画、禅、道为自己主要生涯,晚年妻亡子殁,他描绘自己说:"茕茕老鳏,亦可怜人也。"(见《延芬室集》底稿残本一七七六年跋壬辰以来诗。)他虽然被封授辅国将军,但他对于他的先人在政治斗争中遭受残害的"旧恨",是不能因为得到了这种散爵的"新恩"而忘怀的。他在封授辅国将军这一年诗的手稿里面的封皮上,就有这样一首字迹潦草的诗:"过去事已过去了,未来何必预商量;只今只说只今话,一枕黄粱午梦长。"从这里,我们可以看出他当时的心情。这种情绪贯串着他整个的生活,因此也就影响了他的诗。即使他是个十分谨慎精细的人,在他的诗中,也不免渗透了若干这种情绪。

《延芬室集》对于考订清史,对于了解当时宗室文人们的生活及思想,都有很大的用处。关于这些,请参阅上述侯堮先生所作的《年谱》。我在这里特别指出它和《红楼梦》及曹雪芹的关系。

《延芬室集》中与《红楼梦》及曹雪芹有关的,只有一七六八年即乾隆三十三年,永忠所写的《因墨香得观红楼梦小说吊雪芹》三首绝句。诗云:

> 传神文笔足千秋,不是情人不泪流;
> 可恨同时不相识,几回掩卷哭曹侯!

> 颦颦宝玉两情痴,儿女闺房语笑私;
> 三寸柔毫能写尽,欲呼才鬼一中之。

> 都来眼底复心头,辛苦才人用意搜;
> 混沌一时七窍凿,争教天不赋穷愁!

三诗上有瑶华手批云:"此三章诗极妙;第《红楼梦》非传世小说,余闻之久矣,而终不欲一见,恐其中有碍语也。"关于这一项重要材料,我试略叙述其含义如次。

第一,永忠并不认识曹雪芹,雪芹当时也不甚知名。由第一首诗第三句"可恨同时不相识",可知他们并不认识。按雪芹死年永忠适二十九岁。就年龄说,他们虽然可能做朋友,实际上他们却并没有过从。当然,我们知道永忠和雪芹的好友敦敏、敦诚很熟,为什么永忠不可以因敦氏弟兄的介绍而认识雪芹呢?据我的考查:永忠和敦氏弟兄的相识,是在一七六六年。永忠所写的《四松草堂诗集序》(裕按:当作《四松堂集序》)中说:"耳熟敬亭(按即敦诚)有年……春间敬亭登仕途(按指敦诚在一七五五年宗学岁试考试优等后,至一七六六年始授太庙献爵事),寒温而外,未暇请益也。""春间"是指一七六六年的春天,这就是说永忠与敦诚在一七六六年才相识。此外,一七六七年永忠把自己的少作《悼亡诗》拿给墨香看时,曾附一眉批云:"懋斋(按即敦敏)可同读也。"可见敦敏和永忠相识,大概也在一七六六年左右。其时雪芹死已三年了,因之,敦氏弟兄没有介绍永忠和雪芹相识的可能。又据永忠在诗题上注明"姓曹"二字,也可推知雪芹在当时并不是被一般所熟知的人。

第二,《红楼梦》前八十回抄本在一七六八年前即已流传。永忠得读《红楼梦》是"因"墨香才得读到的。墨香名额尔赫宜,是敦氏弟兄的叔父,曾任乾隆的侍卫,雪芹死时他二十一岁。由于他们叔侄的过从很多,他可能是《红楼梦》最早的爱读者或收藏者之一,而敦氏弟兄也必当早已经看过了《红楼梦》。敦诚的《寄怀曹雪芹》末句"不如著书黄叶村"中所著的"书",以及最近新发现的敦诚挽曹诗第二首首句"开箧犹存冰雪文"中的"文",似乎都应当指的是《红楼梦》。这部书流传在敦氏弟兄的家庭里是很自然的事情。墨香是在一七六八年把《红楼梦》拿给永忠看的。但据瑶华道人所批"《红楼梦》……余闻之久矣"一语,可知《红楼梦》的抄本流传,当远在一七六八年以前。

这个流传的本子又必定是前八十回的《红楼梦》。用永忠的第二首诗便可以证明。永忠读毕全书,随手抓一个重点,便是"颦颦宝玉两情痴"的快乐日子,而不是八十回以后的任何悲惨的场面(如玉娶黛死,宝玉出家,等等)。这就表明:永忠所看到的《红楼梦》是前八十回的《红楼梦》,当时传抄的本子没有超过八十回以外。如果墨香的抄本要有上述那样的悲惨结局,那么,任何人都可以看出:《红楼梦》的重点应该是那个作为全书顶峰的悲剧的结局,而不会是什么"两情痴"的愉快时期的场面。可见,黛玉固然早逝,但死在钗、玉婚事具体化以前,而非恰恰是同时——像高鹗所设计的。因此,永忠所看到的墨香所藏的《红楼梦》,应该还是那"书未成芹为泪尽而逝"(脂砚斋批语)的、书中尚未谈到悲剧结局的前八十回的《红楼梦》。这一点可以给考证《红楼梦》的成书和版本(钞本和后来的刻本)流传的情况,提供一个线索。

第三,《红楼梦》是包括着曹雪芹若干事实的小说,但它绝不仅仅是自传。《红楼梦》包括着曹雪芹及其家庭的若干事实,这是无可否认的。敦敏、敦诚在有关雪芹诗中本已指出,如敦诚的"扬州旧梦久已觉",敦敏的"秦淮旧梦人犹在",敦诚的"废馆颓楼梦旧家",敦敏的"秦淮风月忆繁华"等句。脂砚斋和畸笏叟的批语就更明确地指出一些具体的事实了。涉及全书的,如十七回批有云:"余初见之,不觉怒焉,谓作者形容予幼年往事;因思彼亦自写其照,何独余哉!"涉及个别重要事实的,如第八回之批语有云:"作者尚记金魁星之事乎?抚今追昔,肠断心摧!"不一而足。雪芹自己在《红楼梦》第一回中也有明显的自述。《红楼梦》第一回,作者自云:"……今风尘碌碌,一事无成……然闺阁中历历有人……又何妨用俚语村言,敷演出一段故事来。"可见《红楼梦》中的故事,有作者若干家事在内,是无可置疑的。

但是,《红楼梦》却绝不仅仅只像胡适所说的,是曹雪芹的自叙传而已。除了一九五四年大家由理论上的分析得到这个认识之外,除了雪芹自己也宣称他是在写"小说"(《红楼梦》第一回虽表示书中有其家事,但同时,他自己也说是在写"敷演出一段故事来"的小说。又,裕瑞《枣窗闲笔》中所载雪芹曾对人言:"若有人以南酒烧鸭享我,我即为之作书。""作书"云云,即指写小说《红楼梦》)之外,永忠第三首诗的前两句"都来眼底复心头,辛苦才人用意搜"也有力地帮助说明,雪芹写的是"小说",不是自传。他这位"才人"在广大客观现实世界中所"用意""搜"的乃是具体形象及事实中那些能够作为小说题材的材料,能够供他塑造小说中的典型人物及事实的素材。在"都"来眼底心头的事物之中,有他自己的事、他的家庭的事,但绝不限于这些。在"都"来眼底心头的事物之中,还有曹雪芹当时所面对着的,所存在于其中更为广大、复杂的社会现实。也唯有这样,他才能写出这样一部现实主义的伟大小说。如果这"都"来眼底心头的事物,仅仅局限于他自己生活的直接经验,那么,他就塑造不出来什么典型的人物及事实,从而,《红楼梦》也就不可能成为现实主义的伟大作品了。因此,"都来眼底复心头,辛苦才人用意搜"这两句诗,实在代表永忠这个与雪芹同时的读者对于《红楼梦》写作方法的正确认识。永忠明明知道《红楼梦》中有雪芹及其家事在内,但他仍然强调欣赏雪芹在写作过程中的"苦忆精搜"和他那用"三寸柔毫能写尽"的才能。"写尽"什么呢?绝对不仅仅是说雪芹把个人的或家庭的事迹都写"全"了,而是说雪芹从社会现实所提供的那些材料中,经过取精去粗加以典型化的描绘,就把人物和故事写得"到家"、写得"透",亦即所谓"写尽"了。永忠这句诗的意义,是值得我们注意的。

第四,当时已有人目《红楼梦》为怨谤之作。瑶华,名弘旿,字醉迂,是永忠的堂叔。他是乾隆皇帝的堂兄弟,是诚恪亲王胤祕的儿子。他批永忠诗时所说"……《红楼梦》非传世小说,余闻之久矣,而终不欲一见,恐其中有碍语也",完全可以表明当时对于《红楼梦》已有"谤书"之目。他所谓"碍语",并非如侯堮先生在其《觉罗诗人永忠年谱》中所猜想、周汝昌同志在《红楼梦新证》第四五四页中所同意的,是什么"绮语";实际上,瑶华所谓"碍语"正是在政治上有"关碍"的话。(理由详见我的《永忠吊曹雪芹的三首诗》一文,刊于一九五四年九月七日《光明日报》的《文学遗产》。)正因为这样,所以瑶华不敢看它,恐怕因而得祸。在当时,写了谤书的作者,固然一经发现,就罪过至大;即使是看谤书的读者,也要跟着获罪。在清代文字狱屡兴的具体情况下,作为乾隆皇帝之弟兄的弘旿,而不敢看可能有"碍语"的书,原是很可理解的事情。暗示《红楼梦》是谤书的,以瑶华此批为最早。瑶华所批的永忠诗是自一七六七年即乾隆三十二年起至一七七六年即乾隆四十一年止的。吊雪芹诗作于一七六八年,弘旿的批语也许就是本年所批,至迟也是一七七六年批的。无论何年,总之都是最早把《红楼梦》看成"违碍"书籍的文字材料。

这个暗示是重要的。据最近大家研究的结果,《红楼梦》岂但是谤书而已,它所揭露和攻击的对象还是十八世纪整个腐朽的中国封建社会,绝不仅仅限于当时清朝的专制统治。这一看法到了一九五四年《文史哲》第九期李希凡、蓝翎两同志的文章发表后,才成为有系统的主张,而引起普遍的注意。它攻击封建的婚姻制度、考试制度、奴婢制度,封建社会的道德和司法等等,远非瑶华及后来的专制统治的拥护者们所能想象。这一点无须在这里多说。我们要注意的是:《红楼梦》中虽然没有赤裸的"碍语",可是,由于要避免专制淫威可能的迫害,在它的描写技术和方法上,却常常有许多婉转和隐晦的讥评和讽刺。关于《红楼梦》的这一特点,已经脂砚斋和畸笏叟充分指出,我们可以细心读一下早期抄本的批语。我认为:《红楼梦》暗骂隐讥当时的政治上的统治者这一特点,和它的整个反封建社会的意义,不但不是冲突的,而且恰恰是它的反封建思想的最具体的表现之一。如果不谈这一点,那就是估计《红楼梦》的反封建作用的重大遗漏。考订出它反对、讥讽当时政治的具体字句及描写,推究出著者所以这样做的真正原因和意图,应该是了解《红楼梦》何以是反整个封建社会的作品的有力帮助。封建社会的物质基础,当然是封建经济,但《红楼梦》对封建社会的攻击却是从道德、政治、司法、婚姻制度、考试制度各方面进行的。忽略了这些,特别是忽略了它对清代政治的攻击,试问又如何能很好地理解《红楼梦》的反封建性质呢?瑶华这个统治阶级圈内的人物之所谓"碍语",适足以提醒我们注意《红楼梦》书中对当时清朝专制政治讥评的一面。

可见永忠这三首诗、诗题以及批语所包含的这些意义,在《红楼梦》的研究中,都是很重要的。

此外,《延芬室集》还保存着一些雪芹交游的资料。《延芬室集》中敦敏的名字只两见,一次是一七六七年永忠在把他的《悼亡诗》交给墨香一读时,在诗稿上有一眉注云:"懋斋可同读也。"又一次是一七六九年,永忠有和《懋斋谢赠桃柳画扇元韵》一诗。但敦诚的材料却是很多的。从一七六六年敦诚与永忠相识以后,他们的过从很多,唱和的诗也不少。对雪芹的朋友寅圃(敏诚),也有些材料。一七六九年永忠有《寅圃纳姬》一诗。对《红楼梦》最早的爱读者、收藏者,雪芹可能的朋友墨香(名额尔赫宜),也有许多具体描绘的资料。例如从一七六八年有关墨香的诗中可借知他做过侍卫什长,从同年的《墨香索女儿香戏缀二首》中可觇墨香的为人,从一七七六年的《过墨翁抱瓮山庄》(按即墨香)一诗中,可以看出墨香这批人的一般生活。另一个看过《红楼梦》、给《红楼梦》题过诗,并且也可能与雪芹相识的明我斋(义),在《延芬室集》中也有一些材料,详容于《明义的〈绿烟琐窗集诗选〉及其〈题红楼梦〉二十首诗》一篇中再谈。

写于一九五四年,一九七二年六月二十六日改稿,一九七六年七月改定于沙滩。

第四篇
明义的《绿烟琐窗集诗选》及其《题红楼梦》二十首诗

明义姓富察氏，号我斋，满洲镶黄旗人，是都统傅清的儿子，明仁的弟弟，傅恒的侄儿，明瑞的堂弟。

明义在乾隆朝做上驷院侍卫。据他的诗云："求富余惭久执鞭。"自注说："上驷院侍卫，专执鞭之任。"（见《和庆两峰迁职见示原韵》）袁枚也说："我斋官参领，司马政。"又舒坤批本《随园诗话》说他做侍卫"自幼至老，并未引退"（见《随园诗话》，卷七），终身做这个事情。由于给皇帝做这个"执鞭"的工作，所以他时常跟着皇帝跑。他曾"扈跸"天津，"扈跸巡堤"。（有《余将扈跸天津用绿村见赠韵留别诸君子》及《扈跸巡堤过浑河浮渡》二诗可证。）又曾出使乌拉苏台（见《题张幼慈都门握别图次罗两峰韵》一诗的注），到过大同（见《云岗寺》一诗的注）和滦阳，曾在滦阳官舍，寄居一个时期。当时他的哥哥宰滦阳（见《滦阳官舍即事》一诗）。

他的生卒年不可考。以现有的材料推测，大概他比永忠小五六岁，生于一七四〇年即乾隆五年左右。《诗选》中屡见"半生"字样，又有"花甲行欲半"之句，可见其中有作者近三十岁的诗。又据《送毛海客归幕》一词中之"二十年来饮侣吟朋"之句，可以断定诗选中有作者三十五六岁的诗。一个有二十年"饮侣吟朋"的人，至少也要有三十五六岁。因为他似乎必须由十五六岁时起，才可能有"饮侣吟朋"，再小于十五六岁，就不近情理了。又按，明义于一七七七年才得到邻善园，并重加修整改名为环溪别墅。《诗选》不但丝毫没有提到别墅，反而明白地告诉我们：他的居处"幽昧，昼可以烛，每自嘲为穴处"，并且朋友们"至者然之"（见《和晴村见示移居二韵》诗的注),显然不是得到别墅之后的景象。由此可见,《诗选》中的诗,大约都是一七七七年以前,也就是他三十六七岁以前的诗。以此推算,故知他的生年大约当一七四〇年前后。曹雪芹死时,他大约是二十三岁左右。

明义是环溪别墅的主人。环溪别墅原名邻善园,是乾隆的堂兄贝子弘景(即敬一主人)的园子。在永忠的《延芬室集》中有一七八二年作的《邻善园图记》一文,其中有云:"堂伯敬一主人邻善园在乐善园之西南偏。"一七七七年弘景死后,他的儿子永珊(即红玉)把园子给了他的外甥明义。永忠的《延芬室诗题及注》在一七八〇年《环溪别墅次壁间韵》一诗下注云:"旧为敬一贝子之邻善园。贝子于乾隆四十二年丁酉薨逝,嗣公红玉以园畀其甥我斋明义易今名。"明义把邻善园改名为"环溪别墅",并且以原来的园子为基础,"堂其堂,亭其亭,浚溪疏泉,环溪以通舟楫,千章夏木,九仞假山,渚漾荷风,苔无尘迹,居然一胜境矣"(见上引永忠的《邻善园图记》)。乾隆第六子质王永瑢即西园主人,常到别墅去玩,永忠也尝被永瑢邀去同游。《邻善园图记》有云:"环溪别墅……庚子春,曾侍殿下一游,与我斋遇,以数过从。"可见永忠于乾隆四十五年春(即庚子春)才认识明义。永忠是永珊的从兄,因此,他是明义的长辈。《延芬室集》中有八九首关于明义的诗。

敦诚的《四松堂集》也提到过明义,如《四松堂集》卷二《答念园即次来韵》一诗中有云:"无波舫(自注云:念园斋名)里得相逢,又听环溪万壑松(自注云:'我斋园')。"可见敦诚也到过环溪别墅。不过其事已是在乾隆四十五年(辛丑)了。在敦集中,我斋似仅一见,且无唱和之作。

永𤩽的《神清室诗稿》中有《秋夜怀益庵》一诗。按:益庵是明仁的字,明义之兄,《诗选》的七言律诗中,也有记同时同事的《寄益庵兄》一诗。

此外,《诗选》中的墨禅上人之见于《延芬室集》,张苣塘之见于《懋斋诗钞》,等等,此人即张云汀,与永𤩽等都相识。

以上这一切都可以说明:明义的时代及其交游的范围,和曹雪芹在世时所接触的圈子,是有些关系的。

但是,明义和雪芹本人到底认识与否呢?我们且先看他自己在《题红楼梦》诗的《小引》中所说的话:

> 曹子雪芹出所撰《红楼梦》一部,备记风月繁华之盛。盖其先人为江宁织府,其所谓"大观园"者,即今随园故址。惜其书未传,世鲜知者,余见其钞本焉。

从这几句话的语气看来,他应该是同雪芹相识的。以下试加分析。

先谈一下这段话中的问题。按《小引》虽寥寥数语,却有以下三个问题:

(一)"其所谓大观园者,即今随园故址"语义颠倒不清。明义的意思是说,今日之随园,即昔日之大观园。随园当时尚在,而大观园则已不在,故不得称"随园故址"。在袁枚《八十寿言诗选》中,收明义祝寿诗七首。其末一首云:"随园旧址即红楼,粉腻脂香梦未休。定有禽鱼知主客,岂无花木记春秋。西园雅集传名士,南国新词咏莫愁。艳煞秦淮三月水,几时衫履得陪游。"其下注云:"新出《红楼梦》一书,或指随园故址。"其中"随园旧址即红楼"一句,仍有上述语病。

(二)由明义这首祝寿诗下的自注"新出《红楼梦》一书,或指随园故址"中的这个"或"字看来,则明义到乾隆六十年为袁枚祝寿时,却又不敢确定随园到底是否大观园旧址了。所谓"新出《红楼梦》一书",由明义祝寿诗的年代推之,当指高补百二十回活字本的书。这里所指的《红楼梦》与上文"曹子雪芹出所撰《红楼梦》","惜其书未传"的《红楼梦》,显然不是一个本子。

(三)《小引》这几句话,也含混不清,如云"余见其钞本焉",其中的"其",到底指的是见了"《红楼梦》的"钞本呢,还是指的见了"曹雪芹的"钞本呢?这是不好确定的。因此,从这几句话并不能肯定明义同雪芹认识。可是,既称"曹子雪芹",又曰"出"所撰《红楼梦》一部,又说"余见其钞本焉",把这些话联系起来看,他和雪芹又似乎是相识的。从明义《诗选》中的文字看来，他似乎也不会不通到连"出所撰《红楼梦》"的"出"字都不会使用。"出"应该是雪芹拿"出"书来给他看的意思。如果解作雪芹"作出"一部《红楼梦》来，那就与"所撰"语意重复，不词之甚了。

总之，明义这个《小引》语义是含混的，但它却暗示明义同雪芹有直接相识的可能性。以下我们再举出几个他们是通过什么关系相识的证据。

第一，是敦诚和墨香。我从前认为他们相识不可能是通过敦诚。因为据我所知，明义和敦诚接触始于乾隆四十五年，上距雪芹之死已很久，故不可能因敦诚而结识雪芹。当时我只是根据敦诚《四松堂集》中的文字材料。实则他们当然有可能早就接触，而文字材料的接触痕迹则可以是很晚的。据一九七七年天津文管局发现的一批明义的信札，我们得知：敦诚的叔父墨香乃是明义的堂姐丈。这就说明：敦家和明义早就有接触了。

第二，是明琳。乾隆二十五年，敦敏遇雪芹于明琳的养石轩，而明琳则是明义的堂兄；当时明义年二十一岁左右，有可能通过明琳结识雪芹。

第三，是明仁，即明益庵。他是明义的胞兄。此人与敦诚很熟。他又是当时怡亲王弘晓的姐丈，乾隆二十五年春夏之际，弘晓过录己卯本《石头记》，就有一个可能是借自明仁家里的。详请参阅本书卷七第二篇《现存己卯本〈石头记〉底本来源的推测》。弘晓、明仁据我考都与雪芹相识。这样，则明义之认识雪芹，并看过或自己掌握《石头记》的一个抄本，就完全是可能的了。明仁藏有抄本《石头记》的可能，也不能抹掉。这个满洲贵族既能"谈兵说剑"（见敦诚《挽嵩山兄五首》之二《神清室》），却又向往于文采风流。据《随园诗话》载："香亭宰南阳，大将军明公端之弟，讳仁者，领军征西川，路过其邑，于未到前三日，飞羽檄寄香亭，合署大骇。拆视乃诗一首云：'双丁二陆闻名久，今日相逢在道途。寄问南阳贤令尹，风流得似子才无？'"其后明仁殁于军中，袁枚得知，说："呜呼！枚与公绝无一面，蒙其推挹如此！"这样行径的一个明仁，他之藏有《石头记》抄本，也是不奇怪的。

袁枚在他的《随园诗话》卷二中，曾引用过明义《题红楼梦》的两首诗。他在《诗话》中说："曹楝亭为江宁织造……其子（裕按：当作'其孙'）雪芹撰《红楼梦》一书,备记风月繁华之盛,明我斋读而羡之。当时红楼中某校书尤艳,我斋题云:'病容憔悴胜桃花(裕按:《诗选》中原诗此句作'病容愈觉胜桃花'),午汗潮回热转加。犹恐意中人看出,强言今日较差些(《诗选》此句作'慰言今日较差些')。'"威仪棣棣若山河,应把风流夺绮罗(此句作'还把风流夺绮罗')。不似小家拘束态,笑时偏少默时多。"以前我们只知道明义有这两首诗,现在从北京图书馆发现了明义的《绿烟琐窗集诗选》才知他的《题红楼梦》诗竟有二十首之多。虽然明义对《红楼梦》的文学价值及其社会意义,不可能有正确的认识,但这二十首诗对于《红楼梦》的流传及其回目,甚至于对于曹雪芹的身世,是有些材料性的价值的。以下略述我个人的看法。

原诗二十首,都收在《诗选》里面,兹不再引。其中前十七首,描写《红楼梦》里面的事实,大致不出前八十回。第十八首提到黛玉的《葬花词》,说是"似谶成真自不知",但黛玉的死成"真"在八十回以后,而当时尚无高鹗续书(《题红楼梦》诗二十首,大约系作者二十岁左右所作,其时约当雪芹死前一二年,下详),因为明义写此诗时,当系结合着八十回以外的雪芹原来的回目(雪芹生前尚有未写完或根本未写的回目),也可能是结合雪芹和朋友们口述全书的未完内容而写的。第十九首则系作者面向读者而说:"我们不必再问金姻与玉缘的结果了(因为八十回原本,对此无交代,故明义诗有'莫问金姻与玉缘'之句),也不过是聚如春梦散如烟,罢了。"至于末两句的"石归山下无灵气,总(裕按:当作'纵')使能言亦枉然!"此诗既写于百廿回本出现以前,则当是玩味八十回本的第一回,即可知这"石"必定是要归山下的。同时,"石"也十分可能是双关那"以石自拟"的曹雪芹本人:贫困落拓,住于西山,即使能"奇谈娓娓然令人不倦"(见裕瑞的《枣窗闲笔》),也是枉然了。第二十首:"馔玉炊金未几春,王孙瘦损骨嶙峋。青娥红粉归何处?惭愧当年石季伦!"第一句指出大观园快聚的短暂。第二句似与书中宝玉家庭败落后有关,也可指雪芹贫居西郊的状况。第三、四句则系念及"当时所有之女子"(见《红楼梦》第一回)(也与脂批中"今之女儿"诸条有关)的归宿,于家败后烟消云散,不能保全,当惭愧如石崇耳！末句用石崇一典，尤可证曹家败落与当时的政治有关。以上这些看法，不敢自是，但也非完全无据，谨提供参考，并请指正。

这册《绿烟琐窗集诗选》，虽题为"诗选"，但明义的全诗，恐怕也没有流传。《诗选》中的诗并不是按年排列，而是以诗体分类的，如五言古诗、七言古诗、七言律诗、五绝、七绝、词等等。

《诗选》在北京图书馆登记为"旧抄本"。据我的看法，《诗选》的情况如下：（一）最后二十首《古意》中，不但其中某些首诗有改易之处，各诗的次序也有变动。又原诗、改易的字句以及次序变动的字迹，都是一个人的笔迹，疑非作者莫办。此外，五言律诗中《和伊峻斋见赠原韵》一诗中加改的"午曹"二字，以及《和晴村韵》一诗加改的"陋巷春难驻，空山云未归"诸字，均与《古意》二十首原诗及改易之处的笔迹相同，所以都应该是原作者的手迹。（二）卷首的四言及五言、七言古诗的字迹，与《古意》二十首的字迹相近，但不敢断定是一个人的手笔。由于其中有"官廨"误书为"宫廨"之类错误，加上字迹的差别，疑这一部分诗是旁人所抄，不是作者手迹。（三）五言律诗显然是另一个人所写，而有作者亲自改易的地方。（四）自七言律诗，直到最后《古意》二十首以前各诗及词，则又是另外一个人所写。《题红楼梦》诗二十首，就在这一部分之内。（五）此外，还有一个须加说明的问题，即在七言古诗《题和潜斋松窗读书图》一诗之后的空页上，有这样一条朱批："前编多有漏字舛错等端，余欲以质之高明，以补其错，予所幸也。"字写得很坏。以《赠王回澜》一诗中"相逢宫廨久徘徊"句上同一笔迹所批"疑是官字"，并把黑字的"宫"改为朱字的"官"证之，这个人应该是《诗选》的一个收藏者。

写于一九五四年夏，一九七二年六月改稿，
一九七六年七月九日改定于沙滩。

第五篇
敦诚的《鹪鹩庵笔麈》手稿残卷

《鹪鹩庵笔麈》手稿十三则，邓之诚先生藏。一九五四年夏，邓先生把它送给我了。影印本《四松堂集》卷末所附的《鹪鹩庵笔麈》就是据我这个原稿影印的。这十三条笔记只有三条是不见于刻本的；其余各条和刻本比较，间有异文。

《笔麈》封皮"鹪鹩庵笔记"及"丁未"诸字是敦诚自己写的。"记"字后又涂掉改为"麈"字。今按："望桂圃弟可将此册内数条转烦汤老先生抄出，附入《鹪鹩庵笔麈》后，此系末年所作也"和那个"麈"字是一个人的笔迹，都是敦敏的笔迹。这些字和《懋斋诗钞》最末粘上去的三首行书诗的字迹、《诗钞》七十七页《小雨访天元上人》一题以及二十六页《春柳十咏》及《小序》的字迹，都是完全相同的。一七九五年（乾隆六十年）秋天，敦诚死后，他的堂弟桂圃（名宜兴，是他叔父月山的儿子。见《月山诗草》，亦见《爱新觉罗宗谱》），给他刻《四松堂集》，敦敏也参与其事，桂圃并请他写了一篇《敬亭小传》。刻集时，敦敏遂检出敦诚末年所作的稿子，交给桂圃付刻，并在原稿封皮上告诉桂圃叫他烦汤老先生把其中"数条"抄下付刻。汤老先生当是直接司刻板的人。"数条"是指《笔麈》手稿中上面著"○"各条。事实上，桂圃的去取，并未按着敦敏的指示，由刻本可证。"附入《鹪鹩庵笔麈》后"一语，也并不然，因刻本在此诸条之后，仍有数条，所以是插入的，并非"附后"。

在这里，由于涉及敦敏的卒年问题，我们纠正《爱新觉罗宗谱》的一些错误。《宗谱》把敦敏误作"敦明"。《宗谱》说他"雍正七年乙酉十月二日子时生"，年代虽然是对的，但"乙酉"却应作"己酉"。卒年则错得可笑。《宗谱》说敦敏"乾隆三十一年十二月授宗学（裕按：指右翼宗学）副管，四十年十二月授宗学总管,四十七年十一月因病告退"。可是,《宗谱》却又说"乾隆三十七年壬辰四月初八日子时"就"卒"了,"年四十四岁"!岂有乾隆四十七年才告退宗学总管而乾隆三十七年就死了的道理?按敦敏卒年不可确考,文学古籍刊行社影印本《懋斋诗钞》第五页所载"清爱新觉罗敦敏(1729—1796)"也是根据我在《敦敏敦诚和曹雪芹》一文中的推断。我是这样推测他的卒年的:嘉庆元年桂圃为敦诚刻《四松堂集》时,敦敏还给他弟弟敦诚写一篇《敬亭小传》,那么,至低限度敦敏到一七九六年,即嘉庆元年,还活着。至于确切卒年,则不能考定。《宗谱》又说敦敏的"继母舒穆鲁氏,轻车都尉额勒浑之女",这也是不合今天一般习惯说法的。按敦敏母是瑚玓的"继妻",却是敦敏和敦诚的生母。

以上,我们考出了敦敏的卒年,才能明白何以他在嘉庆元年刻《四松堂集》时,还能写"望桂圃弟可将此册内数条转烦汤老先生抄出,附入《鹪鹩庵笔麈》后,此系末年所作也"那几句话。如果我们误信《宗谱》而错以为他死于乾隆三十七年,那么,嘉庆元年他又写了上引这几句话,就无法理解了。

《笔麈》手稿封皮敦诚自己写的"丁未"二字,表示开始写这几条杂记是在一七八七年。大概一直写到庚戌(1790)为止,到了辛亥(1791)他就死了。

《笔麈》手稿的内容,有三条是刻本所没有的。即第三条"记丙戌七月景国公友庄……",第七条"北魏朱兆患葛荣部众为侵暴……",第十一条"语不必皆为谶,而时有令人悚然者……"。此外,手稿和刻本也有异文。如手稿第一条"论议不尽知之政令,臧否无足数之人物",刻本作"议论政令,臧否人物";又手稿第五条"今朝避路……"下有缺文,有异文。

今据《笔麈》的字迹,我们可以推断:恩华认为是"残抄本"的《懋斋诗钞》,实际上却是敦敏亲笔抄的诗。这一推断的过程,已见《敦敏的〈懋斋诗钞〉稿本考》,这里不再重复。断定《诗钞》是原著者的手稿,对于解决曹雪芹和敦氏弟兄过从的年代以及曹雪芹的卒年的问题,都是很重要的。此外就没有什么可以指出的特点了。又,影印本《四松堂集》末附《鹪鹩庵笔麈》手稿，是文学古籍刊行社借我的原稿影印的。封皮有邓之诚先生甲午(1954)五月的题签。末页篆文"主敬存诚"一章，是我在《懋斋诗钞》稿本中发现后粘在这里的。在影印本的这一图章下还可以看到我在一九五四年八月二十日所写的这几句话："上章得之于敦敏《懋斋诗钞》手稿中。敬亭既手批《诗钞》，则此章为敬亭物无疑，因附于此。"下面"吴惠人印"，背面"竹解虚心是我师"，都是我加盖的印章，应该申明。

　　写于一九五四年十二月，一九七二年六月增改于沙滩。

卷七　现存己卯本《石头记》新探

前　言

我过去虽然写了些关于《红楼梦》的文章,但我主要的兴趣还是在于研究曹雪芹的生平事迹。我也谈过一些早期抄本中的批语问题,但我却不是研究《红楼梦》版本的。一九七四年冬,由于偶然的机会,我接触到一个只有几回的《石头记》早期抄本。又从对于这个残回抄本的考查,进而研究一下北京图书馆善本室所藏的现存己卯本《石头记》。结果发现残回是现存己卯本散失的几回,而现存己卯本则是清乾隆时怡亲王弘晓家的过录本。在《石头记》早期抄本的流传历史上,我们知道这一结果是很重要的。

第一,在迄今为止我们所发现的十一二个《石头记》早期抄本(包括南京出现的靖氏藏抄本和苏联亚洲人民研究所列宁格勒分所所藏抄本)中,北京图书馆所藏的现存己卯本,是我们唯一知道抄录的年代和抄录者是谁的本子。

第二,一般认为甲戌本、现存己卯本和庚辰本的底本都是曹雪芹生前(乾隆二十八年除夕前)的本子。现在看来,甲戌本是很难说的;现存己卯本则的的确确是乾隆二十五年的一个抄本,它的底本则是脂砚斋的原己卯本。庚辰本的底本也应该是原己卯本,而非现存己卯本。所以,我们现在只能说:原己卯本过录本,即现存己卯本,是曹雪芹生前出现的本子;其他各抄本的过录年代和过录者都有待证明。

第三,据陈仲笎《谈己卯本脂砚斋重评石头记》以及我个人的看法,现存己卯本的文字，在许多地方，很可能是曹雪芹原文之旧。陈同志举了一些例子证明该本的文字比其他抄本改过了的文字为妥善。我也发现同样的情况。看来此本很可能是最早的我们可据以校勘甲戌、庚辰、甲辰等本的一个本子。研究《红楼梦》版本的如俞平伯先生和吴世昌、周汝昌同志都没有注意过这个本子，希望他们和其他搞《红楼梦》版本的同志，今后能对这个现存己卯本深入研究一下。我相信一定会得到一些重要的成果。我也希望搞文学的出版社能把它影印出版。出版时必须把陶心如用朱、蓝两色笔从甲戌、庚辰两本过录下来的批语和根据两本所改的文字完全涂掉。并把原己卯本所缺陶心如补抄的几册及个别的回、段也取消。影印出来的将是一个虽然残缺却是原貌的现存己卯本《石头记》。这样一个本子对我们今后研究《石头记》的内容和文字是会有很大用处的。

第四，在以下关于己卯本的四篇文字中，除了第一篇是从版本的角度谈现存己卯本外，第二篇虽然是推测现存己卯本底本的来源，但我的主要目的却是通过这种探索来考查一下曹雪芹的社会关系。第三篇通过现存己卯本过录时的情况和书中某些字句的删改以及弘晓家对于这部书的态度，来看清朝当时统治者是怎样对待这部反封建著作的。第四篇举出几个简单的例证，通过雪芹原著和高鹗删改的文字的对比，可以看出反封建思想和维护封建思想的斗争。

以上这几方面我都是仅仅开了个头，是最初步的研究。但已发现一些前所未知的雪芹与弘晓家以及弘晓与雪芹的许多朋友之间的关系。这些情况对于我们了解曹雪芹的生活和思想都是很有帮助的。

一九七七年六月二十七日于沙滩。

第一篇
《石头记》残抄本发现的经过和现存己卯本是弘晓过录本的证实

一 北京图书馆藏己卯本《石头记》的残缺状况

一九五四年陶心如(即陶洙)告诉我,由他原藏、当时已归北京图书馆藏的己卯本《石头记》(以下均称"现存己卯本"《石头记》以别于"原己卯本"《石头记》)虽已残缺多回,却是一个很值得注意的本子。他说,这个己卯本的抄写格式很像庚辰本;正文中有一些他不知为了什么缘故而缺笔的字,他都用朱笔把所缺笔画填上了。原书经他据甲戌、庚辰两本抄补了若干回、段、行。书中原有的批语不是很多。现在书上的眉批、行间批都是他根据甲戌、庚辰两个本子的批语过录上去的。最后,他希望我把这个早期抄本研究一下。

二十年来,我一直没有去北京图书馆看这个本子。这个很重要的抄本,除了陈仲笆同志的《谈己卯本脂砚斋重评石头记》(见《文物》一九六三年第六期)一文外,还没有人系统地向读者介绍过。我在一九七四年十二月发现中国历史博物馆的残抄本《脂砚斋重评石头记》的过程中,才到北京图书馆去看了这个现存己卯本《石头记》。兹将这个抄本残缺的情况,略述如下。

(一)原己卯本共有八十回,而这个现存己卯本则仅存三十八回,即:一至二十回,三十一至四十回,六十一至六十三回,六十五至六十六回,六十八至七十回。此外有早期抄补的两回,其中六十七回是武裕庵"按乾隆年间抄本"抄补的。武裕庵不知何时人,看"按乾隆年间抄本"这句话的口气,至早也当是嘉庆时人,或者更晚。六十四回也是早期抄补的,但未注明抄者,也无从知其抄录的确切年代。陶洙补抄的是二十一至三十回,另第一回三页半,第十回一页半,还有此回中的几行。

(二)十七、十八两回未分回,十九回还没有回目。

(三)现在看到的现存己卯本的批语,无论是眉批或是旁批,百分之九十以上是陶洙据甲戌、庚辰诸本过录的。原抄本的批语,只有两种,一是双行夹批,二是行间旁批,数目都很少。

(四)现存己卯本第二册封面书名下注"脂砚斋凡四阅评过",第三册封面下又注云"己卯冬月定本"。

(五)三十四回末有"《红楼梦》第三十四回终"九个字,这说明曹雪芹生前可能用过"红楼梦"为书名,但也有可能是他的批书者脂砚斋加上去的。

以下谈谈我把这个《脂砚斋重评石头记》残抄本同北京图书馆的现存己卯本核对之后,所发现的和初步解决的一些问题。

二 最近发现的中国历史博物馆所藏《脂砚斋重评石头记》一册残抄本

一九五九年冬,中国历史博物馆的王宏钧同志,在北京琉璃厂中国书店买到一些抄本古书。《脂砚斋重评石头记》的残抄本就是其中之一。博物馆的图书部门,收到该书后,把它作为普通书籍编目入库。十五六年来,一直没有人借阅过。王同志为了确定这个抄本的年代,遂于一九七四年十二月把它借出送到我家,让我考察一下。当时我草草翻阅一下,认为它可能是一个早期抄本,也许就是乾隆时的抄本。因为它所用的纸张同我过去发现的《延芬室集》残稿本、《懋斋诗钞》手稿、《四松堂诗钞》、《鹪鹩庵杂诗》等稿本和抄本所用的纸张一样,都是乾隆时的竹纸,尽管纸的颜色因各本保存的情况不同而有些差别。

王宏钧同志把残本留在我家后,我当天夜里就作了进一步考查,发现这个原来认为包括五十六、五十七、五十八、五十九这四回的残本,只有五

十六、五十七、五十八三回是整回,而五十九回实际上是由两个半回拼凑起来的,即五十九回从该回开始到"难道把我劈成八瓣子不成!莺儿笑"为止的前半回,和五十五回从该回中间的"话,二则恐这里人不方便,原是叫我帮助妹妹们服侍奶奶姑娘的"起,到回末为止的后半回。这一拼凑的情况,可能是王宏钧同志买来时就是这样,而该馆装订时未细审阅,故误以为是四个整回。

重新调整改装后,残本的内容,应该是这样:

第五十五回　辱亲女愚妾争闲气
　　　　　　欺幼主刁奴蓄险心(后半回)
第五十六回　敏探春兴利除宿弊
　　　　　　时宝钗小惠全大体
第五十七回　慧紫鹃情辞试忙玉
　　　　　　慈姨妈爱语慰痴颦
第五十八回　杏子阴假凤泣虚凰
　　　　　　茜纱窗真情揆痴理
第五十九回　柳叶渚边嗔莺咤燕
　　　　　　绛芸轩里点将飞符(前半回)

残抄本纸面长二十七点八公分,阔十七公分。抄写版心长二十一点八公分,阔十二点八公分。每页十行,每行二十八、二十九至三十一字不等。

残本没有原来的封面,只在每回回目的前面写着十个字:

脂砚斋重评石头记卷之

在整个抄本中,无一印记。各回原批有:双行夹批,共十五条,计五十六回五条,五十八回八条,五十五半回两条。此本没有陶洙过录的批语,可证他没有看到过这册残抄本。

据我所见,残抄本的抄者有七个不同的笔迹,我按他们抄写残本时的次序给他们命名为甲、乙、丙、丁、戊、己、庚。他们所写的字各有可以识别的特点。甲、丙两人的字写得较好,丙较工整些,己也比较熟练,但写得不怎么好。其余乙、丁、戊、庚都较差。

三　残抄本不是另一个早期抄本而是现存己卯本散失的几回

有人认为这个残抄本是和过去已知的早期各抄本不同的另外一个抄本。最初我也这样想过。但是,经过一段时间的探究后,才知道它并不是一个新的本子,而是北京图书馆藏现存己卯本《脂砚斋重评石头记》里面散失了的几回。

在一九七五年一月一日深夜里,我发现五十七回中的一个"晓"字缺最后一笔,作"睦"。原文云:

> 目今是薛姨妈的生日,自贾母起诸人皆有祝贺之礼。黛玉亦早备了两色针线送去。是日也定了一班小戏,请贾母王夫人等。独有宝玉、黛玉二人不曾去得。至睦散时,贾母等顺路又瞧了他二人一遍,方回房去。……(见残抄本。他本或无"晓"字,作"至散时"又或作"至晚散时"。)

当时我想,这个残抄本可能与弘晓家有关,当夜我就在《佳梦轩丛著》中的《王公封号》一书里查到"怡亲王:允祥、弘晓、永琅……"一条。于是我就初步断定缺笔的"晓"字是避弘晓的讳,而残抄本可能是怡亲王弘晓家的抄本。

但是,为了进一步证实,我还得查一下残本里除"晓"字外,有没有缺笔的"祥"(允祥)字和"玄"(玄烨)字。一月二日我又发现残抄本五十八回芳官对宝玉说"有必当续弦者,也必要续弦为是"中的两个"弦"字,都写作

"弦";这虽然不是一个单独的"玄"字,但显然也是为了避康熙的讳,才把"弦"字的半边"玄"字写作"玄"的。一月三日晚我翻阅残抄本五十七回,忽然发现我已读过数次的"小丫头子小吉祥儿"的"祥"字,少了一横,作"袢"!这时,我几乎和前两日深夜初发现"晓"字缺笔时一样地高兴了。因为到了这时,我才能肯定不移地说:中国历史博物馆这个残抄本,是清乾隆时怡亲王弘晓家的抄本。

在发现"晓"、"弦"、"祥"缺笔的过程中,我自然同时也注意到残抄本的抄者字迹好坏很不划一。如第二节所述,我初时认为其中有甲、乙、丙、丁、戊、己六个不同的笔迹。另一个,当时不能判断,后来才认清是以上六人之外的、应名之为"庚"的笔迹。

我又想起:当我在一九六三年看到上述陈仲箎在《文物》上介绍己卯本《石头记》的文章时,其中附印了一页现存己卯本的书影。在我的印象中,似乎残抄本里有的抄者笔迹与书影的笔迹相似。于是,我立即把我自己搜集装订的《有关曹雪芹红楼梦资料》中的陈仲箎那篇文章找出。一经核对,便觉得残抄本中抄者丙的字迹和书影的字迹很相像。但是我所看的丙的字是原迹,而现存己卯本的字迹是书影,因此,也不能作出肯定的判断。

这样,我就有个要去北京图书馆把新发现的这个残抄本同现存己卯本仔细核对一下的想法。二十多年前陶心如让我注意的己卯本,直到这时我才想去看看。当然,我没有忘记他所说的该本中有不少他"不知为了什么缘故而缺笔的字"。现存己卯本既然也有些缺笔的字,我又觉得己卯本那页书影的字迹与残抄本的抄者丙的字相似,于是我就怀着一个渺茫的设想,邀了冯其庸同志去北京图书馆帮我查对。我的"渺茫的设想"是:"这个残抄本可能和现存己卯本有些关系吧?"

在进入北京图书馆善本室之前,我请其庸同志注意两件事:一,帮我看看北京图书馆的现存己卯本的抄者和残抄本的抄者的笔迹是否相同;二,再看看北京图书馆现存己卯本中的缺笔字中有无缺笔的"晓"、"祥"、"玄"三字。

我同冯其庸同志翻阅馆藏的现存己卯本之后,他首先发现原未分回的十七、十八回中薛宝钗的诗句"华日祥云笼罩奇"中的"祥"字缺最后一笔写作"袢"。接着我在十三回"你如何连这两句俗语也不晓得",他又在第二回"面若中秋之月,色如春晓之花"两句,发现其中的两个"晓"字都缺笔,都写作"晓"。之后,又发现几个"晓"字的缺笔,也发现了"玄"字缺最后一个点,作"玄"。

核对两个本子笔迹的结果是:我和他都认为残抄本中的甲、乙、丙、丁、戊、己六个人的笔迹,在现存己卯本里都发现了。当时我认为残抄本中第七个人的笔迹,现存己卯本里也有,我遂名之为"庚"。

这样,无论从避讳或从抄者的笔迹上,都已发现中国历史博物馆的几回残抄本与北京图书馆的现存己卯本完全相同。我那个"渺茫的设想"现在被证明是确凿的事实了。

到了这个时候,我们就共同写了那篇《己卯本石头记散失部分的发现及其意义》(刊于一九七五年五月二十四日《光明日报》)。

根据上面考查的结果,我们知道:

(一)残抄本与现存己卯本的抄者们相同。现存己卯本中可能还有一两个抄者为残抄本所无,那是因为抄残抄本几回时,这一两个人未参加抄写。

(二)残抄本中避"晓"、"祥"、"玄"诸字讳,也和现存己卯本相同。

(三)残抄本与现存己卯本的纸张都是乾隆时的竹纸,只是前者的颜色稍黄暗些,这是因为它流散在外,没有得到很好的保存之故。

(四)残抄本和现存己卯本的尺寸大小,抄写版心大小如每页十行、每行二十七字到三十一字,等等,也都相同。

(五)残抄本每回之前有顶格的"脂砚斋重评石头记卷之"十个字,和现存己卯本也相同。

根据以上情况,再结合本文第一节中所谈现存己卯本散失诸回的情况,亦即残抄本的几回恰恰是在现存己卯本所缺的诸回之内这一情况,我们可以断定:新发现的这个残抄本正是北京图书馆善本室所藏现存己卯本《石头记》里面的一部分，而不是另一个早期抄本。

估计怡亲王家原抄的这部现存己卯本应该是八十回，它离开弘晓家后，不知经过几个收藏者才到了武裕庵手里，那时现存己卯本已非完物。武裕庵抄补第六十七回时，应该是为了补全八十回，当时残抄本大概还没有散失在外。在从武裕庵到董康收藏这段期间里，现存己卯本散失的可能性很大。这三个整回两个半回的残抄本很可能就是在那时失散的。董康死后，现存己卯本才到了陶洙手里，并由他加以装裱。据陶洙告诉我，从董康死后至到他手之前，现存己卯本也有部分散失的可能性。

这次的发现，使现存己卯本长期流落在外的这三个整回两个半回文字，有与北京图书馆所藏现存己卯本珠合的机会，因而使我们能够看到现存己卯本更多的文字，这应该是《红楼梦》读者们高兴的事。

四　现存己卯本《石头记》(包括新发现的残抄本) 是乾隆时怡亲王弘晓家的原抄本

我们断定现存己卯本《石头记》是乾隆时的怡亲王弘晓家的抄本，有三方面的根据：

(一)现存己卯本中避"晓"、"祥"、"玄"等字讳。

(二)在北京图书馆藏的怡亲王府原抄本的《怡府书目》中，也避这三个字的讳。

(三)在《怡府书目》中，发现了现存己卯本的抄写者之中的三个人的笔迹。

以下对此再略加说明。

第一，避讳。避讳是考察古书年代的一个比较可靠的依据。避讳有两种，一种是避皇帝名字的讳，即避君讳，因为这是当时全国都必须避的，姑命之为"国讳"。另一种是家讳，即子孙避父祖辈的讳。

在现存己卯本中，"晓"字、"祥"字缺笔，就表明抄者是雍正、乾隆时怡亲王允祥、弘晓的子孙。因为，允祥是弘晓的父亲，他是避"晓"字讳的抄者的祖父。书中还发现了好几处"玄"字缺笔，是避"玄"字讳，玄烨是康熙的名字。康熙是允祥的父亲。避"玄"字讳，本是国讳；可是在避"晓"字"祥"字讳的书里，发现也避"玄"字讳，那就是避抄者的曾祖父的讳了，故避"玄"有国讳家讳双重意义。避"晓"、"祥"、"玄"恰恰是避祖上三代的讳。

但是现存己卯本中不避"永"字讳，而"永"字辈是弘晓的子侄辈，如弘晓的儿子就叫永杭、永琅等等。

由此可见抄者中有弘晓的子侄辈，而没有弘晓的孙辈。

第二，《怡府书目》的发现，加强了上述论据。北京图书馆所藏的这个《书目》共有四册，即元、亨、利和正。把贞字写成"正"字，显然是避雍正的讳。盖有"怡亲王宝"篆书阳文方章和"讷斋珍赏"、"怡王讷斋览书画印记"等篆书阴文图章。据《啸亭续录》卷二"张云汀"条，知"讷斋主人"就是弘晓。故知《书目》是弘晓时怡亲王府的书目原抄本。

在《书目》中，我们也发现了"玄"、"弘"、"晓"三字缺笔和"永"字不缺笔。如《赤水玄珠》的"玄"写作"玄"，《弘明集》的"弘"写作"弘"，《晓亭诗钞》的"晓"字写作"晓"，等。但《永宁通书》的"永"，却不缺笔。

我们最初很以未能在《书目》中发现"祥"字缺笔与否为憾。直到旬日以后，我又去查这个《书目》时，才发现《宝元天人祥异书》一书中的"祥"字居然缺一横，作"祥"。这就更加有力地说明：《书目》的抄者与现存己卯本的抄者同样都是弘晓的子侄辈人。

第三，在这个《书目》里，我们发现了现存己卯本《石头记》的七个抄者中的三个至四个人的笔迹。这就是说，抄《石头记》的人中，也有三四个人参加了抄《书目》。

《怡府书目》抄者的笔迹和抄者的避讳情况同现存己卯本《石头记》的完全一致，充分证明：现存己卯本《石头记》的确是乾隆时怡亲王弘晓家人的原抄本。

所有乾隆时的各早期抄本如庚辰、甲戌、甲辰等本，我们都不知道它们过录的年份、抄者是何人。只有现存己卯本是直到目前为止我们唯一知道其过录的年代,抄者是何人的早期抄本。知道了这些,再进而研究它的内容,便可以从中得出许多重要的结果。这在《石头记》早期抄本的历史上,是一件具有重要意义的事情。

一九七五年一月初稿,二月重改于沙滩,

一九七六年八月十八日改定于郑州旅次。

第二篇
现存己卯本《石头记》底本来源的推测
——弘晓和曹家、曹雪芹及敦诚、墨香、明义等
《石头记》早期抄本收藏者的关系

我们知道了现存己卯本的抄者是谁和抄书的年代后,还可以进一步探究:抄者弘晓所据底本是从哪里、向什么人借来的?

由于材料的限制,我们不可能对于现存己卯本底本的来源,作出确切的论断。本篇的目的在于:通过探究它的来源,把雍正时怡亲王允祥和乾隆时怡亲王弘晓同曹家、曹雪芹、敦诚、墨香、明义这些人的关系考查一下。至于对现存己卯本的内容和文字的详细校勘工作,应该留待研究版本的同志去做。

一 从允祥、弘晓与曹家的关系看现存己卯本底本
     来自曹𬘡或曹雪芹的可能性

曹家和老怡亲王允祥有没有一些旧关系?目前还没有一致的看法,主要原因就是材料太缺乏。通过一段考索,我认为他们有些旧关系。

(一)曹𬘡曾在雍正二年给雍正的一个请安摺云:

　　江宁织造奴才曹𬘡跪奏:恭请万岁圣安。

雍正在摺上批道:

> 朕安。你是奉旨交与怡亲王传奏你的事的。诸事听王子教导而行。你若自己不为非,诸事王子照看得你来;你若作不法,凭谁不能与你作福。不要乱跑门路,瞎费心思力量买祸受。除怡王之外,竟可不用再求一人拖累自己。为什么不拣省事有益的做,做费事有害的事?因你们向来混帐风俗贯(惯)了,恐人指称朕意撞你,若不懂不解,错会朕意,故特谕你。若有人恐吓诈你,不妨你就求问怡亲王。况王子甚疼怜你,所以朕将你交与王子。主意要拿定,少乱一点。坏朕声名,朕就要重重处分,王子也救你不下了。特谕。

这个朱批值得仔细推敲。批语的背景是这样:曹頫为了织造任上的亏空,曾于雍正二年请求皇帝允许他在三年之内把亏空补完。雍正答应了。曹頫在谢恩摺上说:

> 今蒙天恩如此保全,实出望外。奴才实系再生之人,惟有感泣待罪,只知清补钱粮为重,其余家口妻孥,虽至饥寒迫切,奴才一切置之度外,在所不顾。凡有可以省得一分,即补一分亏欠,务期于三年之内,清补全完,以无负万岁开恩矜全之至意。

雍正在这个摺上批道:

> 只要心口相应,若果能如此,大造化人了。

雍正批准了曹頫的请求后,就派怡亲王允祥"传奏"曹頫的事。

从雍正批曹頫请安摺内容来看,"王子甚疼怜你"不是一句平常的话,它暗示曹家同允祥有些旧关系。

雍正明知允祥有"甚疼怜"曹頫之意,却又有意地将他交与允祥负责"传奏"他的事。这既表明雍正对允祥十分信任,也表明雍正对曹頫有"矜全之意"。我们现在要问的是曹家和允祥到底有什么样的关系呢?

这关系就是：康熙第三次第五次南巡时，允祥都曾经随行，可能在江宁织造府里见过并很喜欢幼年的曹𫖯。

据不知作者姓名的清代著作《圣驾五幸江南恭录》（收入《振绮堂丛书》中）一书所记，康熙四十四年第五次南巡时，曾偕太子（即后来被废的太子胤礽）和十三阿哥同行。康熙朝的《实录》也有同样的记载。康熙到江宁和苏州两地时，都以当地的织造府为行宫，这个十三阿哥当时刚刚二十岁（时曹𫖯约七八岁），他就是后来的怡亲王允祥。

以曹寅与康熙的关系之密，而康熙南巡又是住在江宁织造府里，则曹颙、曹𫖯等完全有机会见到十三阿哥。

我们先举康熙这次南巡接见几个幼童的例子。据《圣驾五幸江南恭录》记载，二月二十二日康熙曾在苏州的行宫（即李煦的苏州织造府）召见了原任总兵严弘的幼子——十三岁的严文照和八岁的严文烈，并告诉江南总督、抚院、织造们说："此系功臣之子，着好生照看，俟长成报部录用。"他又于三月初八日在淮安召见漕院桑格的八岁儿子，并赏赐银锞、果品、波螺寿星等物，太子也赐了玉结、金钱各一枚。十三阿哥和皇妃宫眷，都给了绸缎、玩物、小银壶、银杯等物。

按康熙此行对一般"功臣"之子，都能这样照顾接见，何况那素来就亲信而这次南巡又因"预备行宫，勤劳诚敬"而"加授通政使司"的曹寅的子侄？十三阿哥哪有见不到他们的道理？

（二）曹颙幼时即见过康熙，及长也为康熙所器重。

据宋和的《陈鹏年传》，康熙这次南巡，胤礽因故欲杀陈鹏年。康熙到了江宁住在织造府后，一天，当时才只十一岁的曹颙玩着走过庭前。康熙因其年幼"无知"，问他："儿知江宁有好官乎？"曹颙答曰："知有陈鹏年。"后来张英、曹寅都因陈确是"好官"而向康熙请求免其死罪，陈竟得免。康熙因而很器重曹颙。康熙又曾说过："曹颙系朕眼看自幼长成。"（见康熙五十四年正月十二日内务府满文奏销档中的批语。）这就是说，他历次南巡时，都常常看到曹颙，绝不是只见过上述的一次，否则就不会说"看自幼长成"了。康熙三次南巡，曹颙年五岁，四次南巡时，曹颙八岁。他都可能看到过曹颙。到了康熙四十八年春天，曹寅就把曹颙送到北京给皇帝"当差"（看曹寅于康熙四十八年二月初八日摺）了。曹颙到了北京后，没有材料说明他的情况。直到康熙五十年四月初十日内务府总管赫奕等的奏摺中，才有引见曹荃的儿子桑额和曹寅之子连生（裕按：即曹颙）的消息。他们见到了康熙后，桑额被录取为宁寿宫的茶房，而那时十六岁的曹颙，则并未被"录用"。

为什么未被录用呢？是不是康熙对曹颙的印象又不佳了呢？完全不是。相反，乃是因为康熙看曹颙年幼，又是曹寅的独生子，便让他回南京"父子聚首"去了。这是康熙对曹寅、曹颙的特别照顾。关于此点，曹颙（档案中作"连生"）于曹寅死后的奏摺中，说得很明白："……奴才年当弱冠，正犬马效力之秋，又蒙皇恩怜念先臣只生奴才一人，俾携任所教养。岂意父子聚首之余，即有生死永别之惨！"（见康熙五十一年九月初四日摺。）

曹颙当差任事后，康熙很看重他，至说："朕在差使内务府包衣之子内，无一人及得他，查可以办事，亦能执笔，是有文武才的人。在织造上，极细谨慎，朕甚期望！"（见五十四年内务府满文奏销档正月十二日康熙批内务府摺。）据最近吴新雷同志发现的康熙六十年刊本唐开陶等纂修的《上元县志》中的《曹玺传》载：曹颙病于北京时，康熙"日遣太医调治"，死后，他还"叹息不置"。在上引满文奏销档中，康熙也说"此子甚可惜"云云。

（三）曹頫自幼住在江宁织造府，也有见康熙的机会，继任织造后，康熙对他也不错。

曹頫"自幼"便由"曹寅带在江南抚养长大"（康熙五十四年七月十六日曹頫奏摺），康熙南巡时，曹頫和曹颙都同样有被引见康熙的机会。康熙对他自幼就会有印象。曹寅和曹荃的诸子之间是不和的，这一点康熙也清楚（参看康熙五十四年正月十二日内务府摺）。据李煦和曹家家人吴老汉说，曹頫是曹荃诸子中最好的一个，吴老汉并说"曹頫为人忠厚老实，孝顺我的女主人，我女主人也疼爱他"（同上摺）。由于曹頫的为人很好，自幼又是同曹颙一起在南方长大的,他们两人是合得来的。所以在曹颙死后,李煦等推荐曹頫为曹寅嗣子时,康熙就批准了(同上摺)。

曹頫这人,据最近发现的材料,他"好古嗜学,绍闻衣德"(见抄本康熙二十三年于成龙修纂的《江宁府志》)。这同上述介绍他年轻时的情况是符合的。

曹頫继任织造后,康熙批曹頫的奏摺有"你家中大小事,为何不奏闻?"(见康熙五十四年七月十六日曹頫摺批。)这固然是出于康熙同曹寅的老关系而表示的关切,但康熙又有批云:"你虽不管地方之事,亦可以所闻大小事,照尔父(裕案:指曹寅)密密奏闻,是非朕自有洞鉴。就是笑话也罢,叫老主子笑笑也好。"(见康熙五十七年六月初二日曹頫摺)这就可见康熙认为曹頫本人也可以做他的亲信了。

从以上的事实,我们可知康熙与曹颙和曹頫的关系。此外还有以下两点。

(一)我们知道,康熙历次南巡,当然主要是有其政治目的,但是,他也到处游山玩水。他自己也曾说:"朕虽身居九五,乐佳山水之情,与众何异!"(见康熙《御制文集》第三集。)在南巡中,他射箭、打猎、游虎丘,在镇江时并自己网鲥鱼。十三阿哥随行南巡时,他都跟着康熙一起游山逛水,一起玩。

我们知道,当初曹寅就是陪着玄烨(即康熙)少时玩的。他少小时做哈哈珠子,甚至捉鳌拜时,他就是那些会武术的小孩子之一。年长便做了少年皇帝康熙的侍卫。他的母亲又是康熙的乳母。可见曹家与康熙的关系,非同寻常。现在康熙到了江宁织造府,他对曹寅的亲厚,非其他接驾官吏可比。即曹寅的家人与皇帝、皇子的关系,也自不同。康熙三十八年南巡时,行宫即在江宁织造府,曹寅曾奉母见康熙,时寅母已六十八岁,康熙亲书"萱瑞堂"三字赐之。老辈这样亲切的关系,则曹颙、曹頫与允祥这位十三阿哥年龄相近,岂有不混得较熟、玩在一起的道理?又因曹颙、曹頫的资质都不错,则十三阿哥当时对他们有好感,也是很可能的。

(二)我们还必须提到一件实际上必有,而在文献中不一定查得出来的事实。那就是，在历次南巡时，曹寅一定以个人名义孝敬皇帝、皇太子以及各后妃宫嫔奇珍异宝和大量金钱。大量的金钱，皇帝虽不便明受，但他以下的随行者们是会接受的。对十三阿哥的孝敬，自然不会是例外。这就更会使十三阿哥之类随驾人员，对曹家增加好感。

总结上述这一切情况，我认为后来做了怡亲王的十三阿哥即允祥之所以对曹𫖯"甚疼怜"，是和以上种种关系分不开的。他和曹家、曹𫖯是有"旧"的。所以曹家被抄后，得到当时正被雍正信任的怡亲王的维护，是完全可以理解的。

可是人们不免要问：雍正明知允祥"疼怜"曹𫖯，却又有意地把曹𫖯的事交给允祥"传奏"，并表示允祥可以"照看得来"曹𫖯，难道这完全是看允祥单方面的面上么？我认为并不见得是这样。按上述允祥和曹家的那些关系，雍正会是很清楚的。因为康熙三十八年第三次南巡时，当时作为"四贝勒"的胤禛（即后来的雍正）是同十三阿哥一起去的，四十二年的第四次南巡他们也是一起去的（参看宋荦：《西陂类稿》中的《漫堂年谱》和《迎銮日记》、《迎銮二记》）。到了四十四年五次南巡，胤禛才没有去（看上引《恭录》和宋荦的《迎銮三记》）。我认为：曹寅对于胤禛的"孝敬"，也是不言而喻的。所以后来雍正之在上引曹𫖯的请安摺上批"况王子甚疼怜你，所以朕将你交与王子"等话，并非无故。绝不是像某些研究者所说的是"敷衍"。雍正对曹家有何"敷衍"之必要？即使要"敷衍"，也是敷衍允祥的面子。我们不可忘掉雍正在做皇帝前随驾南巡时所受曹家的"物质孝敬"。

我们也应该注意：就是在曹家被抄时，曹𫖯并没有受到贬谪的处分；雍正把曹家在北京的房屋也还留给曹𫖯一部分，以便他家回北京时居住。这些也都和上述曹家与允祥、胤禛的那些"旧"事，不无关系。

允祥于雍正八年死后，新怡亲王弘晓似乎同曹家也有联系。据孔祥泽用白话编写的《懋斋记盛的故事》中说，于叔度乾隆十九年腊月去雪芹家时，说到"某邸的那位爷，前些天买风筝，一给就是几十两银子……"雪芹听了便问于："你见过他么？"于答："住得那么近，常碰见，今年夏天还买过我两个扇面呢。"雪芹这才给于叔度做了风筝,教他卖给"那位爷",但嘱咐于叔度说:"如他问起这风筝是谁做的,你可千万不要提是我糊的!"这就表明,那个买风筝的"爷"是雪芹的熟人。孔君这段叙述是根据《瓶湖懋斋记盛》的下半篇原文(即阙文),应当有一定的道理,故略加疏证如下。

按"邸"此处是指王府。雍正时怡亲王府在东城今协和医院后面的煤渣胡同,是允祥的住宅。到了乾隆时弘晓的怡亲王府就迁到东直门内北小街的冰盏胡同了。据敦敏的《瓶湖懋斋记盛》残文,我们得知于叔度的家也在东城。在当时南北"小街"这种地方,虽可以"大"有王府,但小也有民居。再则,弘晓的《明善堂集》中也有题咏风筝之作,可见他也喜欢风筝。加上他和曹家的关系等等,我们便可以推测:买于叔度风筝的正是怡亲王府的人,或即弘晓本人,而于叔度也就是他的"街坊"(住在一条胡同里的人)。从这里,我们可以窥见一些弘晓时怡亲王府与曹家的关系,结合我们下节所述,现存己卯本的底本有借自脂砚斋或雪芹本人的可能。

二 弘晓从脂砚斋或曹家借到底本的可能

乾隆二十五年时曹𬱖似尚在,年约六十多岁,曹雪芹是四十六岁。弘晓则是三十一岁。根据上节所述的情况,弘晓从曹家借抄《石头记》是有可能的。我这次用弘晓过录己卯本《石头记》时的一些值得注意的情况,同脂砚斋在这一期间内整理、重评《石头记》的情况对照一下,认为弘晓大约是从脂砚斋那里借得的底本。以下细谈一下这一看法。

脂砚斋是谁?我在《脂砚斋、畸笏叟和曹雪芹》一篇中,曾谈到一些。但他叫什么名字?详情如何?至今仍无人知道。在这种情况下,我们只好姑且不管脂砚斋是谁,横竖有这么一个人就是了:他是曹雪芹的一个叔父,他批注了《石头记》,不论是"己卯冬月定本"还是"庚辰秋月定本"的《石头记》,都是由他誊清原稿,批注"定本"才出手的。从现在所能看到的评语中,我们还知道:他的定本,甚至作者的原稿,常常被人借阅;有时候其中的某些回、某些页,还被借阅者"迷失"(关于这些,可查阅批语,兹不引),他对此也曾不胜惋惜地发出"叹!叹!"的感慨。

这一常常出借的情况,已经值得我们注意。更值得重视的是:脂砚斋在己卯年(乾隆二十四年)和庚辰年(二十五年)这两年之际,都在"评"《石头记》,并给它两次"定本",一是"己卯冬月",二是"庚辰秋月"。如果有人在此期间向他借阅或借抄《石头记》,他必定把归还的日期限制得很短。因为他等待着把借出的"己卯冬月定本"的《石头记》索回,再一次地"定本",即"庚辰秋月定本"。他借出的时间,大概只有庚辰春、夏的可能。因为己卯本在己卯年冬天还掌握在脂砚斋手里。我们细审现存庚辰本所过录下来的批语,便可看到:有许多批语都是脂砚斋在"己卯冬夜"批的。故己卯冬天,脂砚没有把书借出的可能。到了庚辰夏,脂砚又得掌握该本开始从事"庚辰秋月定本"的工作了,故也不能将该本借出。所以,我估计只有在庚辰春天脂砚才有把该本借出的可能,而他出借的限期又必定很迫促。这是一个比较特殊的情况,因为倘若不是接连两年"定"两次"本",他就无须那么急迫地索还借出的稿本了。

正是这一特别的情况,使我联想到并觉得弘晓过录己卯本时的一些特别情况,同它符合——借出该书者要归还的日期很短,借得该书过录者抄得很急。为了急忙抄完,弘晓过录己卯本时采取的办法,也值得注意。

第一,他是自己动手领导家人们一齐抄的。这一点与借出者索书甚迫不必有关。因为他倘使雇用几个甚至十几个人抄,也还不是可以抄得快或者更快么?弘晓之所以用家人父子抄,是因为他有政治上的顾虑。关于这点,我将在本卷第三篇中详说,这里先不谈。

第二,和脂砚索书急迫有关系的乃是弘晓抄书的特殊办法:他同时用七八个人抄,把已装订的本子拆开,不是每人分抄一回,而是基本上每人分抄互相衔接着的一叶。按照一般的想法,像弘晓那种贵族家庭里抄藏一部其主人爱读的小说《石头记》,满可以用较充裕的时间抄得精一些才是,可是他这次抄《石头记》却采取多人急抄的办法。这显然是为了尽可能快地把书抄完;这样的抄法,书当然是不会抄得很好的。然而,弘晓宁愿抄得坏些,却要抄得快些。这原因,我想除了底本的借出者"限期甚迫"

和"索书很急"之外,没有别的缘故。

我们且细看弘晓采取怎样的抄书办法。姑以新发现的中国历史博物馆残抄本为例。残抄本抄者共甲、乙、丙、丁、戊、己、庚七人。他们抄书时,每人各分抄一叶。这说明:或者原底本还没有装订成册,或者过录者抄书时把已订成册的本子临时拆散。他们抄的次序是:

第五十六回:甲、乙、丙、丁、甲、戊、乙、庚、乙、甲、丙、丁、戊,共十三人次。

第五十七回:甲、戊、丙、乙、丁、庚、乙、丁、乙、己、甲、丙、戊、丙、丁、己、戊,共十八人次。唯戊多抄了一行。

第五十八回:乙、甲、丙、丁、己、戊、丙、己、丙、己、甲,共十一人次。

第五十九回:前半回,丁、戊、甲、丙,共四人次。

第五十五回:后半回,己、丙、庚、戊、丁,共五人次。

从以上我们可以看出:尽管甲、乙、丙、丁出现的次序没有那么固定的规律,即由于抄者抄得快慢不同而未能按甲、乙、丙、丁、戊、己、庚的次序挨着,但有一点是很明显的,即每人只抄一叶,接着的一叶便由另外一个人抄了。

残抄本抄时是这样。现存己卯本,虽有时一人连抄多叶,但总的抄法,基本上也是一样。

对于这一情况或者有人认为可以有两个解释:一个是,底本的借出者并没有急于索回原底本,而是抄者着急,要赶快抄完;另一个是出借底本的人急于索回底本,期限太促,故抄者不得不加速抄完。根据前面已经说明的理由,第一个可能不大,而是第二个可能,即脂砚斋在庚辰年春夏之际,急待就原己卯本再改定为庚辰定本。

结合脂砚斋是曹家的人,而曹家又与新老怡亲王有些旧关系,弘晓直接向脂砚斋借己卯本过录,这个可能性是很大的。我在下面所举底本来自敦诚、墨香和明义的任何一个推测,都无法说明弘晓抄书时为什么要那么急。

弘晓过录《石头记》的时间必定是在乾隆二十五年的春天或夏初。那时,即使曹雪芹果有江宁之行,他大概是在秋天才启程,那一年的夏天,他仍在北京。倘若忽略弘晓抄书时的特别情况,而认为其所据底本来自他人,则弘晓抄书的年代就不必是在乾隆二十五年,而是相当晚的了。这一点,在以下每人的情况中各有不同。

三 从弘晓与敦诚的关系看现存己卯本底本的来源

这里要解决几个问题:敦诚、墨香手里有没有《石头记》?什么时候有的?他们和弘晓有没有过从?

敦诚有没有《石头记》的抄本?我认为会有的。我在一九五六年发现的敦诚挽曹雪芹诗的两首初稿的第二首,开头一句就是"开簏犹存冰雪文"。对这"冰雪文",我们显然不能拘泥地、单纯地只解为"文"或"诗"而已。对该诗定稿中的"牛鬼遗文悲李贺"的"遗文"也不能单纯理解为"文"或"诗"。这两句诗中的"文"应该包括曹雪芹所有给敦诚的信札、诗、文,特别是《石头记》。

早在乾隆二十二年(丁丑,1757),敦诚就在从喜峰口写的《寄怀曹雪芹(霑)》一诗中,劝雪芹"残杯冷炙有德色,不如著书黄叶村"。著什么书?是写诗么?当然不那么简单。敦诚指的是写《废艺斋集稿》么?也不是,在敦诚写此诗时不可能是指《废艺斋集稿》。因为,不但敦诚在乾隆二十三年腊月二十四日还滞留松亭,未能参加瓶湖懋斋之会,无由得知《废艺斋集稿》,就连他的哥哥敦敏也还是在二十三年十二月二十一日,才在于叔度那里初次看到《南鹞北鸢考工志》的。所以敦诚在二十二年的诗里所谈的"著书"当然不可能指这些,而是指当时脂砚斋已经三评过了的《石头记》。

那么,敦诚肯定读过而且手里可能有《石头记》了。由于他早在乾隆九年(甲子,1744)就在北京西单牌楼北石虎胡同的右翼宗学结识了雪芹,所以他有《石头记》的抄本是会很早的。估计至迟当在乾隆二十二年他写《寄怀曹雪芹(霑)》一诗之前。

然而,弘晓同敦诚认不认识,有没有来往呢?

按敦诚是努尔哈赤第十二子阿济格的五世孙,弘晓是努尔哈赤第八子皇太极的四世孙,他们是同宗。同时,他们也有过从。他们交往的材料,在两人的诗文集里,都可以看到。

弘晓的《明善堂诗集》里有三首与敦诚有关的诗,即《题敬亭春游诗稿后》、《中秋后次敬亭韵索易堂和》以及《九日小雨次敬亭韵兼索易堂和》,可见敦诚同弘晓是有过从的。《四松堂集》里也有一首《上冰玉主人(怡亲王)用少陵赠汝阳王韵》一诗。"冰玉主人"是弘晓的别号。"易堂"是汪苍霖的号,他是敦敏和敦诚的朋友。嵩山的《神清室诗稿》中,有一首《赠汪(苍霖)易堂》,据其中诗句,可略知他的情况。诗云:"廿年落拓江湖客,独抱文章守寂寞。明时献策未登庸,且向朱门为入幕。梁王好书兼好贤,牙签三万蓄奇编。(中略)旧有先声驰艺苑,三载相期始相见。(下略)"这里"献策未登庸"指汪于乾隆二十七年考试下第(见敦敏《懋斋诗钞》),"梁王"指弘晓,可知汪是个以诗闻名、做弘晓幕客的汉族文人。

我们且看敦诚以下的诗句,可知他对弘晓是很了解的。

(上略)只解搜芸蠹,何尝歌野鹰。牙签通四部,眼藏彻三乘。(中略)染瀚蒙君宠,挥毫对客能。文心流浩瀚,书腕急奔腾。(中略)蜀笺题每遍,巴句和难胜。体为吟诗瘦,怀因道观澄。(下略)

这几句诗当然不免有些"应酬"的因素在内,但大体上弘晓"能"什么,喜欢什么,今以《明善堂诗集》中的诗来印证,大致是不错的。如集中有参禅、礼佛以及一些和道士接触的诗。另据怡亲王府藏书目录(即《怡府书目》原抄本,现藏北京图书馆善本室),弘晓家的藏书,可以说,不但"四部"而且三教九流的书,无所不包。据清叶昌炽的《藏书记事诗》卷四"怡亲王"条,引陆心源《宋椠婺州九经跋》及潘景郑《著砚楼书跋》等书,说他藏书极富,且多宋版精本,为世罕见。《书目》收书四千五百多种,特别是乾隆间开"四库全书"馆,各地藏书家进呈图书,独怡亲王府之书未进呈。此外弘晓的字写得也不错,我们从他的诗集的自书的序言以及他参加抄录现存己卯本《石头记》(此点另详)的字迹,可以看出。

弘晓也很赏识敦诚,他的《题敬亭春游诗稿后》云:

踏春佳句敬亭游,坐待流光又素秋。明月清风两无价,笔休茶灶一扁舟。

秋菊春兰各不同,酒杯放浪墨初融。牧之白也风流甚,想见吟怀气象雄。

敦诚的诗在宗室诗人中是较突出的,很得纪昀等人的称道。弘晓看重他,并非无故。但这里有一关键问题,即敦诚的诗写于乾隆二十九年,弘晓两诗都写于二十八年。如果他们直到写诗时才有过从,那么,我们说弘晓乾隆二十四五年所抄《石头记》的底本来自敦家,岂非笑话?

我们现在从《四松堂集》中得知,敦诚同弘晓接触,最早是在丁丑年,即乾隆二十二年(1757)。他有一封《寄汪易堂书》,其中有云:

易堂足下,人生几何?一别辄十余年耶!去冬接手翰,如聆麈谈于松风泉石间。遥想昔日风致,为之怆然!记丁丑春渔阳道中,并辔联吟,探幽吊古,以洎西院赏花,东轩斗酒;冰玉山庄看舞鹤,吞公亭下泛轻舫,皆惝恍若隔世事。居常亦颇忆及否?京华旧雨,零落殆尽。寅圃、贻谋化为异物,以宁远宦滇南,墨翁东守辽左,苕塘诸君,音问杳然。……仆已于癸巳春,卧病闲居,今又八年矣。甚顽健,读书饮酒如曩时……(《四松堂集》,卷三)

癸巳是乾隆三十八年(1773),此信当写于辛丑,即乾隆四十六年(1781)。上溯十余年,则汪易堂南归当在三十三四年左右。敦诚在乾隆四十六年回忆二十二年春天(据《鹪鹩庵笔麈》所记,当在"三月"),在弘晓的冰玉山庄(在北京西郊)"看舞鹤"的往事,可见敦诚同弘晓之开始有往还,还应该在乾隆二十二年以前。"吞公亭"据敦诚《东皋同子明兄作二首》诗中"醉中已过水南庄"句下注,即"吞公别墅"。

从时间上说,敦诚既于乾隆二十二年前就与弘晓有来往,那么,到了乾隆二十五年的春夏之际,是有可能把他所掌握的《石头记》己卯本的过录借给弘晓的。

他和弘晓的关系是这样:弘晓很欣赏他的诗,而他也似乎愿意同弘晓接触,虽然他们的接触并不多。我们从敦诚《怡王绘予香奁十二首因跋其后》一文,可以看出这种情况:

竹堂漫兴,偶赋香奁十二首,粉毫脂墨,亦少年绮语过耳!易堂过我,乃携以去,无何,为冰玉主人所鉴赏。爰命工绘之手册,以为芸厨清玩。

嗟乎,以仆之疏缓无成,久为物议所鄙。间为拥鼻生活以自解嘲。见者不笑则怒;宁有见"野火""春风"讶为斯文复得者!予何以得此于冰玉主人哉!

虽然,刻翠剪红,雕虫小技,固不足以辱主人之青目;而文字相知,不无感激。

况坡翁在门内,又何虑片长薄技之莫见耶!质之汪子,以为如何?(《四松堂集》,卷三)

此跋和《香奁》诗均不著年份,以下我们试考其写作的大致时间。

第一,《香奁》十二首不见于《四松堂集》,也不见于《熙朝雅颂集》所选敦诚的诗中。但其中有"少年绮语"之句,当是少年时所作,大约作于他在右翼宗学读书的晚期,即乾隆十六年到十九年左右,敦诚当时年十八到二十一岁。

第二,跋中有"疏缓无成,久为物议所鄙"之句。从其中的"久"字,可见此跋约写于他在乾隆二十年参加宗学考试之后。那次考试,他名列优等,但未补官。亦即在乾隆二十年到二十五六年的期间,不可能再晚。因为倘使再晚,敦诚就变得比较消极而不会再有"况坡翁在门内,又何虑片长薄技之莫见耶"这种满怀希望的想法了。其时上距敦诚写《香岑》诗约十年或六年,距他出学考试约五六年。正因为在当时他虽未补官,却获笔帖式记名,而弘晓由于欣赏敦诚写的十二首《香岑》诗,又竟然命画工根据诗意画在册子里,敦诚才满怀希望地认为,弘晓此举是"见'野火''春风'"誉为"斯文复得",亦即像白居易初到长安时见顾况以投诗见知那种心情。向远看,他又才有"何虑片长薄技之莫见耶"之感。可见他们以"文字相知"的关系是很深的。

这样一种关系,弘晓要是向敦诚借抄《石头记》,不是完全有可能的么?

四 底本有无可能借自墨香

墨香没有诗文杂著留下来,从弘晓的《明善堂诗集》中,只能找到一首与墨香有关的诗。集中癸未年(即乾隆二十八年,1763)诗《游古梁园》题下注云:"即墨公别墅。"诗云:

> 燕南名地古城闉,澄碧洲边更少尘。
> 客醉夭桃花作锦,蝶迷芳草绿如茵。
> 春光驻宕留征辔,风景晴和自可人。
> 一径支筇立高阜,轻舠谁系绿杨津。

诗没有什么内容,题注则有些用处。

按"墨公"即墨香,亦即敦诚之叔额尔赫宜。此诗说明弘晓于乾隆二十八年曾去北京西南城墨香的别墅玩过。墨香这个别墅叫作"抱瓮山庄",可能即古梁园旧址。据《春明梦余录》云:"梁园在京城之西南废城边,引凉水河入其中。"按"废城"盖指辽城。王士祯曾与宋荔裳等泛舟于此(见《宸垣识略》,卷十),弘晓诗末句,也证其地可以行舟,故合。

墨香生于乾隆八年（癸亥，1743），大约二十四年左右任侍卫，四十三年任头等侍卫，四十四年授凤凰城守尉，五十一年调补头等侍卫，五十五年卒。乾隆二十八年弘晓去他的别墅时，他那时是二十一岁。

永忠在乾隆三十三年看到的《红楼梦》，就是墨香借给他的。永忠的诗题作《因墨香得观〈红楼梦〉小说吊雪芹》。对于这个"因"字，可以有不同的解释。一个是，书是曹雪芹、脂砚斋的，由墨香借来读，又转借给永忠。但这实际上不可能，因为雪芹死于二十八年，据靖藏本新发现的批语，脂砚也在丁亥（乾隆三十二年）前某年死了，故墨香不可能从他们那里借书。另一个是，书是敦诚的，墨香借看后又转借给永忠。第三个可能是，书是明义的，墨香借来看，然后又借给永忠。据最近天津文物机关发现的明义的一批手札，得知墨香是明义的堂姊丈，他们之间交流《石头记》抄本是很自然的事。如果是这个可能，则那"因墨香得观"的"因"字，就更有了着落。

这些虽都可能，但我终认为这个"少年风流"、"爱读情诗"（均永忠语）的墨香自己会有一部《红楼梦》抄本。因此，我们也必须承认，弘晓过录《石头记》的底本，有借自墨香的可能。

五　底本还有可能借自明仁、明义家

明义有没有抄本《石头记》？他在他的《绿烟琐窗集》里，有二十首《题红楼梦》诗。诗题下有小序云：

> 曹子雪芹出所撰《红楼梦》一部，备记风月繁华之盛。盖其先人为江宁织府，其所谓大观园者，即今随园故址。惜其书未传，世鲜知者，余见其钞本焉。

首先，我们要问：明义这二十首诗是什么时候写的，按明义大约生于乾隆五年（庚申，1740），比墨香大三岁左右。乾隆二十四五年时，他应该是十九至二十岁。论年龄，他已经可以早就是《红楼梦》的爱好者了。尽管从他的并非编年的《绿烟琐窗集》中找不出《题红楼梦》诗的写作年代，但就年龄来说，十八九岁的明义是完全可能写出这二十首诗的。所以我在《明义及其绿烟琐窗集诗选》（见《有关曹雪芹十种》四十二至四十九页）一文中，推定这二十首诗写于乾隆二十三四年。

明义说"余见其钞本"，好像这部《红楼梦》抄本并非他自己的。否则，他就会说"余有其钞本"了。但是，我们也不能这样看问题。须知《红楼梦》早就有"谤书"之目，说自己看过犹可，说自己竟然收藏一部《红楼梦》，他是会有顾虑的。我们不见那瑶华弘旿到了乾隆三十三年还"终不欲一见"他"闻之久矣"了的《红楼梦》么？其原因就是"恐其中有'碍语'也"。何况明义在弘旿写以上数语的几乎十年以前，他之不敢说他收藏着《红楼梦》，是可以理解的。因此，我认为明义所看到的《红楼梦》很可能是他自己的一个抄本。再看"曹子雪芹出所撰《红楼梦》一部"这样的口气，他很可能认识曹雪芹。

明琳是敦敏的朋友，乾隆二十五年敦敏就是因为去养石轩看明琳，才巧遇曹雪芹的。明琳却是明义的哥哥（大概是堂兄），又明益庵（即明仁）同敦诚、永㥣、永忠等，都是朋友。敦诚《忆昔诗挽嵩山兄》五首中的第二首《神清室》（嵩山居处）注中说：

> 一夕集神清室，主人与明益庵、仁怡斋（裕按：敦诚的内弟）诸子，谈兵说剑，至烛再炧不辍。（见《四松堂集》一三四页）

永㥣的《神清室诗稿》和永忠的《延芬室集》里，也都有关于明益庵的诗。这个明益庵正是明义的哥哥明仁。根据敦诚《寄大兄》中"每思及故人，如立翁、复斋、雪芹、寅圃、贻谋、汝猷、益庵、紫树，不数年间，皆荡为寒烟冷雾，曩日欢笑，那可复得"这些话，则可知雪芹和明益庵也是相识的。

明琳、明仁既和敦氏弟兄认识，则他们的弟弟明义当然有和敦氏弟兄认识的机会，果然在《四松堂集》中《答念园即次来韵》中说：

无波舫(原注:念园斋名)里得相逢,又听环溪万壑松(原注:我斋园)。(下略)

这说明:敦诚同明义,即明我斋,认识而且去过他的环溪别墅,即今天的北京西直门外动物园。此诗写于乾隆四十六年,为时很晚,时明义已四十一岁。但明义在乾隆二十四年十九到二十岁时,就已对《红楼梦》有兴趣了,而且很可能是自己掌握一个抄本。

以上说明:明义通过明琳、明仁、敦诚等的关系很早就认识了曹雪芹。这样,我们才可以理解他所说"曹子雪芹出所撰《红楼梦》一部……"这种称呼和口气。

明义家里如果有一部《红楼梦》抄本,也可能是弘晓抄书底本的一个来源。

更重要的是,明仁乃是弘晓的姐丈。在《明善堂集》中有三首诗与明益庵有关。早在乾隆十八年(癸酉),弘晓就有一首《和益庵青城韵》。二十三年(戊寅)又有《复写临水梅枝戏题一绝——赠益庵姐丈之江宁将军任》诗云:

　　之官吴会风流地,品格梅花好共论。
　　驿使若来铃阁下,江南先报一枝春。

弘晓和明瑞(字筠庭,明义呼之为"二家兄"？见《绿烟琐窗集》中《赠程文起》一诗注)也有唱和之作。乾隆二十七年有《题筠庭词后兼步星岩韵》,同年又有《仲春送筠庭往镇伊犁用以志别》一诗云:

　　折柳长征杖节旄,将军大旆拥弓刀。
　　恩承奕业勋名重,泽布遐陬志略高。
　　万里开疆劳马足,六钧底定藉戎弢。

骊歌重叠难为别，泪洒清樽湿锦袍。

在此诗稍前，又有《和汪易堂西郊道中雨晴之韵》诗注中说："易堂路经海淀筠庭别墅。"

由于弘晓与明义的哥哥明仁、明瑞等有这样密切的关系，明义家里既有《红楼梦》的抄本，则弘晓借来过录一下，当然是很可能的事。

这里需要说明一下，明义为什么用《红楼梦》一名而不用《石头记》。

按明义看到过或掌握过两种本子。一种是早期抄本的《石头记》，是八十回本，他见到或得到这种本子，估计年代当在乾隆二十三到二十五年间。至于他把该本叫作"红楼梦"，这也并不足怪。一则，甲戌本开头即有"'红楼梦'旨义"，并说："红楼梦是总其全部之名。"再则，现存己卯本在第三十四回末就题有"红楼梦第三十四回终"九个字。这说明曹雪芹生前曾用过"红楼梦"一名名书。

虽然明义的诗题是《题红楼梦》，但这个《红楼梦》抄本却只有八十回。且看题诗中的第十九首：

莫问金姻与玉缘，聚如春梦散如烟。

这两句诗显然反映他所看到的本子是八十回本，其中还没有谈到宝玉和黛玉、宝钗的最后结局，故曰："读者不必再问金姻、玉缘的究竟了，也不过是聚如春梦散如烟罢了。"这同永忠吊雪芹的三首诗一样，永忠读完"全书"之后所写的诗、所抓的全书重点内容却是"颦颦宝玉两情痴，儿女闺房语笑私"的快乐日子，而不是玉娶、黛死的悲惨结局。可见他当时和明义写《题红楼梦》诗时一样，都还没有看到八十回后续书的文字。

但是，明义后来在《祝袁枚八十寿》诗的诗注中却谈到了百二十回的《红楼梦》，那显然是另一种本子，而且已是很晚的事了。

六　结语

在《石头记》的早期抄本流传史上,发现现存己卯本是清怡亲王弘晓家的抄本,其意义不限于它是我们目前唯一已经考知其抄者是谁的早期抄本;我们还因此较多地知道了曹家同新老怡亲王的关系,并由于探究弘晓所据底本的来源,连类而及地把弘晓、曹雪芹、敦诚、墨香、明义、明仁、明瑞、明琳等人之间的相互关系,做了进一步的考查。这对于了解曹雪芹的生平,是很有用的。

一九七五年三月初稿,七月十五日夜深改定于沙滩。

第三篇
弘晓过录己卯本《石头记》时的一些情况及其反映的问题

知道了现存己卯本《石头记》的过录者是谁和过录的大致年代以后，我经过一段时间的探索，发现弘晓抄书时有些情况反映了与作者和过录者都有关系的一些政治性质的问题。

《红楼梦》是一部伟大的现实主义小说。它通过描绘一个封建大家族的衰颓反映了整个封建制度的必然没落。这种认识当时的统治阶级自然是不可能有的，但他们由于本能地对其本阶级利益的敏感，总会感到《红楼梦》一书对他们是不利的。因此，《红楼梦》有了刻本后不久就遭到焚书毁版、禁止流传的厄运。不过这已经是乾隆晚期的事了。

本篇以下各节略谈早在弘晓过录己卯本《石头记》时，就已经有一些特别情况反映当时的政治斗争。

一　现存己卯本《石头记》是弘晓本人及其家人而非外人所抄

弘晓抄的这部现存己卯本《石头记》是七个人合抄的。这七个人的字迹好坏很不划一。有两个人的字写得好些，有的却像小孩子写的。结合这七个抄者对"晓"（弘晓）、"祥"（允祥）、"玄"（玄烨）等字不同避讳的情况，我们可以断定过录己卯本这七个人，是弘晓的家人父子。

（一）弘晓亲自参加并领导抄录现存己卯本《石头记》。

第一，从弘晓对小说的嗜好以及他过录时的避讳情况，推断他本人也参加了抄书。

首先，弘晓是能文、能诗和善书的。敦诚在《上冰玉主人（怡亲王）用少陵赠汝南王韵》（见《四松堂集》）一诗中说，弘晓"文心流浩瀚，书腕急奔腾"，"蜀笺题每遍，巴句和难胜"。我们今天看他的《明善堂集》，便可以证实敦诚上述的看法。此外，弘晓还是多情善感的人，他的《明善堂集》里有不少"偕内"玩赏、垂钓等作，他的三十首"悼亡"诗（有序）也颇极缠绵悱恻之致。

弘晓喜欢文学，特别是酷爱小说。他家的《怡府书目》中收有大量的小说书籍。弘晓曾手批过《平山冷燕》，有静寄山房刻本的《新刻批评绣像平山冷燕》六卷，署"清怡亲王弘晓批"。《平山冷燕》是一部典型的描写才子佳人，歌颂有情人终成眷属的书，弘晓竟亲自"手批"付刻，可见他对这类书籍的爱好之甚。

《红楼梦》这部小说从来的读者都从不同的观点和立场来看待它。弘晓则从地主阶级人性论的观点出发，"各取所需"地爱好其中有关爱情的描绘。这大概就是鲁迅先生所说的，在《红楼梦》里"才子看见缠绵"了吧？

从爱好文学这一点看，他喜欢《红楼梦》，并因而亲自动手抄录这部书，是完全有可能的。

其次，从抄书者的避讳情况看，七个抄者中的丙、丁两人都避讳"玄"和"祥"，而不避讳"晓"字。避"玄"字是避弘晓的祖父玄烨（康熙）的讳。这在当时是"国讳"，人人都得避。避"祥"字则是避弘晓父亲老怡亲王允祥的讳，这是家讳，旁人家抄书就无须避。这一情况说明这部书是乾隆时怡亲王府弘晓家抄的。

在现存己卯本里，第一个不避"晓"字的人是丙。例如丙抄的第三十六回第六叶b面右数三行"晓风不散"中的"晓"字，并未缺笔。但他却避"玄"，如他所抄的第六十三回十四叶b面右数二行"系玄教中吞金服砂"中的"玄"字就写作"玄"。他也避"祥"，如他抄的第三十三回五叶a面第一行"门客见打得不祥"中的"祥"字写作"祥"。

第二个不避"晓"字的是丁。例如他抄的散失残回中的五十九回第一叶b面第九行"一日清晓"的"晓"字，即不缺笔。在现存己卯本最突出的是第一回《好了歌》中连着四句"世人都晓神仙好"中的"晓"字都不缺笔，而这一叶正是抄者丁写的。可是同丙一样，他也避"玄"和"祥"。例如他抄的现存己卯本第一回八叶 b 面三行"户户弦歌"中的"弦"即作缺笔的"弦"。又他抄的十七、十八回（原未分回）末叶 b 面五行夹批"故用一不祥之语"中的"祥"字作"袢"。

丙、丁不避"晓"不但说明这部书是怡亲王府弘晓家抄的，还可以进一步说明丙、丁这两个抄者都是弘晓同一辈行的人。结合以下所举的其他情况，其中之一可能就是弘晓本人。

第二，用丙的字和弘晓的笔迹比较，证实丙就是弘晓。

在丙、丁两个抄者中，丙的字写得很好。丁则写得较差。根据敦诚所说，弘晓善书的特点，我们试把这个现存己卯本《石头记》中可能就是弘晓的那个抄者丙的笔迹，同弘晓在别处的笔迹对照一下。

弘晓的《明善堂集》有两篇他自己手写后付刻的自序，特别是末署"乾隆五年庚申二月下浣冰玉主人自序"那篇序文中，其笔迹同现存己卯本《石头记》、《怡府书目》中的抄者丙的笔迹都是工整小楷，由字体和用笔上看，一望而知是出自一人之手。（参看书影二）

尤其是这个丙写的字还有一些特征。例如，他写"為"字，无论在上述自序中或在现存己卯本中都作"為"（参看书影二）。其特征是"為"字第二笔的末梢不越过第五笔的开头处，与一般写"為"字该笔多越过者，显然不同。又"為"字的最后四点，丙常常写作一横。

这就无疑地说明，这个抄者丙正是弘晓本人了。

（二）甲、乙、丁、戊、己、庚这些抄者都是不同辈行的弘晓家人，而非外人。

除弘晓外，这里要从其余的抄者包括丁避讳参差不一的情况，来推断他们都是不同辈行的弘晓的家人，而非外人。

如果甲、乙、戊、己、庚是雇用的外人的话，则他们除了应避康熙、雍正和乾隆的讳外，没有必要避"祥"和"晓"字讳。即使怡亲王府的主人弘晓要求抄书的人避讳"祥"和"晓"两字，那也不会产生他们五个人避"祥"和

"晓"而抄者丙、丁却只避"祥"而不避"晓"字的现象。这几个抄者在抄同一部书时,各人避讳的参差不一的情况,有力地说明:他们不是外人,而是辈行不同的家人。亦即甲、乙、戊、己、庚是弘晓(丙)的子(如当时十六岁的永杭和十四岁的永琅)侄们(如弘晈之子永崌和永僖等)"永"字辈的人,而丁则是弘晓的弟兄们(如弘晈和弘昌等)"弘"字辈的人。

此外,还有个理由,说明甲、乙、戊、己、庚都不是雇佣的抄者,那就是:这五个人中的抄者乙、戊和庚的字写得很幼稚,像是小孩子写的。我认为弘晓过录己卯本《石头记》即使雇用外人抄,也绝不会雇用小孩子们或写字相当坏的人们来抄。

这样,我们便可断定:怡亲王府过录这部现存己卯本《石头记》,是以弘晓为首及其弟兄子侄们一起抄的。

说到这里我们不免要问:弘晓完全用家人而不用外人来抄《石头记》的真正原因是什么?这个问题,我们将在第四节里解答。

二 弘晓的《怡府书目》不著录现存己卯本《石头记》

怡亲王府是雍正、乾隆时藏书最多的一家。乾隆时开四库全书馆,各地、各王府都进呈图书,只有怡亲王府的书未进呈,故他家的藏书没有减少。清朝人讲藏书的文章,大都提到怡亲王府的藏书之富。

弘晓家有个藏书目录,即现藏北京图书馆善本室的原抄本《怡府书目》,该《书目》首叶上有"怡王讷斋览书画印记"篆书阴文印一。现据《啸亭续录》卷二"张云汀"条,知"讷斋主人"就是弘晓。故《怡府书目》不是允祥时而是弘晓时的书目。这个《怡府书目》原抄本的抄写者,也是抄现存己卯本《石头记》甲、乙、丙、丁、戊、己、庚那七个人中的几个人,其中却有弘晓本人的笔迹,此外就是他的弟兄和子侄们。

《书目》中经、史、子、集、佛经、道书、医书、方技、数学书籍,应有尽有。其中还有大量的戏曲、小说。如《西游》、《东游》、《五才子》、《桃花扇》、《艳史》、《警世通言》、《牡丹亭》、《今古奇观》、《绣谷春容》、《醒世恒言》、《一夕话》、《豆棚闲话》、《缀白裘》等百十种。奇怪的是，像这样喜欢小说、收藏这类书籍并手批《平山冷燕》的弘晓，为什么竟没有把他亲自抄录的现存己卯本《石头记》登录在《怡府书目》里面呢？

这里自然发生一个问题。即《书目》并未标明编定的年代，而现存己卯本的过录是在乾隆二十四年至二十五年。假使《书目》的编定在此之前，则后抄的己卯本《石头记》当然不可能被著录进去。如果现存己卯本的过录早于《书目》的编定，则它之不被登入书目，就是值得注意的问题了。因此，我们必须先弄清楚《书目》编定的年代这一关键的问题。

第一，根据《书目》中著录了《敬亭文钞》，推断《书目》的编定是在乾隆三十年之后。

按"敬亭"是敦诚的别号，因《文钞》久已失传，不能直接考出其编定的年代。但敦诚《文钞》的编定，不会早于他的《鹪鹩庵杂诗》。《杂诗》中既有《挽曹雪芹》诗的两首初稿，故其写定最早也当是在乾隆二十八年（癸未，1763）以后。《文钞》的编定大致也当在这个时候，很可能是乾隆三十年以后，不可能再早。由此可见，书目的编定，当在乾隆三十年以后。

第二，根据《书目》中登录了《似村吟稿》，也可推知《书目》的编定在乾隆三十年以后。

按"似村"即庆似村，亦即尹似村，是尹继善的第六子。他的详细事迹，虽一时无考，但可由旁证推知他的大致年代。袁枚有一篇《尹似村公子诗集序》，有云：

> 相公四督江南，似村揭来官舍……似村苦志耽吟，偷闲出稿，或片言欲下而揽袂深谋；或一字未安而剪镫勤改。虽漏声之雨急，犹才语之蝉联……

按四督江南是在乾隆十九年。这里既提到尹继善"四督江南"，则此序之撰，必在其后。尹似村之在江南督署"苦志耽吟"，也必在这时。似村年少，他的诗的编集至早也不过在这时，或者更要晚些。那就远在乾隆三十年之后了。即使他在编集之前有个什么"吟稿",也不会早于乾隆三十年。《怡府书目》中既著录了这《似村吟稿》,书目的编定就不可能早于乾隆三十年。

此外,《书目》中登录了《绿烟琐窗集》,也可推知尹似村的年代。按明义在乾隆二十八年曹雪芹死时约二十四岁左右,他和庆似村年龄相近。他的《绿烟琐窗集》里有十余首同庆似村唱和之作。《绿烟琐窗集》中既有乾隆三十五年(庚寅,1770)的诗,故它的编定不能早于这年。庆似村既与明义有唱和之作,年纪又与明义相仿或小些,则《似村吟稿》的编定和流传,都不会早于明义的《绿烟琐窗集》。这一情况可以说明庆似村《吟稿》的编定不会早于乾隆三十五年或上至三十年。

以上各点可以证明:《怡府书目》的编定肯定是在乾隆三十年以后。由此可见《书目》中不登录弘晓抄录的现存己卯本《石头记》,是别有缘故的了。

三 弘晓把《石头记》第二回中的"王侯"改为"公侯"

甲戌本《石头记》第二回贾雨村和冷子兴议论正邪两赋的人时,有下面一段话:

……雨村道……"如前代之陶潜、阮籍……陈后主、唐明皇……刘庭芝、温飞卿……近日之倪云林、唐伯虎……,再如李龟年、黄潘绰……卓文君、红拂、薛涛……之流,皆易(裕按:或作"异")地则同之人也。"子兴道:"依你说,成则王侯败则贼了?"雨村道:"正是此意。"

上引这段话中的"成则王侯败则贼"句中的"王侯"一词,在弘晓抄的这部现存己卯本《石头记》中,变成了"公侯"。该本此页的详情如下。(参阅书影。)

(一)原抄此处正文即作:"子兴道:'依你说成则公侯败则贼了?'雨村

道:'正是这意。'"

(二)"公"字第一笔上盖有一个朱笔小点;第二笔的上端,加一个小小的朱笔"王"字。

(三)从"依你说"的"依"字起,到"雨村道"的"道"字止,旁有批语云:"《女仙外史》中论魔道已奇,此又非《外史》之立意,故觉愈奇。"共二十二个字。

(四)第二回此页及其前后的几页,字写得较好,都是抄者"甲"过录的。

根据以上这些具体情况,我们对现存己卯本中这个"公"字的来源,试作考查。

第一,先说明:"公"字既是弘晓所抄现存己卯本的正文而非跨改、涂改,故与补抄缺回及补抄批语的陶洙无涉。又,"公"字第一笔上盖的朱笔小点,第二笔上端的朱笔小"王"字,都是陶洙所加,与弘晓无涉。

按现存己卯本《石头记》的最后一个收藏者是陶洙,即陶心如。他后来把这部《石头记》让给了北京图书馆。他在一九五四年曾告诉过我说,这个本子值得注意,其中的缺回、缺叶、批语,都是他根据甲戌本、庚辰本抄上去的。有些个别的字、句,他也据这两个本子改了,但他却将现存己卯本的原抄文字清楚地保留在上面。此外,他还说,原抄有许多缺笔字(裕按:即玄、祥、晓、弘这些字),他虽用朱笔把缺笔都填上了,却并不知道缺笔是为了什么缘故。他希望我能研究一下这个本子。二十多年来,我一直没有专为看这部现存己卯本《石头记》去北京图书馆。直到一九七四年末,我才见到该抄本并同冯其庸同志写了在《光明日报》上发表的那篇文章。陶心如生前同我面谈、通信多次,他又曾把甲辰本《石头记》梦觉主人的序言特地抄给我。他的字我是认得的。今天细检现存己卯本《石头记》第二回的笔迹,可以断定"公侯"的"公"字乃是弘晓抄书时的原文原字,而"公"字第二笔上端加的那个小"王"字,则是陶心如据甲戌、庚辰两本加上去的;旁批"女仙外史"那二十二个字的批语,也是陶心如据上述两本补抄的。

第二，再说明：自庚辰本上溯至甲戌本，除现存己卯本外，无作"公侯"的抄本。故"公"字是弘晓的"自我作古"，亦即是他开始把"王侯"早改成"公侯"的。

我认为"公"字是弘晓所改的。理由是：从甲戌到庚辰，中间即使有什么本子，如乙什么本，丙什么本，丁什么本，戊什么本，直到原己卯本，此处都应该是"王侯"，而不应该是"公侯"。因为，如果说曹雪芹对使用"王"字有顾虑，而在原己卯本中就已经把他在甲戌本所用的"王"字改为"公"字的话，为什么不到一整年（从己卯冬月到庚辰秋月）的短期内，便又无所顾虑地在庚辰本中把"公"字改为"王"字了呢？这是不可理解的事。所以，我认为现存己卯本所据的底本虽是"王侯"，但弘晓却因为有顾虑，遂命他的侄辈抄者甲，在原抄正文上就改写为"公侯"了。

第三，要说明：庚辰本是录自原己卯本或其过录本，但非录自现存己卯本，理由详下。

庚辰本既作"王侯"，可见原己卯本或其过录本也是"王侯"。而弘晓，不管他根据的是原己卯本或其过录本，却把其中原来的"王侯"改为"公侯"了。

在证明此看法前，我们须先指出一个误解。那就是，有的研究者认为庚辰本是从现存己卯本过录来的。有人还指出：抄书的格式，每叶行数，所缺的回次，两本抄的错字、句，等等，都有很多是相同的。我也曾据现存己卯本《石头记》散失几回的残抄本（即中国历史博物馆藏的残抄本），发现庚辰本和现存己卯本抄的怪字也相同。如五十七回："薛姨妈因又问：'是那里拾的？'"句中的"拾"字，下面"宝钗方问湘云：'何处拾的？'"句中的"拾"字，两本都写作"扚"。不过庚辰本在正文抄作"扚"之后，又有人涂掉"扚"的一边，而在其旁加改一"拾"字。庚辰本与现存己卯本既有这么多重要的相同之处，难道说庚辰本是抄自现存己卯本的一个本子，还有问题么？

我认为：有问题。庚辰本并不是据现存己卯本而是根据原己卯本或其另外的过录本抄录的。我的理由是，弘晓过录现存己卯本既是那样害怕外间知道,而用全家抄书,不敢用外人抄,又不敢把它登录到《怡府书目》里去,他哪里还敢把它借出去给人家抄录?上举那个怪字"扏",乃是庚辰本所据的底本上原来有的。现存己卯本上那个"扏"字,也是照录他所据的底本(原己卯本或其过录本)中的原字。不过庚辰本照抄以后,又经人改为"拾"字,而现存己卯本则保存原"扏"字未改而已。

这就是说,庚辰本同现存己卯本所据的底本有两个可能:(一)两本都据原己卯本;(二)现存己卯本是据原己卯本,而庚辰本则据原己卯本的过录本。正因为这样,它们才在上述那许多点上都相同。

两本之所以在第二回这"王侯"一词上,有"王侯"和"公侯"的不同,并非因为它们所据的原己卯本或其过录本原来就有此差异,而是由于弘晓过录时,虽然在其他各点上都与其所据底本相同,但对这"王侯"一词却因有所顾虑而给改成"公侯"了。

第四,按"成则王侯败则贼"本是一句由来已久的、人所皆知的老话。曹雪芹既然在己卯本以前的甲戌本引用了这句老话的原词,既然在己卯本后的庚辰本里也不改变这个原词,他就不会在夹在中间的原己卯本里改变这个原词。从这一点上说,也可证:现存己卯本的"公侯"一词中的"公"字是弘晓由于某种顾虑,才把它写入他的现存己卯本第二回的正文里去代替"王"字的。

下面我们再进而探究一下,弘晓为什么要这样改?

四 弘晓抄书时的上述情况所反映的问题

以上各节所谈,都是我在一九七四年底初次考查现存己卯本时,稍有接触而未深入研究的一些情况。现将它们弄清楚后,我认为它们反映了以下两个问题。

(一)首先反映《石头记》早在作者生前的乾隆二十三四年就已有了"谤书"之目。

把早期抄本《石头记》视为与当时政治有关并对阅读它、收藏它都有戒惧之心的，我们过去所知最早的文字材料，是弘旰在乾隆三十三年给永忠的《因墨香得观〈红楼梦〉小说吊雪芹》的三首诗上的批语。弘旰怕《红楼梦》里有"碍语"因而虽然"闻之久矣"，却"终不欲一见"。所谓怕有"碍语"，就是怕《红楼梦》里有"怨世骂时"的内容；所谓"不欲一见"，实际上就是不敢去读。

但弘旰说这些话已经是在曹雪芹死后六年了。即使把弘旰所说"《红楼梦》小说余闻之久矣"的"久"再向上溯四五年，也不过到乾隆三十年或二十九年。

现在，我们知道：还在乾隆二十四年曹雪芹在世的时候，《红楼梦》已经被视为"谤书"了。弘晓之所以亲自参加，领导他的家人抄书而不用外人抄，其原因就是怕外人传播他家"抄录"了这部书。《怡府书目》中之所以找不到他家抄的《石头记》，也是怕外间知道他家"收藏"这样一部书。而他害怕的主要原因之一，就是因为《石头记》里有抨击当时统治者的内容和词句——也就是弘旰所谓"碍语"。弘晓把"王侯"改为"公侯"，显然证明：在他抄书时，《石头记》已有"谤书"之目了。

（二）其次是反映了清朝雍、乾之际的皇室内部斗争。

"成则王侯败则贼"这句话中的"王"字，有两个意思。一个是指群雄角逐争天下的最高统治者国王或皇帝；另一个是指有了国王或皇帝后，由他来分封诸王的王。一般理解这句老话中的"王"字都是指前一个意思，即国王或皇帝。

在这样的理解之下，弘晓结合他自己家庭当时的具体情况，便不能不对这句话有所顾虑。那就是乾隆四年发生的弘晳的案子，也涉及了弘晓的家庭成员。

弘晳是康熙时废太子允礽的儿子。据《东华录》记载，弘晳"仿照国制，设立会计、掌仪等司"，又与庄亲王允禄、弘昇、弘昌、弘晈等"结党营私，往来诡密"。又有人首告弘晳听信邪术，并问"祖师"："天下太平否？""皇上寿算如何？""将来我还能升腾与否？"因此乾隆认为，弘晳"胸中自以为东宫之嫡子，居心甚不可问"。"从前阿其那、塞思黑居心大逆，干犯国法,然尚未如弘晳之擅敢仿照国制,设立会计、掌仪等司。是弘晳罪恶较之阿其那辈,尤为重大。"弘晓的哥哥弘昌、弘晈也卷入了这场"案情重大"的事件之内。

虽然在最后处理上,弘晳免死,却"于东果园永远圈禁"。据乾隆自己说,"是亦与身死无异"了。庄亲王允禄罚亲王俸五年,"以示惩儆"。(均见《东华录》)

对弘晓的哥哥弘晈,乾隆说:"弘晈本应革退王爵,但此王爵系皇考特指令其永远承袭者。著从宽仍留王号,伊之终身永远住俸,以观后效。"(见同上书)

看来乾隆对这些人似乎处分得不那么重,但这乃是鉴于雍正对兄弟的处置办法骂名远扬,所以才来得"高明"一些的。在这样紧张的气氛下,作为事件参加者的弘晈、弘昌都受到了处分,弘晓自己如何不畏惧?况且,乾隆八年,他自己又因结交太监而受到了处分。这就更会使他小心翼翼地处理一切。

按当时在一般平民,甚至一般士大夫之间,抄录和收藏一部《石头记》,也许还不成什么大问题。但在宗室中的情况就不同了。为什么宗室敦敏、敦诚明明知道他们的朋友曹雪芹写了一部《红楼梦》,他们也很可能收藏着一个抄本,但他们对此却绝口不谈一字?弘晓的哥哥既因直接参与弘晳那样的大事件而受到处分,弘晓自己也当然要力求避免最高统治者的猜疑。故其改"王"为"公",虽是一字之差,关系却很大。因为,只要在"王"以下,只要把"王"除外,"公"也、"侯"也之争,管他谁胜谁败,就不涉及"王"的尊严和神圣了。

所以我们最后的结论是:弘晓之所以改"王"为"公",之所以用家人父子来抄《石头记》,之所以不敢把《石头记》登录在《怡府书目》中去,都是为了怕引起乾隆的猜忌,滋生事故,因而获罪。

一九七五年三月初稿,一九七六年三月定稿于沙滩。

第四篇
据己卯、庚辰本《石头记》校《乾隆抄本百廿回红楼梦稿》看高鹗窜改《石头记》前八十回所反映的问题

在小说史上,续书、改书常常不只是故事的延长和文字的修改,续书通过情节的发展,往往改变了原著者的观点;改书通过文字的增删,也会反映改者与原作者思想上的差异。

一般认为高鹗是《红楼梦》后四十回的续书者,他的政治观点和曹雪芹的观点是完全相反的。他对前八十回原稿的许多窜改、增删之处,就反映了这一情况。现在,大家都认为甲戌、己卯、庚辰诸本,接近曹雪芹的原稿,而程甲、程乙则是续书和经过窜改了的本子。在《乾隆抄本百廿回红楼梦稿》这部手抄本中,还保留着续后四十回以及窜改前八十回原稿的高鹗涂抹的痕迹。《乾隆抄本百廿回红楼梦稿》的前八十回原抄文字,亦即抄在正行的文字,以别于涂改的字句,与甲戌、己卯、庚辰诸早期抄本的文字,极为接近。但高鹗却把其中原抄接近脂评本的文字,做了大量的增删和窜改。他的窜改,有的是文字上的,但有的则反映出他的维护封建主义的思想与曹雪芹反封建的思想之间的斗争。根据己卯、庚辰本《石头记》校读《乾隆抄本百廿回红楼梦稿》,就可以看到这种情况。

以下仅举几个例说明我的看法。一是关于薛宝钗和薛姨妈的,二是关于贾宝玉的,三是关于贾政和贾宝玉之间的关系的。

一 高鹗是怎样涂改五十六回脂本原稿的回目来美化薛宝钗的?

"隐恶扬善"本是孔子的《春秋》笔法,这一手,高鹗是学到了。高鹗是

一个封建主义的拥护者,《红楼梦》里的贾政和薛宝钗正是他所欣赏的人物。因此,他才违背曹雪芹的原意为他们扬"善"隐恶。

我们先谈一下残抄本五十六回的回目"敏探春兴利除宿弊,时宝钗小惠全大体"中的"时宝钗"。庚辰本此回的标目也作"时宝钗"。而《乾隆抄本百廿回红楼梦稿》原抄正文作"识宝钗",却被高鹗在"识"字旁边写了一个"贤"字。自此以后,这个回目遂成为"贤宝钗小惠全大体"了。

有人认为"时宝钗"费解,而"识宝钗"却可以讲得通,就是说,薛宝钗有才学、有见识,能识大体。我认为"时宝钗"并见于己卯、庚辰两个本子,应该是现存诸早期抄本中所保存最早的回目原词。只剩十六回的甲戌本里却没有这一回目。"时"与"识"字形相差很大,不像是误抄的。故"时"字可能是曹雪芹的原文之旧。作者取这个"时"字,并不是随便用的,而是经过斟酌自有其深意的。他显然是说,薛宝钗是一个淑封建社会之"世"的"应时"之辈。他的这番寓意,我想脂砚斋是懂得的。己卯本散失残回中此回唯一的双行行间批有云:

宝钗此等非与凤姐一样:此是随时俯仰,彼则逸才逾蹈也。(裕按:此双行行间批,亦见庚辰本。)

这条批非常重要,其前句完全是替曹雪芹原回目中的"时宝钗"下注解。脂批意即"宝钗这种人同凤姐那样的人不一样:宝钗这种人是'随时俯仰'的……"。这显然是在贬宝钗,曹雪芹用一"时"字也正表明这个意思。我们再拿作者形容宝钗的态度同形容宝玉的话对比,就更清楚了:

潦倒不通时务(亦作"世务")

宝玉是"不通时务",作者笔下实质上却又是在赞美这个不通时务的人,而宝钗却是"随时俯仰"!可见作者是在骂宝钗。有正本、蒙古王府本把"时"字改为"识",已经大违曹雪芹原意,变成褒她了。

到了高鹗的改本,即《乾隆抄本百廿回红楼梦稿》,竟公然把原抄正文的"识"字又涂改为"贤"字,这就完全暴露了高鹗对薛宝钗进一步的美化。在高鹗看来,像薛宝钗那样遵守女诫,劝贾宝玉参加科举考试、维护封建主义、崇尚儒家思想的人,当然是"'贤'宝钗"了。

这虽然是一字之差,却不是小事。从这"时宝钗"变到"识宝钗",终于落到"贤宝钗"的过程,我们清楚地看到原作者和窜改者之间看法是怎样的不同。这不同,无疑地反映了反封建与封建思想的斗争,而高鹗的改"时"、"识"为"贤",正是代表封建势力窜改者向反封建的原著的反扑。

此外,在"时宝钗小惠全大体"这一目文中,作者说宝钗用"小惠"去"全大体",已经有指责宝钗所用的手段之意,但重要的还在于"全"的是什么"大体"?当那位"敏"探春正在那里计划"兴利除宿弊"的时候,这个"时"宝钗对她说:

> 虽然是兴利节用为纲,然而不可太啬,总(当作"纵",裕注)再省二三百银子,失了大体统,也不像(样)!

所谓"不可太啬"就是使那些"没有营生的妈妈们",也"宽裕"些,以免"怨声载道";而园子里的花木,由于那些沾了"小惠"的妈妈、婆子们的尽心照料,"也可以每年滋长蕃盛",贾家"也得了可使之物"。果然,宝钗的计划,被探春采纳了后,"众婆子……各各(个个——裕注)欢喜异常,都齐声说愿意。……"薛宝钗的建议的确是很小的一项经济措施,但它除了在经济上并不吃亏(贾家"也得了可使之物")外,又起了收买人心的作用,亦即又获得了政治效果。可见薛宝钗还在未做贾家的少奶奶之前,就是这样忠实地为这个封建家庭服务了。她所要"全"的乃是封建官僚地主家庭的"大体"——使之在经济上不垮台、政治上得"人心"、面子上不因"太啬"而被人看成"不像(样)"。实质上,这是具体而微地维护封建主义。

曹雪芹在回目中用"时宝钗小惠全大体"这句话,无论从文字的表面意义言,或从他的反封建的思想体系言,对薛宝钗都是采取讥评的、批判的态度。高鹗的"贤宝钗小惠全大体",就显然是在作者死后对作者的反封建原意的蓄意窜改了。

二 高鹗是怎样涂改五十七回原稿来隐薛氏母女之恶的?

在"贤"宝钗一回接下去的五十七回中,高鹗又把现存己卯、庚辰本中一段曹雪芹揭露薛宝钗在为人处事上的伪君子态度的话,给涂掉了。因此这段话不再见于通行本。原话是薛宝钗告诫邢岫烟的:

……"有人欺负你,你只管耐些烦儿,千万别自己熬煎出病来。不如把那一两银子明儿越性给了他们,到都歇心。你以后也不用白给那些人东西吃。他尖刺让他们去尖刺。很听不过了,各人走开。

倘或短了什么,你别存那小家儿女气,只管找我去;并不是做亲后方如此,你一来时,咱们就好的。便怕人闲话,你打发小丫头悄悄的和我说去就是了。"岫烟低头答应了。(引自现存己卯残抄本,庚辰本此段文字略异。)

曹雪芹用这种白描手法,把薛宝钗的阴暗、深沉的一面揭露了出来。"有人欺负"邢岫烟,她教给她"耐些烦儿";有人"尖刺"邢岫烟,她告诉她"让她们去尖刺"好了;实在听不下去了,"走开"!

结合薛宝钗在全书中的表现,这并不是她的"大量",这种"逆来顺受"乃是她为了达到某种目的的手段,也是她的一贯战略。她对付林黛玉用的就是这一套手法,她之所以博得贾府主要人物的欢心和"爱重",而取得了"少奶奶"的地位,就是由于她这种封建卫道者的待人处事的手段。

这样的一副面貌是丑恶的。作为一个同贾政、薛宝钗气息相通的忠于封建主义的续书者高鹗,当然不会把原作者这段揭露薛宝钗真面貌的话保留在书里,所以他就把它一笔涂掉了。在《乾隆抄本百廿回红楼梦稿》的第五十七回里,我们还可以清楚地看到高鹗涂抹的痕迹。这种涂抹显然是高鹗为了美化薛宝钗而为她"隐恶"。

曹雪芹对老谋深算、处事圆滑的薛姨妈,也有揭露。他在五十七回"慈姨妈爱语慰痴颦"的回目中,用"慈姨妈"、"痴颦"这些话,实际上是有虚有实的。"痴"颦是真实的,"慈"姨妈却是虚伪的。

作者在回目中用了"慈"姨妈这个字样,我们且看在正文中,她是怎样"慈"的,我们先引一段作者本回原来的文字。

当薛姨妈和宝钗去看黛玉时,谈到了宝玉的亲事,薛姨妈对宝钗说:

> ……我想到你宝兄弟,老太太那样疼他,他又生的那样,若要外头说(亲)去,老太太断断不中意。不如竟把你林妹妹定与他,岂不四角俱全!(引自己卯本新发现的残回。又《乾隆抄本百廿回红楼梦稿》未涂掉以前的原文亦同。)

读者最初看到这些话,会觉得这个"慈"姨妈是多么关切黛玉的婚姻。可是,当紫鹃跑过来第一次将薛姨妈的军时说:"姨太太既有这主意,为什么不和太太说去?"这个老滑头便十分巧妙地"哈哈笑"着说:

> 你这孩子急什么!想必催着你姑娘出了阁,你也要早些寻个小女婿去了!

经她这样一说,一个年轻的姑娘还好意思再说什么吗?果然,紫鹃"红了脸……便转身去了",紫鹃的将军失败了。

对于这样狡猾的手法,只是由一个小姑娘将一军,能够充分地揭露吗?不能。怎么办呢?作者在这种关键时刻,当然不肯放松。于是:

> 屋内……婆子们……也笑道:"姨太太虽是顽话,却到也不差呢!到闲了时,和老太太一商议,太太竟做媒,保成这门亲事,是千妥万妥的。"……(引自同上书。)

作者在这里借婆子们之口,点出薛姨妈提亲是"顽话",这已经是在揭露她的虚伪了。我们再看对于这来自众婆子们的第二次将军,薛姨妈是怎样应付的。她回答说:

我一出这主意,老太太必喜欢的。

如此而已。她并没有表示一定要向老太太去讲,她的话真的是"顽话"。这位"慈"姨妈就是这样对待那父母双亡、寄食于人的"痴"颦的!

高鹗鉴于薛姨妈对付这些婆子们将她的军的失败,鉴于任何读者从这段文字中都会看出薛姨妈的奸猾虚伪,所以他才把曹雪芹这段原来的文字完全涂掉了。高鹗这个儒家思想的崇奉者,当然要奉行那"为亲者讳"的教义——他既然美化了薛宝钗而为她隐恶,他就必然也要为薛姨妈隐恶,而不肯把她的老奸巨猾暴露给读者。

上述高鹗抹掉了原作者揭露宝钗的阴忍和薛姨妈的奸猾的文字,实际上反映了原作者和窜改者对薛宝钗的态度的不同,是政治思想和政治立场的不同。

三 高鹗窜改七十回原稿是为了给贾宝玉中举安下一个伏笔

这里举一个例,说明高鹗窜改原文,捏造事实,为准备让贾宝玉参加科举考试、中举人安下一个伏笔。

《红楼梦》里封建与反封建的矛盾和斗争集中在:贾政要把贾宝玉培养成为一个封建主义接班人,而贾宝玉反对做这样的接班人。曹雪芹的原稿并没有让宝玉去参加科举考试,中举人。曹雪芹的原计划是:宝玉结了婚不久,就"悬崖撒手"出了家,走入空门。高鹗为了让宝玉在后四十回"克尽孝道"参加考试,考中举人,就不得不在前八十回做些准备工作,安下"伏笔"。

七十回末,描写宝玉同众姐妹放风筝,雪芹原文说大家放完风筝时,

> 黛玉说:"我的风筝也放去了,我也乏了,我也要歇歇去了。"宝钗说:"且等我们放了去,大家好散。"黛玉回房歪着养乏,要知端的,下回便见。(引自庚辰本,有正本略同。)

高鹗却把庚辰本、有正本以及《乾隆抄本百廿回红楼梦稿》的原抄正文自"众人仰面说道:'有趣,有趣!'"之后的一大段讲放风筝的文字以及上面所引的这段话的最后一句,即"要知端的,下回便见"完全给勾掉了。但他同时却加上了下面一段文字:

> 说着,有丫环来请吃饭,大家方散。从此宝玉的工课,也不敢像先竟撂在脖子后头了。有时写写字,有时念念书,闷了也出来和姐妹们顽笑半天,或往潇湘馆去闲话一回。众姐妹都知他工课亏欠,大家自去吟诗取乐,或讲习针指,不肯去招他。那黛玉更怕贾政回来,宝玉受气,每每推睡,不大兜揽他。宝玉也只得在自己屋里,随便用些工课。展眼已是夏末秋初。一日贾母处两个丫头匆匆忙忙来叫宝玉,不知何事,下回分解。(引自《乾隆抄本百廿回红楼梦稿》,流行本同此。)

高鹗这样一改,他在后四十回里安排宝玉参加科举考试、中举人就成为很自然的了。因为,不管被迫还是自愿,宝玉平素总算做了"工课",否则在那经过数"十载寒窗"之苦才考中举人的高鹗看来,宝玉平时玩忽课业,一下子就中了举,岂不太容易了么?

在这里,我们看到曹雪芹所精心刻绘的一个坚决反对科举考试,反对"仕途经济"、反"禄蠹"、反儒的叛逆形象,竟被高鹗涂抹、歪曲成为一个向封建主义投降的人了。表面上,高鹗只是对故事情节作了"小小"的窜改,但是这个"小小"的窜改实际上却是维护封建主义向反封建力量的反扑——是两者矛盾和斗争的过程中具有重大意义的一个回合。

四　高鹗是怎样涂掉曹雪芹七十八回原稿中反封建的"伏笔"的？

前一节是举出高鹗一个维护封建主义的伏笔。现在再举高鹗删掉曹雪芹反封建伏笔的一个例子。

在庚辰本七十八回，有这样一段文字：

近日贾政年迈，名利大灰，然起初天性，也是个诗酒放诞之人；因在子侄辈中，少不得规以正路。

近见宝玉虽不读书，竟颇能解此（裕按：指作诗）。细评起来，也还算不十分玷辱了祖宗。

就思及祖宗们各各，亦皆如此：虽有深精举业的，也不曾发迹过一个。看来此亦贾门之数。

况母亲溺爱，遂也不强以举业逼他了。所以近日是这等待他。又要环、兰二人，举业之余，怎得亦同宝玉才好！（引自庚辰本一七一四至一七一五页。）

这段话在《乾隆抄本百廿回红楼梦稿》以及其他流行的本子中完全被删掉了。我认为这段话的被删，又是个原作者和窜改者的反封建和维护封建主义的例子。试略加分析如下。

（一）贾政是一个封建主义的卫道者，他一向坚持让贾宝玉走"仕途经济"的道路。希望宝玉做个孝子，进而成为"忠臣"。而他的最终目的是希望宝玉能够"光宗耀祖"。总之，他是要贾宝玉做一个封建主义的接班人。关于这个问题，读者看一下《石头记》第三十三回"不肖种种大承笞挞"，就会了然。

由于宝玉不遵守"父命"，贾政竟然要把宝玉"活活打死"，以免他发展到"弑君杀父"的地步，连累了他自己也不免"做个罪人"。

但是由于宝玉长期不断地用消极抵抗的方式进行斗争，终于导致上引七十八回这段关键性的变化——贾政居然认为他从前绝不可饶恕的宝玉无意科举只会作诗的行为"也还算不十分玷辱了祖宗"。这是一个多么大的变化！曹雪芹为了让读者相信，他还追述贾政年轻时候是个"诗酒放诞之人"，从而证明他今天的变化不是那么不可理解的。接着他写出了变化过程的原因——贾政回想贾家的祖宗们"虽有深精举业的"却也"不曾发迹过一个"，并且也宿命地认为"看来此亦贾门之数"。此外，贾母对宝玉的"溺爱"，也使他无法"逼"宝玉搞"举业"。这三点虽然表面上看来都未尝不是贾政态度改变的"理由"，但他改变的真正原因和意义，却远远不是这些。

我认为，这是《石头记》中封建势力向反封建力量低头的极其形象的例证。贾政，这个维护封建主义儒家的虔诚信徒之由死硬变到不得不承认贾宝玉"也还算不十分玷辱了祖宗"，实质上乃是他维护封建主义的失败。这个失败既不是由于贾政主动、自发的觉悟，也不是他对宝玉的什么"让步"。因为，如果没有宝玉长期以来从未间断的反抗——哪怕这种反抗是消极的——贾政是不会改变态度、不会"让步"的。

（二）就小说故事的安排和发展说，我们更应该看到这是曹雪芹的一个伏笔。有了这个伏笔，将来写贾宝玉结婚后不久就出了家，而并未参加什么科举考试，才是能衔接得上的，才是可理解的。否则，如果贾政始终死硬地要贾宝玉去参加科举考试，而宝玉也始终坚持不肯参加，那不就成了僵局吗？那又将怎么收场呢？曹雪芹的这一伏笔是完全同他原来的计划——宝玉婚后不久即弃"宝钗之妻，麝月之婢"而为僧——的结局相符合的。这是一个具有反封建意义的伏笔，是一个不可缺少的伏笔，这一伏笔同高鹗所续后四十回的结局完全相反。

试想这样的一个伏笔，高鹗如何能把它保留在书里？果然，在《乾隆抄本百廿回红楼梦稿》里，他就把这一段文字完全涂掉。

以上我仅举几个例，来说明高鹗窜改后的文字同曹雪芹的原稿相距有多么远。我相信，如果把早期抄本如甲戌、己卯、庚辰等本同《乾隆抄本百廿回红楼梦稿》的前八十回仔细核对一下，那就会发现更多的例证说明高鹗是一个封建主义卫道者,也可以在《红楼梦》作者原稿和它被窜改后的文字里,看出封建和反封建两种思想的斗争过程。

一九七四年十二月于香山,一九七六年
八月增补于郑州旅次。

卷八　早期抄本《石头记》批语试解

第一篇
读靖藏本《石头记》批语和《瓶湖懋斋记盛》谈脂砚斋、畸笏叟和曹雪芹

小　引

裕瑞在他的《枣窗闲笔》里曾说《红楼梦》是曹雪芹记他叔父的事。

我们认为《红楼梦》绝不是记一人一家之事的书,但在书中某些场合,作者以其叔父为原型并且援用曹家的某些事实为素材,这却是无法否认的。

对于说《红楼梦》是记一人一家之事和说其中有些曹家的事做素材这两种看法,我们必须加以区别。因为如果是前者,那就会陷入"自传说"的错误,同时也必然要抹杀《红楼梦》作为一部反封建的小说的社会意义。至于后者,则是小说家塑造典型人物和故事情节时所常有的事。

我觉得敦敏《瓶湖懋斋记盛》中所述那个住在庙里的雪芹的叔父,可能就是那一评再评《石头记》的脂砚斋。又从一九六五年大家知道的乾隆间夕葵书屋抄本《石头记》靖藏的过录本中的一条批语,得知脂砚斋和畸笏叟并不是一人,而是两个人。根据这两项材料并参考其他批语,我想举出脂砚斋和畸笏叟是两个人的详细证据,并探索一下曹雪芹和脂砚斋、畸笏叟之间的一些可考的情况。但在此以前,先介绍一下新发现的靖本《石

头记》及其批语的情况。

一 由靖本和他本批语的年代及署名证明脂砚斋和畸笏叟是两人

一九七二年五月我从上海回北京后,又重读毛国瑶抄示的靖本的批语,并将其中有关的批语同其他抄本的批语互相参阅。我觉得多年来脂砚斋同畸笏叟不是一人而是两个人的疑案,可以得到解决。这主要归功于靖本残存批语的发现。由于多年来对此问题就存在着不同的看法,所以我在下文征引了靖本原批语后,再特别举出一些较详细的证据,证明他们是两人。

我的目的不是单纯在于证明他们是一人或两人,而是通过这一工作了解脂砚斋、畸笏叟同曹雪芹相互之间的关系,借以多知道一些这位伟大作家的生活和活动情况。

第一,让我先举出靖本里能够初步证明脂、畸是两人的那条批语中与他本同一批语的重要异文。庚辰本《石头记》二十二回朱笔眉批:

凤姐点戏,脂砚执笔事,今知者聊聊〔寥寥〕,□(裕按:庚辰本此处原有一朱笔字,似"矣"字,但不可通。照顾到原抄字形,疑当作"岂"字;若以意补之,则作"宁"、"能"、"讵",均无不可)不怨〔悲〕夫!(裕按:六角括号中为校字,圆括号中为补字。下同。)

与此批相距不远,又有一条朱批道:

前批书〔知〕者聊聊〔寥寥〕,今丁亥夏只剩朽物一枚,宁不痛乎!

此二批为甲戌、己卯等抄本所无。但在靖本中,第二条批语有了极其重要的异文:

> 前批书〔知〕者聊聊〔寥寥〕,不数年芹溪、脂砚、杏斋诸子皆相继别去;今丁亥夏只剩朽物一枚,宁不痛杀!

这"不数年芹溪、脂砚、杏斋诸子皆相继别去"十六个字的阙文增补到原批语中去,便用事实足成了它的全意,即"当初凤姐点戏,脂砚执笔代写剧目的事,知道的本来只有芹溪、脂砚、杏斋和我寥寥几个人;谁知不到四年(从雪芹死于癸未除夕算起到丁亥夏),他们三人一个接着一个地死了。到了丁亥夏,知道这件事情的人,只剩我这个老废物了,想起来岂不令人痛杀!"这应该是此批的原文原义,后来这十六个字被删掉,也是这个"朽物"删的。按凤姐是书中人物,凤姐点戏是书中的情节,今此自称"朽物"的批者竟说凤姐因不识几个大字点戏时是由脂砚给代写的剧目,这充分证明作者在书中用了曹家的某些事迹为素材。但这当然不等于说《石头记》是曹氏的家史或是曹雪芹的自传。

现在让我回到正题。上引两批都未署名。前一条批语既可能是脂砚斋批的,也可能是在第二条批语中自称"朽物"那个批者所批。但第二条批语则肯定非脂砚所批,因为批中明白地说脂砚已经在癸未之后丁亥之前的某年某月内死了。问题在于:若断定脂、畸为两人,我们还必须证明第二条批语是畸笏叟所批才行。

第二,从批者所用的笔名上证明这个丁亥夏自称"朽物"的批者正是畸笏叟。我细察抄本的批语,畸笏有以下几个署名:畸笏老人、畸笏叟、老朽、朽物。

他用"老人"一名之例,如庚辰本十四回"只见宁府大殡浩浩荡荡"一段眉批云:"数字道尽声势。壬午春,畸笏老人。"

他用"叟"的例较多,如庚辰本十九回袭人劝宝玉最后一段批云:"花解语一段……余阅至此,余为袭卿一叹!丁亥春,畸笏叟。"

他用"老朽"一词的例,如甲戌本十三回总批云:"'秦可卿淫丧天香楼'作者用史笔也。老朽因有魂托凤姐贾家后事二件……姑赦之,因命芹溪删去。"

如果有人问：在上引这条批语中，虽然用了"老朽"以代名，然而却无"丁亥"纪年，何能作为证据？回答是：靖本在四十一回却有一条既用"老朽"又有"丁亥夏"纪年的眉批。批云："玉兄独至，岂真无吃茶？作书人又弄狡猾，只瞒不过老朽！然不知落笔时作作〔书〕者如何想？丁亥夏。"

由上举诸证，可见"朽物"一词，正是畸笏的自称之词。

第三，《石头记》抄本中的批语，凡署"丁亥"年而没有署名的批，都是畸笏所批。

在乾隆时的各个抄本中，署名的批者并不多。除一两见的松斋、梅溪外，只有脂砚和畸笏两人。有署名或有年份可推知是两人中哪一人所批的批语，大概情况如下。

脂砚所批署名"脂砚"、"脂砚斋"的有三十一条。二十四回有一条批语道：

> 这一节对《水浒》记杨志卖刀，遇"没毛大虫"一回看，觉好看多矣。己卯冬夜，脂砚。

这是全书批语中唯一既写出"己卯冬夜"的时间，又有"脂砚"署名的批语。有了这条批语，便可知凡是只署"己卯冬"和"己卯冬夜"的批语，也都是脂砚所批。这种批共有二十条。我们没有发现脂砚的批有署其他年份的。

一个重要的情况是：脂砚批的那一年，畸笏便根本没有批；反之，凡畸笏批书之年，也没有脂砚的批。

畸笏所批有署名和无署名而写明年份的共八十三条。署名不外"叟"、"老人"、"老朽"或"朽物"等等。他批书的年份较多，有丁丑、壬午、乙酉、丁亥和辛卯等。

甲戌本第一回"甲午泪笔"一批，现由靖本证明，应是"甲申泪笔"，故批书的时限不能计算到甲午年。至于这条批的批者是谁，因涉及许多问题，这里暂不讨论。如以上所指出的，畸笏在这八十三条批语中，有的只署"壬午九月"、"壬午孟夏"、"壬午重阳日"、"壬午春"、"丁亥夏"、"丁亥春"等字样,却没有署名。

由于已有"壬午春,畸笏"、"壬午孟夏,雨窗,畸笏老人"、"丁亥夏,畸笏叟"、"丁亥夏,畸笏"这些既有年份而又有署名的批,也由于壬午、丁亥两年没有证据表明有脂砚和旁人的批,故可推知:那些虽不署名而只署"壬午"和"丁亥"等年份的批语,都是畸笏批的。

把上述这一重要情况应用到"今丁亥夏只剩朽物一枚"这条批语上,则此批比那些只署"丁亥夏"而完全未署名的批语,还多了"朽物"一词,所以更可断定是畸笏所批的了。

但为什么有脂砚批即无畸笏批,有畸笏批即无脂砚的批?而且他们所用的《石头记》稿本或誊清本每每经年才得转手?这就同敦敏《瓶湖懋斋记盛》中所记关于雪芹之叔的情况有关了。此点容在第四节中再说。

二 从批语中对某些人和事物看法的不同 证明脂砚斋、畸笏叟是两人

除了上述证明外,更重要的是,我们还可以从脂砚斋、畸笏叟对于书中具体人和具体事物的看法和态度的不同,来证明他们不是一人,而是两人。以下用他们两人对红玉的看法为例,加以说明。

庚辰本二十七回关于红玉一段,有两条眉批,一条是:

> 奸邪婢岂是怡红应答〔答应〕者!故即逐之。前良儿,后篆〔坠〕儿,便是却〔确〕证,作者又不可得也。己卯冬夜。

另外一条是:

> 此系未见抄没、狱神庙诸事,故有是批。丁亥夏,畸笏。

前一条批中"己卯冬夜"显系"己卯冬夜,脂砚"的略文,所以它是脂砚

在一七五九年所批，后一条是一七六七年脂砚斋死后畸笏叟所批。因之，这两条批语本身就能说明脂、畸是两人，不是一人。

从这两条批语可以看出，脂砚斋和畸笏叟对红玉的态度是完全不同的。畸笏在过了九年之后看到脂砚上引前一条批语时，自己也写了后一条批语，说："这是因为脂砚未看到'抄没、狱神庙'诸事，不知道红玉有救过宝玉的'大得力处'，才有此批。"这一方面是替红玉辩白，另方面也是说明脂砚为什么写那样一条批语——他的意思是：假如脂砚看到"抄没"、"狱神庙"那些文字，知道红玉后来有宝玉大得力处，他就不会归红玉为"奸邪婢"的行列了。

在《石头记》批语中，还有一些例证足以说明脂、畸对红玉态度和看法的不同。庚辰本二十六回在"红玉听了，冷笑两声，方要说话……"上有脂砚只署"己卯冬"的眉批道：

> 红玉一腔委屈怨愤，系身在怡红，不能遂志；看官勿错认：为芸儿害相思也。己卯冬。

脂砚肯定红玉不是为贾芸"害相思"，而是打宝玉的主意，只因"不能遂志"，所以才"委屈怨愤"的。但据《石头记》书中的描绘，红玉恰恰是为芸儿而非为宝玉害相思。

在上引二十七回的前一条批语中，脂砚的看法竟至发展到说红玉是"奸邪婢"一流人的程度。可见他对红玉是非常敌视的。直到后些回中，脂砚仍坚持他的看法，庚辰本五十二回说到"小丫头子坠儿偷起来的……"时，有一条虽未署名却可断定是脂砚的批语道：

> 红玉既有归结，坠儿岂可不表哉！可知"奸""贼"二字是相连的，故情字原非正道，坠儿原不情，也不过一愚人耳，可以传奸，即可以为盗……

脂砚矢口认为红玉与"奸"有关,故得了个出怡红院的"归结",而坠儿则是"传"过"奸"的,"传奸"的人就能做"贼","岂可不表哉"?"故即逐之"!

相反,畸笏却自始至终为红玉剖白。关于红玉出怡红院跟凤姐去一事,畸笏反对脂砚的"逐出说",而探究红玉愿意去的动机。二十七回在红玉对凤姐述说一大堆"奶奶","话未说完,李氏道:'嗳哟哟,这些话我就不懂了:什么奶奶爷爷的一大堆!'"处,甲戌本夹批道:

> 红玉今日方遂心如意,却为宝玉后(文)伏线。

由于此批所提到的"为宝玉后(文)伏线"的"后文",是畸笏所知而为脂砚所不知,所以这一条也是畸笏批的。据甲戌本二十七回在红玉说的"只是跟着奶奶我们也学些眉眼高低,出入上下大小的事,也得见识见识"几句话旁,夹批云:

> 且系本心本意,"狱神庙"回内(方见)。(原缺"方见"二字,据俞平伯《辑评》加。)

据此,便可证明所谓"宝玉后(文)伏线"就是指贾家被"抄没"后的"狱神庙"一回里面的事。畸笏知道:到了"狱神庙"回"方见"红玉的机智和口才,有宝玉大得力处。另外,在红玉说这句话旁,庚辰本夹批云:

> 千愿意、万愿意之言。

由于看法是同上批一致的,这当然也是畸笏批的。

可见畸笏并不认为红玉在怡红院有什么"奸邪"的言行。相反,他认为红玉人聪明、口才好,愿意跟凤姐去乃是为了见见世面,学学事路。所以他在批语中才说"红玉今日方遂心如意",是"千愿意、万愿意"去的;她不愿意继续在怡红院里受那重重压迫了。且看二十四回红玉在怡红院初次给宝玉递茶时,便被秋纹骂道:"没脸的下流东西……难道我们到跟不上你了!你也拿镜子照照,配递茶送水不配?"第二十七回当红玉得到凤姐的赏识要她办些事时,碧痕、绮霞向她一齐攻击,而晴雯也讽骂道:"怪道呢,原来爬上高枝儿去了,把我们不放在眼里!……这一遭半遭儿的,算不得什么!……有本事从今儿出了这园子,长长远远的在高枝儿(裕按:据甲戌本。庚辰本作"而",误)上,才算得!"红玉听了,"不便分争,只得忍着气……"以上两例,是书中明写的事实;至于那日常在派活、态度上红玉所受怡红院里头等二等丫头们的气,就可想而知了。在这样的处境下,红玉千愿意万愿意离开怡红院,跟凤姐去学学"事路",见见"世面",是很自然的事情。

总之,畸笏对红玉是很赞赏的。甲戌本二十七回红玉说:"若说的不齐全,误了奶奶的事,凭奶奶责罚罢了。"夹批道:"操必胜之权。红儿机括志量,自知能应阿凤使令〔合〕意。"(裕按:当作"自知应能使阿凤合意")等条有关的短批,也应是畸笏批的。他甚至用赞美过雪芹和凤姐的字眼如"机括"、"志量"等等,来赞美红玉。可见畸笏对红玉的估价是很高的。庚辰本第二十四回总批:"红玉在怡红院为诸鬟所掩,亦可谓生不遇时,但看后四章供阿凤驱使可知。"这是畸笏对红玉在怡红院和离开那里去"服侍"凤姐的全部过程的总看法。他认为红玉在跟了凤姐以后,才发挥了她的才能。

由此可见,脂砚同畸笏在红玉问题上表示了两种截然不同的看法和态度。这些批语充分说明:脂砚斋和畸笏叟是两人,绝不是一人!

三 谈脂砚斋、畸笏叟和曹雪芹的居处

我以前读《石头记》的"脂批",觉得《石头记》的稿本在作者、批者之间周转得很慢,因此就有个印象:曹雪芹、脂砚斋和畸笏叟他们三个人好像不是住在一个地方。这次读了敦敏的《瓶湖懋斋记盛》,知道雪芹有个叔

父住在寺宇里。乾隆二十三年的八九月间,雪芹还曾离开他白家疃的家,去他叔父住的庙里帮助于叔度扎绘风筝,因此敦敏才两访不遇。知道了这些事实,我的那个"印象",就大体可以证实了。

从乾隆二十三年起,雪芹就住在白家疃。畸笏叟的住处大概在海淀或者竟是香山一带。

乾隆二十七年,畸笏写"壬午九月,因索书甚迫……"(庚辰本二十一回)一批时,曹雪芹已搬到白家疃四五年了。他和雪芹的住处相距很远,因之,"索书"、还书的过程就必然很慢。

敦敏的《瓶湖懋斋记盛》证实了裕瑞的话,雪芹真的有一个叔父,而且是住在"寺宇"里。在蒙古王府本的第一回也有"庙中安身,卖字为生"一条批语。这两句话固然是批贾雨村在庙中安身的,但是,这个批者见到庙就发些感慨的地方,不止这一处。甲戌本第二回在智通寺的正门对联上写着"身后有余忘缩手,眼前无路想回头",句下批云:"先为宁、荣诸人当头一喝,却是为余一喝!"当然,光是为了这两句话,批者也可以发一通今昔的感慨,但我认为很可能是由于批者当时正是住在庙里,所以才感叹"眼前无路",而说:"却是为余(我这个住在庙里的人——裕注)一喝!"据曹雪芹对敦敏所说的原话"前者同彼(裕按:指于叔度)借家叔所寓寺宇,扎糊风筝",我认为上引批中那个一见到庙就慨叹的批者,很可能就是雪芹对敦敏说的这个寄寓"寺宇"的脂砚斋。

这寺宇似乎也应在于叔度为友人照看的那个旧裱糊铺一带。敦敏在乾隆二十三年腊月二十一日遇雪芹于菜市口时,说雪芹挽他向"西行",西行就是向彰仪门的方向走。那里宽敞的庙宇是有不少的,报国寺就是其中之一。于叔度的家,《瓶湖懋斋记盛》已说明在东城,雪芹叔父脂砚斋所住的庙宇似乎不是在东城,而应在西南城彰仪门内外一带。

一九七六年五月费葆龄同志见告,说他儿时曾见北京广安门(即彰仪门)里南线阁千佛寺和尚郭四所放的风筝,样式新奇,与众不同,印象甚深。他后来三四十岁时从孔祥泽学制曹雪芹图式的风筝,感到同郭四的风筝极为相似。这一线索非常重要。雪芹那个"寄寓寺宇"的叔父,很可能是住在这个千佛寺里。若然，则于叔度借该处的僧舍扎制的风筝，必有流传于该寺的可能；相沿至今，遂有郭四摹制雪芹图式的风筝。按千佛寺康熙时纳兰成德的至友与曹寅也熟的顾贞观（梁汾）初至北京即住那里。照上述情况，脂砚住此，大有可能。假定脂砚住在千佛寺，也还是彰仪门一带。

这样，则他们三人一个住在白家疃，一个住在海淀或香山，一个住在北京的西南外城的内外，彼此相距都可谓很远。他们周转《石头记》原稿或誊清稿本以便续写或续加批语的过程，就必然要缓慢了。这一情况，也可以帮助说明本篇第一段所指出的《石头记》批语的特点，即有脂砚斋批的那一年就没有畸笏叟的批，有畸笏批的那一年就没脂砚的批。

此外，当时还有交通不便的问题。阔人们出游有的有车可坐，有的有马可骑。敦敏两访曹雪芹于六七十里之外的白家疃村，骑马去且感到很不方便，何况贫困落拓如脂砚、畸笏、雪芹这些人，他们之间交往的不便和缓慢，可想而知。

四　畸笏叟和曹雪芹的关系

畸笏是什么人？他同雪芹是什么关系？大约在乾隆三十二年，畸笏曾经回忆曹雪芹在世时的旧事，现在靖本十三回还有这样一条重要的批语道：

> 《秦可卿淫丧天香楼》，作者用史笔也，老朽因有魂托凤姐贾家后事二件，嫡〔岂〕是安富尊荣坐享人能想得到者？其言其意，令人悲切感服，姑赦之！因命芹溪删去"遗簪"、"更衣"诸文，是以此回只十页，删去"天香楼"一节，少去四五页也。

"遗簪"、"更衣"、"诸文"、"是以"八个字，均被其他抄本删去，独靖本保留此重要词句，使我们略知此回原稿的一些内容。

上引这条批语似乎暗示：这个批者尽管给人以"知曹家事甚悉"的印象，而批语所流露的，却不像是曹家人的思想感情。"因命芹溪删去"口气是蛮大的，似乎是雪芹的长辈。

关于畸笏不是曹家人这一点，我们对照他和脂砚的几条批语，就十分清楚了。

第一个例是，关于省亲和修建大观园事的批语。庚辰本十六回在"省亲的事竟准了不成？"句下，脂砚批道：

> 问得珍重。可知是外方人意外之事！脂砚。

由于脂砚既是批书者，又是书中某些事实的亲历者，他写这条批语时是很兴奋的。再看庚辰本十八回的两条夹批，在"三四岁时已得贾妃手引口传"句下，批云：

> 批书人领至（疑当作"过"）此教，故批至此，竟放声大哭。俺先姊先〔仙〕逝太早，不然，余何得为废人耶？

又在贾妃把宝玉"携手拦于怀内"句下，批道：

> 作书人将批书人哭坏了！

可见脂砚给省亲事批"外方人意外之事！"这句既有"高兴"又有"感叹"心情才说得出来的忆昔抚今的话，是很自然的。

再看畸笏则不然。他在"省亲的事竟准了不成？"句上也有一条眉批云：

> 大观园用省亲事出题，是大关键事，方见大手笔行文之立意。畸笏。

这条批语中所谓"用省亲事出题"、"大关键事"、"大手笔"、"行文"等,都只是从文章的结构上着眼,他对这件大事,并没有切身实感。虽然他在另一处又用"丁亥春"以"畸笏叟"这个笔名批这件事,并承认"省亲"是"泼天喜事",可是他仍然只是赞美雪芹对那"千头万绪"的事实处理得如何"合笋贯连,无一毫痕迹"的"机括"和"笔力"而已,我们还是看不出他有像脂砚那样的"身在其中"的感觉。

第二个例是,第七回当焦大说:"……反和我充起主子来了,不和我说别的还可,若再说别的,咱们白刀子进去,红刀子出来。"甲戌本有一条我认为是脂砚的夹批道:

忽接此焦大一段,真可惊心骇目,一字化一泪,一泪化一血珠!

试问:倘使批者没有极其痛心的切身之感,能够写出这样的批语来么?可是对这样的一件使脂砚斋"惊心骇目"的事,另外一条正文下的双行夹批却视为平常:

是醉人口中文法。一段借醉奴口角,闲闲补出宁、荣往事近故,特为天下世家一笑!

这位批者对"宁、荣""世家"那些丑秽的"往事近故",不但丝毫不感到痛心,反而还在那里发"笑"!在那里讲什么"文(章的写)法"!这个人是谁呢?我认为他就是那个畸笏叟。

第三个例是在庚辰本十七回的"贾政命回来,命再题一联,若不通一并打嘴"句下,畸笏叟批道:

所谓奈何他不得也,呵,呵!畸笏。

畸笏在这里公然嘲笑贾政,可见他并非曹家的人。倘如有的研究者所说,他和脂砚是一个人,试问:若那样,则作为宝玉的原型的脂砚,能够这样说他的爸爸吗?故我说,畸笏绝非脂砚,从此批以及上举各例也可看出畸笏不是曹家的人。那么,畸笏到底是雪芹的什么人呢?

庚辰本二十四回"三日两头儿来缠着舅舅……"句旁夹批:

> 余二人亦不曾有是气!

有人据此推断畸笏是雪芹之舅。辈则"长"矣,又为异姓,舅舅之说似乎可备一解。这是把此批解作"我们两人没有生过这种气",故批者"舅舅"对作者(外甥)说此话,意即他们两人不像卜世仁和贾芸生过是气。但此批实应解作:"我们两人不也受过这种气么!"这就意味着贫困落拓的畸笏和雪芹都在他们各自的舅父那里生过类似的气。而我们由此批语并不能推出畸笏是雪芹之舅。故舅父之说,终于缺乏证据。

现在姑不论畸笏和作者是家族还是亲属的关系,但以下各点是很值得注意的:

第一,综观批语,可知他对曹家的事十分熟悉。随便举一二例,如庚辰本二十八回"我先喝一大海"句上眉批:

> 大海饮酒,西堂产九台灵芝日也。批书至此,宁不悲乎!壬午重阳日。

由于此批注明了"壬午重阳日"数字,故知为畸笏所批。接着在"有不遵者,连罚十大海,逐出席外,与人斟酒"处,甲戌本夹批云:

> 谁曾经过?叹叹!西堂故事。

这也应是畸笏批的。此外尚有不少涉及曹家旧事而未署名的批语,也大都是畸笏所批。由此可见他是深知曹家的历史并且也参与曹家一些家庭活动,甚至他本人就是一个久居曹家的近亲。

第二,他在少年时期是同雪芹在一起玩过的。四十一回"妙玉送茶"一段上的靖本批语有云:

尚记丁巳春日,谢园送茶乎?展眼二十年矣。丁丑仲春,畸笏。

由丁丑上溯至丁巳恰为二十年,可见畸笏早在乾隆二年的时候,就同雪芹在一起玩过。结合畸笏也见靖本此回的另一批语:"玉兄独至,岂真无吃茶?作书人又弄狡猾,只瞒不过老朽。然不知落笔时作者如何想?丁亥夏。"此批虽批在妙玉对宝玉说"独你来了,我是不给你吃(指茶——裕注)的"句上,但观畸笏批语的词意,也是结合着他和雪芹的真人实事批的,尽管我们今天无法考出事情的内容是什么。如果曹雪芹死时是四十八岁,那么乾隆二年他才二十三岁。估计畸笏比雪芹约大十来岁。按乾隆继位即以雪芹表兄平郡王福彭协办总理事务,至元年曹頫官内务府员外郎,雪芹其时又适值出学之年,则与畸笏等游耍,亦意中事。

第三,他整理《石头记》原稿或誊清稿本的工作量很大。脂砚和畸笏是《石头记》的两个大评论家。一般人都知道批书的是脂砚斋,如裕瑞在当时就了解这一情况;《石头记》抄本,也以"脂砚斋重评石头记"的名义行世。但细查所有批语,在揭明书中故事与曹家事实的关系,记述已佚回目,指出拟写或已写而散失了的文字各点上,畸笏比脂砚做的都多。

以下仅就记述已经散失的回目说,如二十六回庚辰本眉批:

惜"卫若兰射圃"文字迷失无稿,叹叹!丁亥夏,畸笏叟。

二十五回庚辰本眉批:

叹不能得见宝玉"悬崖撒于〔手〕"文字为恨。丁亥夏,畸笏叟。

二十四回庚辰本眉批：

> 茜雪至狱神庙方呈〔是〕正文。袭人正文标昌〔目〕"花袭人有始有终"。余只见有一次誊清时，与"狱神庙慰宝玉"等五六稿，被借阅者迷失，叹叹！丁亥夏，畸笏叟。

二十六回也有涉及茜雪和红玉的批。

关于这件事，在四十二回靖本还保存着乾隆三十六年（辛卯）畸笏的一条重要批语道：

> 应了这话固好，批书人焉能不心伤！狱庙相逢之日，始知遇难成祥，逢凶化吉，实伏线于千里。哀哉！伤哉！此后文字，不忍卒读。辛卯冬日。

靖本这条批，并未注明批在何处；经查对庚辰本正文，知此批应在刘姥姥起了"巧姐"这个名字后，对凤姐说的下面一段话之上："姑奶奶定要依我这名字，他必定长命百岁。日后大了，各〔个〕人成家立业，或一时有不遂心的事，必然是遇难成祥，逢凶化吉，却从这'巧'字上来。"凤姐听了自是欢喜，忙道谢。又笑道："只保佑他，应了你的话就好了。"畸笏此批是说：佚回中狱庙相逢之日，的确应了这话——遇难成祥，逢凶化吉，巧姐得免于受"狠舅奸兄"之害。第五回判云："偶因济刘氏，巧得遇恩人"，正是指此。我认为，《石头记》中既有曹家的事为素材，则畸笏此批绝非仅是"看《三国》落泪，替古人担忧"，而是也想到《石头记》书外曹家类此的事实，才"焉能不伤心"，才痛呼"哀哉！伤哉！"的。

如果第一回眉批的"甲午泪笔"是"甲申泪笔"之误，那么乾隆三十六年（辛卯）这条批语就是见于各乾隆抄本中的最后一条批语了。这就是说，畸笏叟直到他死以前还不断地在那里怀着回忆过去的凄怆心情批《石头记》。

由此可见,畸笏这个人即使不见得是曹家的人,但是他与曹家、曹雪芹以及《石头记》的关系,却十分密切。

五 乾隆二十七年九月畸笏叟曾去白家疃访曹雪芹

曹雪芹和畸笏的接触,应该是较多的。但是,我们所能考出的,却只有下面这一次,即乾隆二十七年(壬午),九月间曹雪芹向畸笏索还《石头记》的稿本,大约在九月上旬以后,畸笏曾从他的住处(或海淀或香山)去白家疃给曹雪芹送书。二十七年从春天到重九以后,《石头记》的原稿本一直在畸笏手里。这年夏天似乎多雨。二十五回有两条署"壬午夏,雨窗,畸笏",二十六回也有"壬午孟夏,雨窗,畸笏",二十七回也有"壬午夏,雨窗"的批。当畸笏在二十一回写"壬午九月因索书甚迫……"这条眉批之前,曾把《秋树根偶谈》里一段话抄在《石头记》原稿的书端,并附志他个人的感慨道:

> 赵香梗先生《秋树根偶谈》内,兖州少陵台有子美祠为郡守毁为己祠。先生叹子美生遭丧乱,奔走无家,孰料千百年后,数椽片瓦,犹遭贪吏之毒手,甚矣才人之厄也。固〔因〕改公《茅屋为秋风所破歌》数句,为少陵解嘲:"少陵遗像太守欺无力,忍能对面为盗贼,公然折克非己祠,傍〔旁〕人有口呼不得。梦归来兮闻叹息,白日无光天地黑,安得旷宅千万官〔间〕,太守取之不尽生钦〔欢〕颜,公祠免毁安如山。"读之令人感慨悲愤,心常耿耿。

接着他又写道:

> 壬午九月,因索书甚迫,姑志于此,非批《石头记》也;为续《庄子因》(裕按:俞平伯《辑评》"庄子因"三字著双引号,误。《庄子因》是书名,清初三

山林云铭西仲撰,有康熙癸卯、戊辰两版)数句,真是打破胭脂阵,坐透红粉关,另开生面之文,无可评处。

畸笏叟很欣赏第二十一回雪芹续(其实只是模仿,是套调,不是"续",裕注)《庄子》:

> 焚花散麝而闺阁始人含其劝矣。戕宝钗之仙姿,灰黛玉之灵窍,丧减情意,而闺阁之美恶始相类矣。彼含其劝,则无参商之虞矣。戕其仙姿,无恋爱之心矣。灰其灵窍,无才思之情矣。彼钗、玉、花、麝者,皆张其罗而穴其队,所以迷眩缠陷天下者也。

畸笏叟认为曹雪芹的这段话与《庄子》外篇《胠箧》中"故绝圣弃智,大盗乃止……而天下始人含其巧矣"那段话酷肖。他又看到赵香梗的《秋树根偶谈》中赵改的杜诗,读之也"感慨悲愤,心常耿耿"。而当时又适值雪芹索书甚急,于是就把使他感动的赵改的杜诗,也抄在《石头记》书端,给雪芹看看,这当然"非批《石头记》也"。

我认为畸笏的"感慨悲愤,心常耿耿"主要是为了杜祠被毁。但是其中也可能有他个人的因素在内。《石头记》二十四回在贾芸向他舅父借钱不果,归途遇醉金刚倪二慷慨解囊时,畸笏在一条批语中很有感慨地说了下面这些话:

> 醉金刚一回文字伏芸哥仗义探庵。余卅年来得遇金刚之样人不少,不及金刚者亦不少。惜书上不便历历注上芳讳,是余不是(裕按:就字形看,疑当系"足"字的误抄)心事也。壬午孟夏。(见庚辰本及靖本)

看来畸笏是因贫求助过的,故批书时乃略志他的慨叹和感激之忱。畸笏当时生活的困顿,于此可见。甚至,他自己有没有"茅屋为秋风所破"的经历,也很难说。

大约在壬午年九月中下旬,畸笏因雪芹"索书甚迫",就到白家疃给雪芹送《石头记》的稿本去了。我说"中下旬",因为"壬午重阳日"他还在自己家里批《葬花吟》。

从香山翻卧佛寺后山去白家疃十里,从海淀去白家疃则四十多里,当时畸笏只有走路去,当天不会回来。在这个前提下,我们且看甲戌本《石头记》二十七回的这样一条眉批:

开生面,立新场,是书多多矣,惟此回处生更新(裕按:有抄错处),非颦儿无是佳吟,非玉兄断无是情聆,难为了作者了,故留数字以慰之。

第一个可能是,畸笏去到雪芹家里,值雪芹在家,他住在那里又翻阅了他带送还的"书"(也就是"索书甚迫"的书,即《石头记》,曹雪芹稿本)中的《葬花吟》,也是他在重九日脂砚斋在他家做客(《葬花吟》的批者是畸笏,批中的"客"是"脂砚先生")时劝阻他批二十七回的《葬花吟》,仍然觉得写得实在是好,所以便又在原稿书头上写了上面引那几句话,因为他认为写出这样的诗来,真是"难为了作者了,故留数字以慰之"。"留"是留给作者雪芹,"慰"也是慰作者雪芹,文义十分明白。

第二,鉴于敦敏乾隆二十三年两次去白家疃访雪芹未遇,他在乾隆二十六年又有《访曹雪芹不值》一诗,则畸笏去白家疃时,雪芹也有不在家的可能。如果雪芹不在家,则"留数字以慰之"的"留"字,就是留给出外未归的雪芹回来时看的了。

在这里需要说明一个问题。即上引甲戌本这段文字与庚辰本同批,略有出入,而作:

开生面,立新场,是书不止《红楼梦》一回,惟是回更生更新。且读去非阿颦无是佳吟,非石兄断无是章法行文,愧杀古今小说家也!畸笏。

此批中亦有错乱的字句,姑不管它。此批虽文字与甲戌同一条批语略异,其基本用意却是一样,即赞赏《葬花吟》。只是甲戌本这"难为了作者了,故留数字以慰之"十三个字,在庚辰本大致用"无是章法行文,愧杀古今小说家也"代替了而已。

我认为它们都是出自畸笏同一个批,但并非同时所批。甲戌本此批的文字较早,即畸笏于壬午年九月中或下旬去白家疃雪芹家时所批。而庚辰本此批的文字,则是后删改了的。他为什么把那十三个字改为"无是章法行文……"了呢?我以为"难为了作者了,故留数字以慰之"完全是批者个人安慰作者的话,不是面向读者说的,故与一般读者关系不大。而从文章写法上赞美雪芹说古今小说家及他不上,才是面向读者的批法。所以我认为那十三个字是这条批语的初文,其资料性远比改后的文字为大。

六 《葬花吟》的批者是畸笏,批中的"客"是"脂砚先生"——曹雪芹之叔

我在研究《石头记》批语的过程中,得知还有关于畸笏叟和脂砚斋三件比较重要的事实。

第一,《葬花吟》批语的批者是畸笏,批语中之"客"是脂砚。

脂砚曾于乾隆二十七年重九日由北京城里彰仪门一带他的住处,去海淀或香山看过畸笏。此行可能兼有"登高"之意,也许是畸笏请他去的。

大约在二十七年九月上旬,畸笏掌握着《石头记》的原稿或誊清本,陆续地写他的批语。在二十七回黛玉《葬花诗》一段上,他这样批道:

> 余读《葬花吟》至再至三、四,其凄楚感慨,令人身世两忘,举笔再四,不能下批。有客曰:"先生身非宝玉,何能下笔?即字字双圈,批词通仙,料难遂颦儿之意。俟看至玉兄之后文再批。"噫唏,阻余者想亦《石头记》来的!故停笔以待。(见甲戌本回末)

庚辰本此批则作眉批,文句小有出入,亦录如下:

> 余读《葬花吟》凡三阅,其凄楚感慨,令人身世两忘,举笔再四,不能加批。先生想(裕按:疑当作"曰")身(非)(俞《辑评》增"非"字,是也)宝玉,何得而下笔?即字字双圈,料难遂颦儿之意。俟看过玉兄后文再批。噫嘻,客亦《石头记》化来之人!故掷笔以待。

二十八回开头,又有这样一条眉批:

> 不言练字练句,词藻工拙,只想景想情想事想理,反复追求,悲伤感慨,乃玉兄一生天性,真颦儿不〔之〕知己,则实无再有者。昨阻予批《葬花吟》之客,嫡是玉兄之化身无疑!余几作点金成铁之人,笨甚笨甚!(见甲戌本)

庚辰本也作眉批,但文字略异:

> 不言练句练字,辞藻工拙,只想景想情(想)事想理,反复推求,悲感乃玉兄一生之天性,真颦儿之知己,玉兄外,实无一人。想昨阻批《葬花吟》之客,嫡是宝玉之化身无移(俞《辑评》作"疑",是)。余几作点金成铁之人,幸甚幸甚!

以上这两条批语,我认为都是畸笏批的,而且是壬午(即乾隆二十七年)九月的事。

这个"客"是谁呢?前一天,当畸笏正要批《葬花吟》的时候,他对畸笏说:"您不是宝玉,怎么能下笔呢?即使您字字给划双圈,批词通仙,也遂不了颦儿的心意啊!我看还是看过玉兄的后文再说吧!"奇怪的是,畸笏第二天批书时,不但毫无怪罪那位"客"的意思,反而认为那位阻批《葬花吟》的客人"嫡是玉兄之化身无疑"！这样的一句话,我认为他并不是随便说的。因为在前一天的批中,他已经严肃地说过"噫嘻！客亦《石头记》化来之人！故掷笔以待"了。正是因为这样,所以畸笏为此"客"所阻后的第二天又说:"幸而我没有批,不然的话,我就会成了'点金成铁'的人了！"这就说明:畸笏承认那个"客"说他"身非宝玉"不可能对《葬花吟》写出有切身感受的批语,因此他就不想再批了。但此"客"是被畸笏认为是"宝玉化身"的那个人,他自然有资格批《葬花吟》了。在这里,我们不免要问:畸笏会随便认为一个"客"是宝玉的化身么？绝对不会。那么,这位"客"到底是谁呢？我认为他就是脂砚斋！

第二,这个"客"也正是庚辰本二十回开始总批中的"有客题《红楼梦》一律"的那个"客"或题诗中的"脂砚先生"。

总批及所引题诗云:

> 有客题《红楼梦》一律,失其姓氏,惟见其诗意骇警,故录于斯:
> 　自执金矛又执戈,自相戕戮自张罗。
> 　茜纱公子情无限,脂砚先生恨几多？
> 　是幻是真空历遍,闲风闲月枉吟哦。
> 　情机转得情天破,情不情兮奈我何！
> 凡是书题者不可(不以)此为绝调。诗句警拔,且深知拟书底里,惜乎失石(周汝昌同志云:"'石'字当是'名'字之误抄",是。)恨矣。
> 　按此回之文固妙,然未见后卅(有正本做"之三十")回,犹不见此之妙。……今日写袭人,后文写宝钗;今日写平儿,后文写阿凤。文是一样情理,景况光阴,事却天壤矣。多少恨〔眼〕泪洒出此两回书！

案批者提及"后卅回",而且似乎也看过"后卅回"的草稿或"提纲",否则他就无法用"后文写宝钗"、"后文写阿凤"同"今日写袭人"、"今日写平儿"来对比,而"见此(回)(即二十回)之妙"了。正因为批的年代很晚,故亦似为畸笏所批。

畸笏对批中所引那个"客"作的七律赞为"诗意骇警"、"诗句警拔"。按该诗虽并不见得像畸笏所称赞的那样好，但是"深知拟书底里"，则是不错的。那么，这位"客"是谁？他竟然把"茜纱公子"的"情"和"脂砚先生"的"恨"相提并论，而且把他们紧密地联系在一起。最后他还自叹"情不情兮奈'我'何"！尽管畸笏用"惜乎失石（名）"、"失其姓氏"等话来打掩护，但我们不能不想到这里这个失名的"客"，正是阻畸笏批《葬花吟》，"《石头记》中化来之人"、"嫡是宝玉化身"的那个"客"——脂砚斋。

第三，下引批语"恐先生堕泪"中的"先生"也是脂砚。

甲戌本第二回"就是后一带花园子里"句夹批云：

"后"字何不直用"西"字？恐先生堕泪，故不敢用"西"字。

此批者为畸笏；"先生"是他称同他平辈的脂砚之词，亦即诗中的"脂砚先生"。"不直用'西'字，恐先生堕泪"，则是说：写书者曹雪芹怕用"西"字引起"脂砚先生堕泪"也。

到了十三回，甲戌本、庚辰本正文："另设一坛于天香楼上"，靖本则作"另设一坛于西帆楼上"。果然那位"先生"就提笔批道：

何必用"西"字？读之令人酸笔〔鼻〕！

可见上引畸笏的批语中"恐先生堕泪"的那种顾虑是有根据的，也可见脂砚在某些场合上，真是宝玉的原型。

综上所述，可知那阻止畸笏批《葬花吟》的"客"——脂砚斋，大约在乾隆二十七年重阳或重阳的前一日去海淀或香山访过畸笏。当时畸笏正要批《葬花吟》，脂砚觉得尽管畸笏是与《石头记》关系很深的人，但体会宝玉的思想感情，总比自己作为"宝玉的化身"，要差一些。因此，他便劝畸笏不要批下去。过了重阳，脂砚回到北京，畸笏遂又写"昨阻予批《葬花吟》之客……"这条批。

这样的批语很可能是畸笏有意地向读者泄露一点儿消息。《石头记》以作者之叔为宝玉原型的说法,本来是早已流传于乾隆二十年前后而后来为裕瑞闻自他的"前辈姻戚"如明琳、明仁、明义诸人的。试想:连明氏弟兄(关于他们与曹雪芹和《红楼梦》的关系,请参看本书卷六第四篇和卷七第二篇)都能知道的这一传说,畸笏这个与雪芹及脂砚关系很深的人,哪有不知道的道理?畸笏既知雪芹写宝玉这个小说人物以脂砚为原型,而脂砚也屡次在批语中吐露他自己与书中人物的密切关系,脂砚的这些批语,畸笏也当然会看到。因此种种,所以他才说这个实际上就是脂砚斋的"客",不但"深知拟书底里",而且就是"宝玉的化身"。

七　甲辰本三十回一批语和戚本五十四回回后总批中的"圣叹"也指的是脂砚斋

《石头记》批语中的"圣叹"也是指的脂砚。

据靖本十三回的批语,我们得知:脂砚斋是继雪芹之后在丁亥夏天之前的某一年死的。畸笏和脂砚在雪芹在世时,他们三个人本来是气息相通,感慨与共的。雪芹既死,剩下两个《石头记》的批者,已经都有孤凄之感;脂砚再一死,畸笏就更加不胜慨叹。"今丁亥夏只剩朽物一枚,宁不痛杀!"就是明显的一例。丁亥是畸笏批书较多的一年,丁亥之后,只有"辛卯"(乾隆三十六年)一条批。在雪芹、脂砚死后,批语中还有几条值得注意。

(一)甲辰本三十回"宝玉见他摔了帕子来,忙接住拭了泪"句下批云:

写尽宝、黛无限心曲,假使圣叹见之,正不知批出多少妙处!

金圣叹是人们都知道的一个批书者,但这里提到的"圣叹",我认为既不是指金圣叹其人,也不是泛指任何其他批书者。对于"写尽宝、黛无限心曲"的原文,如果能"批出多少妙处"来,那就非涉及细致的心理状态不可。此种批语的批者,倘非深知"拟书底里",甚至就是"个中人",又哪里能够做到?由于书中许多涉及细致感情的批语多出脂砚之手,而畸笏对此情况也知之甚悉,则畸笏所说之"圣叹",必指脂砚无疑。那就是说,只有作为宝玉原型的脂砚,才有条件批出宝、黛之间的"无限心曲"。

(二)再以另一条戚本中的批语证之。五十四回总批云:

> 读此回者凡三变。不善读者徒赞其如何演戏,如何行令,如何挂花灯,如何放爆竹,目眩耳聋,接应不暇。少解读者赞其坐次有伦,巡酒有度,从演戏渡至女先,从女先渡至凤姐,从凤姐渡至行令,从行令渡至放花爆,脱卸下来,井然秩然,一丝不乱。会读者须另具卓识,单着眼史太君一席话,将普天下不近理之奇文,不近情之妙作一齐抹倒,是作者借他人酒杯消自己傀儡〔块垒〕,画一幅《行乐图》,铸一面菱花镜,为全部总评。噫!作者已逝,圣叹云亡,愚不自谅,辄拟数语,知我罪我,其听之矣。

这里"作者已逝"句中的"作者",自然是指曹雪芹。鉴于靖本揭示脂砚斋死于丁亥之前,则"圣叹云亡"句中的"圣叹",应即指脂砚。畸笏虽然也可以说是一个知道"拟书底里"的人,但与脂砚相较,毕竟是比不上的。因此,"愚不自谅"的"愚",也就自然是畸笏的自谓和自谦之词了。

看来畸笏这人的风格是比较高的。他给《石头记》原稿做了许多收集散失文字、考订已佚回目的工作,但他却并不居功,而把脂砚斋死后由他最后定本的《石头记》,仍称为《脂砚斋评石头记》。

一九七二年七月初稿,十一月改稿,一九七三年一月
三十一日,一九七六年七月十一日重改于北京,
一九七六年八月十七日改定于郑州旅次。

第二篇
甲戌本《石头记》中的孔梅溪和吴玉峰

一 《红楼梦》正文和批语中的一些别名人物的问题

《石头记》早期抄本中的批书者都是些什么人？从来没有人回答得出。直到现在为止，我们只知道庚辰本十三回眉批"语语见道，字字伤心；读此一段，几不知此身为何物矣"署名"松斋"的批者，是康熙时大学士白潢的孙子白筠。白筠和墨香、敦氏弟兄都很熟，所以他有机会读到《石头记》；他又有一个由盛而衰的家庭历史，因此才发出这样的感慨。（详看本卷第三篇《松斋考》，特别是一九七七年一月所加的"附记之二"。）

此外，我们虽然屡见"脂砚斋"、"畸笏叟"这些署名的批语，也从他们的口气大致推知他们同曹雪芹很接近，但他们究竟是什么人？直到目前为止，还是不能确切回答。

如果第一回的"雪芹旧有《风月宝鉴》之书，乃其弟棠村序也；今棠村已逝，余睹新怀旧，故仍因之"这条批语是可信的话，那么，棠村就是曹雪芹的一个弟弟。靖本《石头记》十三回有一条"九个字写尽天香楼事，是不写之写。常村"的批语。此批亦见他本，但"常村"这两字署名，则为靖本所独有。"常"当系"常""棠"互假。现在有的研究者相信这两条批语，认为棠村即雪芹之弟。

"空空道人"有人认为是个"乌有先生"。但他既是把《石头记》"抄录回来问世传奇"之人，其地位本自与作者曹雪芹相合；兼之自《红楼梦》出世以来，就有不少人认为"空空道人"是雪芹的假托之名。特别是，我于一九五五年从魏宜之处得到那幅"云山翰墨，冰雪聪明"八字篆文，署名即作"空空道人"，盖有"松月山房"一阴文章。有的研究者认为这幅字确是雪

265

芹的笔迹。故"空空道人"可能即是曹雪芹的一个假托之名。

早期抄本《石头记》正文说五十三回贾氏宗祠的匾额和对联是"孔继宗"写的。陈迩冬同志在一九六二年九月八日的《光明日报》上，考出"孔继宗"就是孔继涑。孔继涑是"衍圣公"的继承者，他是当时有名的书家张照的女婿，他自己也以书法知名。

最近我因接到远地同志函告，知道一些"孔梅溪"的材料。在探索孔梅溪事迹的过程中，又得到一些可能与吴玉峰有关的材料。我们在甲戌本看到这两个名字时，常常以为他们是"亡是公"。也有些研究者作种种设想，如俞平伯等猜孔梅溪就是雪芹的弟弟棠村的别号。现据本文所述，孔梅溪、吴玉峰都可能是雪芹相识的另外两个人。

下面我根据周梦庄先生来信所指出的重要线索，进而搜集一些有关的材料，对孔梅溪和吴玉峰作初步探究。

二 "东鲁孔梅溪"即孔继涵——周梦庄先生来信

一九七五年六月，我接到文物出版社转来的江苏盐城七十五岁老人周梦庄先生的来信。据来信说，他因过去读过一些我的考证曹雪芹和《红楼梦》的文章，特地来信告诉我以下消息。

> （上略）现在据我所知，《红楼梦》第一回与五十三回，曾经提及孔氏弟兄。如甲戌本第一回载："空空道人（中略）遂易名为情僧，改《石头记》为《情僧录》。至吴玉峰题曰《红楼梦》。东鲁孔梅溪则题曰《风月宝鉴》。"是则《石头记》改名《红楼梦》是吴玉峰。玉峰何人？待考。改题《风月宝鉴》的则是孔梅溪。
>
> 按孔梅溪就是孔继涵，曲阜人，字荭谷（或说又字荭谷），号梅溪，是孔子的六十九代孙（一说六十七代），乃孔广森的叔父。乾隆二十六年(1761)辛巳进士，官户部郎中。深于《三礼》，曾经校刻《微波榭遗书》六种和《算经十书》，皆称精本。

孔继涵和盐城人徐铎是儿女亲家。铎字令民,号南冈。乾隆元年(1736)丙辰进士。二十二年(1757)十二月由山东按察使署任布政使,次年正月任提刑按察使。这年六月卒,年六十六岁。(见王赠芳《济南府志》和《光绪盐城县志》及梅镠邓石如《徐南冈墓志》。)铎原配虞氏,生一子。继配薛氏,生二子三女。其第三女许山东曲阜"衍圣公"后户部主政孔继涵公子,未嫁卒。

我曾见亡友李鹤仙旧藏孔继涵写的一副对联:上款写的是"南冈",下署"梅溪孔继涵"。这副对联当然是送把(本文作者按:即"给"字意)徐铎的。可惜当日不曾摄影;现在不知有无了。因此得知《红楼梦》所提的孔梅溪就是孔继涵。(本文作者按:中间一段涉及孔继宗即孔继涑的,因已有陈迩冬文,不引。)

曹雪芹与孔氏弟兄很可能是文字交,而且年龄都差不多。如《四松堂集》甲申(1764)《挽曹雪芹》:"四十年华付杳冥",那么,孔继涑这年是三十八岁。可推测孔继涵的年龄应当大得多些。

雪芹将小说稿本给孔继涵教正题名,其交情已非泛泛。不知孔氏弟兄所著诗文集,有没有往还酬唱的佳作?但乾隆二十年(1755)五月,曾谕禁满人与汉人以文字唱和;虽有,恐怕也早经删削了。当时箝制言论,束缚士林,文字狱甚繁,谁敢触其法网?

上面两条(裕按:另一条是有关孔继涑的,与陈迩冬所考大致相同,从略)线索,写供你老参考。我因僻处黄海之滨,无书籍可查。孔氏弟兄可能有诗文集之类。现在不知其集名,希望你老能够就近一查《济南府志》和《曲阜志》,得知其集名,再寻集看。也可能和《懋斋诗钞》一样,发现与雪芹有关的东西。(下略)

这封信很重要,《红楼梦》问世后二百多年以来,这是第一次探讨第一回里的"东鲁孔梅溪"是谁的问题。按"梅溪"一名在《红楼梦》中凡两见。一是十三回署名"梅溪"的批语:"不必看完,见此二句,即欲堕泪!梅溪。"二即第一回正文中的"东鲁孔梅溪则题曰'风月宝鉴'"的孔梅溪。我当初认为那个读至秦可卿给凤姐托梦时赠凤姐"三春去后诸芳尽,各自须寻各自门"两句话,批"即欲堕泪"的梅溪,和主张《石头记》用"风月宝鉴"一名的孔梅溪,是同一个人。读了周梦庄的来信后,我就更加肯定了这一看法,而"孔梅溪"的确实有其人,不是假托的名字。

据上引周梦庄先生的信,他在他已故友人李鹤仙家里看到李所收藏的那副对子的上款题"南冈",下款署"梅溪孔继涵"。"南冈"是徐铎的号,故周梦庄认为那副对子就是孔继涵送给徐南冈的,而这个孔继涵,也就是《石头记》第一回中的"东鲁孔梅溪"。

这里有几个关键性的问题。第一,那副对子是不是真的?第二,如果是真的,写对子的"梅溪孔继涵"是否即是《石头记》作者在第一回中所说的"东鲁孔梅溪"?

关于第一个问题,具体情况是,现在已经无原物可资鉴别真伪。我曾函询周梦庄先生,得他一九七五年六月十八日的复函说:原对联因李鹤仙早已逝世,无法觅得,但他早年看到那副对联后,因当时未拍照,即写了一条杂记,"藏之箧中有年"留"待考查证实"。

既无原物,那么,周先生的鉴别是否可靠呢?我认为孔继涵和当时著名的书家孔继涑还不同,他并非书家,故不会有人伪造他的作品。又据周先生函称:他自己原与汪旭初"同门"研究词曲,又与叶遐庵、关秬园、龙榆生诸人交游,并曾编有《水浒传杂事考》、《邓石如年谱》等稿,他又喜欢金石、书画、文物、考古等等。看来周先生对书法鉴别的能力应该是很高的,故他所看到孔继涵书上款题徐南冈的那副对子应该是可靠的。周先生这一说法,无论如何,也是一个很重要的提示。

第二个问题便是:正因为这是个"提示",所以我们不能仅仅根据它来断定"东鲁孔梅溪"句中的"梅溪"就是孔继涵。

我因借书等种种不便,未能多搜证据,故不能得出什么定论,只是把周梦庄先生的信公布出来,再搜集一些有关资料,来试加证实这个可能性,希望有人能做进一步的研究。

三 试证"东鲁孔梅溪"即孔继涵、"梅溪"即"孔梅溪"

关于孔继涵的事迹和诗文,我只看到他的《红榈书屋诗集》四卷、《斫冰词》三卷、《微波榭遗书》六种、《算经十书》等等。此外,翁方纲曾撰孔继涵的墓志铭,见其《复初斋文集》卷第十四中《户部河南司主事孔君墓志铭》一文。卢文弨有《孔㴋谷户部哀辞(并序)》,见其《抱经堂文集》第三十四。卢又有《与孔㴋谷书》、《答孔㴋谷书》,亦见上集。《国朝耆献类征》有孔传。

(一)孔继涵有没有"梅溪"这个号? 孔继涵字体生,号葡孟,又号㴋谷,山东曲阜人,生于乾隆四年,死于乾隆四十八年,孔丘六十九代孙,他是孔广森的叔父。乾隆二十六年(辛巳)进士,官至户部郎中。

孔继涵是否有个"梅溪"的号,我们未见他书,不能妄断。一九七六年二月王利器同志告诉我,说有个"梅溪"同裕瑞有诗文酬答,他认为裕瑞既是《红楼梦》爱读者之一,故颇倾向于设想那个"梅溪"就是第一回中的孔梅溪。后来他又发现,同思元主人裕瑞往还的那个"梅溪"好像是南方人。我认为,这就同"东鲁"孔梅溪冲突了。一周以后,我在钱泳的《履园丛话》的《谭诗集》中看到下面一条:"辅国公裕瑞为豫亲王弟,自号思元主人。(中略)主人尝赠余七古一首,又《和京师冬日八咏》及《春游八咏》诸作,诗甚长,未录也。"这里所说的两诗正是王利器同志在裕瑞集子中看到的赠"梅溪"诗,这个"梅溪"乃是浙江人钱梅溪即钱泳,不是"'东鲁'孔梅溪"。

孔继涵并不止葡孟、㴋谷两别号。卢文弨在乾隆四十七年《答孔㴋谷书》中首句便作"日望足下",可见"日望"也是孔不常用的别号,而为写孔继涵的传记、墓志铭的人所未提及。清代康、雍、乾之际,文人喜多取号,永忠的别号就有近十个,曹雪芹也有好几个别号。他们和朋友通信或诗文往还,有时用这个别号,有时用另一个别号,本无定规。故我认为"梅溪"可能是孔继涵的别号之一。

"梅溪"是孔继涵什么时候用的别号呢? 按徐南冈死于乾隆二十三年,其时孔继涵年二十岁。周梦庄先生看到李鹤仙所藏的那副孔给徐写的对子,写的时间当必在二十三年或其前某年。以徐年长、做官,而请二十岁的孔继涵写一副对子,我看除了相识、亲戚关系(此点以下再谈)之外,当时孔继涵是孔丘"六十九代孙"这一条,也很重要。

这里有一个问题,即孔继涵和徐铎到底是什么关系?据周梦庄先生一九七五年六月八日第一函引邓石如写的《徐南冈墓志》称,徐铎"继配薛氏生二子三女,其第三女许山东曲阜'衍圣公'后户部主政孔继涵公子,未嫁卒"。周梦庄先生以为:"末语含糊,认为徐铎是岳父可,认为儿女亲家亦可。"裕按:《墓志》中既引了孔的官阶"户部主政",却又称他为"公子",确有被人认为徐铎的第三个女儿许配孔继涵的儿子的可能。但这实在是一个误会,因为孔继涵在他的《斫冰词》的一首词的注里,明明称徐铎为"外舅"。原词云:

蛮风飓雨天南极,样砢路、劳心臆。年来齐鲁建旌旄,剩我伤心消息。莲舟载月,薇园听雨,想起衣衫湿!

人生前路诚如漆,茫茫者,谁得识?更番冲暑整钿车,怕阁珊瑚牙笔。会分哀乐,别兼生死,禁架回肠织。(原注云:"外舅最爱余诗,记〔即〕以珊瑚笔山相酬。")

按"外舅"是岳父,孔既在自己写的词注中称徐为"外舅",可见徐是他的岳父,而他自己就正是徐的那未嫁而卒的第三个女儿的未婚夫。

还有一点,足资佐证。即徐死于乾隆二十三年,时年六十六岁,那时孔才二十岁,徐南冈继妻薛氏之第三女的年纪大概与孔相若。他们订婚可能要早于乾隆二十三年。以当时的婚姻年龄来看,假定在乾隆二十年是很可能的。那就是说,乾隆二十年到二十三年,徐的第三女未嫁而卒,故孔继涵在上引词中称徐为"外舅"。徐在乾隆二十三年死前(那时他的女儿可能已死,也可能未死)看到孔诗,而"最爱"之,并以珊瑚笔山相赠。即使那时他的女儿已经死了,孔也还应称徐为"外舅"。孔在徐死之前,以二十许的青年给徐写了一副对子,上款写"南冈□□……",下款写"梅溪孔继涵"。这说明：乾隆二十三年以前他已用过"梅溪"这个别号。

又据《红榈书屋诗集》有孔十五岁以前的诗，且知他那时，即乾隆十九年，已经"游京师"了。他在《红楼梦》第十三回里使用"梅溪"一名批书，就应该在这时稍后。至于为什么叫"梅溪"，我想可能同他家乡的环境有关。"蒹谷"、"梅溪"都可能是根据曲阜孔继涵居处的自然景物而取的别号。

（二）作为孔有"梅溪"别号一个旁证的，即他也曾在他的《斫冰词》中用过"东鲁"一词。《怀人词》十四首《稻广文莳溪铤》中云：

乌篷白发寒江渡陡，牵惹甲兴赋；廿年东鲁惜相与，冷落酒瓢诗库。红亭阑外，乱山衰柳是送君归路。（下略）

他又用"齐鲁"一词，在上引给徐南冈的词中有云：

（上略）年来齐鲁建旌旄，剩我伤心消息。（下略）

由此可知"东鲁"云云是孔继涵自己在诗词中用过的名词，《石头记》中的"东鲁孔梅溪"是他自己用过的原话。曹雪芹在第一回用"东鲁孔梅溪则题曰'风月宝鉴'"一语，是沿孔本人的习惯用法才也用这"东鲁孔梅溪"一词的。否则，为什么他写到吴玉峰时不提吴的籍贯而说"□□吴玉峰"呢？

（三）孔继涵就是"东鲁孔梅溪"的可能，还有一些证据可举。一，在孔的诗文集中有与曹家有关的文章。曹寅刻的洪氏《隶续》一书，在孔集中有《隶续跋》一文。该跋文开头即提到了"楝亭曹氏"。二，熊锡履予告后，居江宁，康熙曾嘱曹寅察其动静，并于死后嘱曹寅赠金。孔继涵是熊的外孙，他曾撰《熊文端公年谱》。三，可注意的是，孔继涵的许多朋友都与曹雪芹相识。孔集中提到的周立崖，我们根据敦诚的《寄大兄》书，知道他和曹雪芹相识。又孔集中有与钱大昕和钱载有关的诗文，而这两个人都是曾经给雪芹题过王冈所绘雪芹小像的。朋友的共同，当然也可说明孔、曹两人有相识的可能。

（四）以下就孔继涵的为人及其对某些事物的看法，来看他同曹雪芹的关系。封建文人多从地主阶级人性论的观点读《红楼梦》，并喜欢其中有关"风月"的描绘。这当然是对《红楼梦》的曲解，事实上他们也不可能不是这样去理解《红楼梦》一书的。孔继涵就是从这个角度喜欢《红楼梦》的。

1.《斫冰词》里有《忆昔》（点绛唇）二首，应是孔继涵追忆少时事所作：

> 忆昔儿时，相看都带相怜意。人前蓦地悄悄肩偷倚。到得而今，多少嫌疑避！隔帘觑，伴装没意，罣捵盈盈泪。
>
> 绿暗平桥，个人家住垂杨下。双逢未知曾绾秋罗帕。携手偎肩，姊妹都无价。今休也，姮娥新寡，怕记当年话。

这是两首道地言情之作。此词虽未注明年代，但当是稍长会见儿时情侣回忆往事之作。可见孔继涵像其他地主阶级的文人一样，也是一个自命"多情"的人物。

他又有一首《蛩》云：

> 问王孙，有愁多少，向人狠叫何益！兼之断续迷离久，还有低低叹息。真不必，惹滴尽多情红泪相思汁。夜凉人寂，对篁影如秋，月轮似水，魂梦愁山驿。（下略）

对于一个"蛩"鸣的声音，发了这么一大套议论和感慨，也可谓"善感"的了。

这样一个"多情善感"的孔继涵，他之在《石头记》十三回秦可卿托梦赠凤姐"三春去后诸芳尽，各自须寻各自门"一语上端，眉批"不必看完此二句，即欲堕泪！梅溪"，不是很自然的事吗？

2.孔继涵还是个笃于友谊的人。《国朝耆献类征》说他"与人交，缓急补助无吝色"。卢文弨《孔葓谷户部哀辞序》云："其厚于朋友也，不以死生易节。戴东原君既殁,为版行其遗书,无有散失,士林尤高其义。"(见《抱经堂文集》卷三十四)《哀辞》中又云:"美交道之不渝兮,信臭味之相投。"(见同上书)这样一个笃于友谊的孔继涵,他之能与贫困落拓却才气纵横的曹雪芹相交,是完全有可能的。

3. 特别是孔继涵论诗的见解,也同曹雪芹的见解相似。在《红楼梦》中,林黛玉论诗重"意趣",宝钗谈诗,也主张发抒性情。他们都反对诗受格律的束缚。林、薛虽都是书中人物,但他们这些看法也自是曹雪芹的诗论。

4. 孔继涵的《红桐书屋诗集》中有《论诗》十首,其中的第九首云:"风雅歌诗赋再赓,何曾俳字复谐声?戏拈三百篇中句,不过讴吟见性情!"这不是和曹雪芹在《红楼梦》书中那些关于诗的议论如出一辙吗?有这种在见解上的相同,则孔继涵之与曹雪芹打交道,自然是会意气相投的。

5. 或者有人问:孔继涵年龄远较雪芹为小,他们如何能论交?又是怎样结识的?

关于年龄,我的回答是,孔继涵游京师很早,而且他的诗集里有他十五岁时的诗,并颇可观。他和曹雪芹的结识当在乾隆十八年(癸酉)至二十八年(癸未)之间。按孔继涵较明义还大一岁,明义尚可与雪芹相识论交,阅读他的《红楼梦》,孔继涵有何不可?

那么,孔继涵是怎样同雪芹相识的?

第一,曹雪芹可能先与孔继涑相识,而后才认识孔继涵。

《石头记》第五十三回"贾氏宗祠"四字及"肝脂涂地兆姓赖保育之恩,功名贯天百代仰蒸尝之盛"一联的书写者,在早期抄本中作"衍圣公孔继宗"。程、高改本则作"翰林院掌院事王希献书"。我们这里仍据早期抄本。按这个"孔继宗"据上引陈迹冬同志文所考,就正是孔继涵的哥哥孔继涑。

孔继涑字体实,一字信夫。号谷园,又号葭谷、雪芦子,是当时书法家张照之婿。继涑亦工书法,雪芹写《石头记》时,孔继涑的书法已经"誉满齐鲁,声动京华"了。乾隆二十年继涑年二十岁,雪芹年四十一岁(照另一说法则是三十二岁)。雪芹既以"孔继宗"这一假名代孔继涑并让他做《红楼梦》中贾氏祠匾额的书写者,则他们自是相识的了。孔继涵与雪芹结识或即由于孔继涑同雪芹相识的关系。

第二,孔继涵与雪芹相识抑或系由吴玉峰的介绍。

在孔继涵的集中,有个同他唱和的人叫吴揖峰。据说,山东有的地方,"揖""玉"两字读音是不分的。我很怀疑,这人就是吴玉峰。据孔集,吴揖峰能诗文,嗜酒,生活落拓,不拘形迹;又尝客居东鲁,与孔继涵为邻。孔有访吴揖峰一诗,可略窥其为人:

街头霡雨泥滑滑,东舍西邻塌茅屋。冒雨敲门破清晓,来索先生新诗读。先生拥被门不开,苍苔一地无人来。阿谁搅乱蘧蘧梦,屐齿丁丁上石阶?

又《次韵答吴揖峰》(一落索)云:

莎根絮絮蛩声众,石棱砖缝。古今谁记酒人踪?城外双翁仲。荷插陶家可供。一生断送。同他厮趁蝶如蜂,作半疴、花中梦。

又《答吴揖峰》云:

草杀秋芜百卉萎,旧怀新句脆玻璃。凉生客馆单衾下,梦到梁溪藕叶西。碧玉细倾杯底月,金虫遍缀木中犀。同君共唱清秋曲,酒罢扶床一再稽。

又《中秋戏柬吴揖峰》云:

月明如水浸秋城,别馆新歌入破声。堂上卷帘弦索闹,筵前烧烛酒船行。不知夜急星河转,可似论文口舌争?怪煞闭门高独寐,西斋壶矢自铮铮。

我们读这些诗词的语气、含义，可知吴揖峰当远较孔继涵为年长。

倘使甲戌本《石头记》中的"至吴玉峰题曰'红楼梦'"这句话，是由于作者不便直书其名而以"玉峰"代"揖峰"的话，那么，孔继涵因吴与曹相熟而由吴介绍与雪芹认识，也是可能的。

关于吴揖峰，我还没有查到他的直接材料，现在所能谈的，不过如此而已。

有一点略提一下：所谓"至吴玉峰题曰'红楼梦'"，"东鲁孔梅溪则题曰'风月宝鉴'"，云云，并不是吴、孔两人给《石头记》取的书名；而是他们在作者和批者早已标出的书名中，择取一个而已。这一点，熟悉早期抄本情况的人，都会知道，无须详说。

综观以上，可知孔梅溪和吴玉峰大概都实有其人，而非作者随便拟出的乌有先生。这样则《石头记》第一回中那些人名以及其他一些批者，就大都有了着落：东鲁孔梅溪是孔继涵，吴玉峰是吴揖峰，空空道人是曹雪芹，脂砚斋是雪芹一个叔父，棠村是雪芹之弟，五十三回的孔继宗是孔继涑，十三回批者松斋是白筠，畸笏叟是雪芹的一个长辈。

    一九七五年七月初稿，十二月十七日改稿于香山，
    一九七六年七月十一日改定于沙滩。

第三篇
松斋考

庚辰本《石头记》第十三回有一条批语云:"语语见道,字字伤心,读此一段,几不知此身为何物矣。松斋。"隔两条批语,又有一批道:"松斋云:好笔力,此方是文字佳处。"

先说前一条。俞平伯先生《脂砚斋红楼梦辑评》以为这条批语是"但将来败落之时,此二项有何出处"的眉批,并谓"甲戌同"。我经与甲戌本和庚辰本核对一下,这条眉批实际上是在下引数语之上:"……若目今以为荣华不绝,不思后日,终非长策。眼见不日又有一件非常喜事,真是烈火烹油,鲜花着锦之盛。要知道也不过是瞬息的繁华,一时的欢乐;万不可忘了那盛筵〔没有个〕不散的俗语。此时若不早为后虑,临期只恐后悔无益了。"这些话是秦可卿托梦给凤姐时说的。

批者所谓"见道"、"伤心"是指那"瞬息的繁华","若不早为后虑,临期只恐后悔无益"之类的话。这个批者显然是"过来人",在他的经历中必定也有个盛极而衰的过程。有过这样的感受,所以读到可卿这几句话才会有"忆昔抚今"的伤感。

三十余年前,胡适说"松斋"似乎和脂砚斋是一个人,可能是雪芹的族人,曹頫或曹顒的儿子。事实上,并非如此。

据敦诚《四松堂集》中的《潞河游记》一文,松斋姓白名筠,是白潢的后人。白潢在《清史列传》中有传,他是汉军镶白旗人。康熙时由笔帖式授内阁中书。康熙朝他在福建、山东、贵州、湖南、江西做过多任的外官,官至巡抚。后来因病请求回京,任兵部尚书。雍正即位后,命白潢协办大学士事务,后又任文华殿大学士。白潢曾经具疏恳辞,雍正下谕说,听说你做江西巡抚时,"绥辑地方,甚有裨益,及任兵部尚书,清勤恪慎",因此一定要他做。雍正还给他一首诗，其中有云："蓼萧多雨露，应及老成人。"可见他已取得了康、雍两朝统治者很大的信任。雍正三年，他因病请求解任。

白潢在康熙朝做江西巡抚时，曾因吉安、抚州、饶州等四府有落地税银千三百余两，皇帝各派大使征收。白潢因恐官役费比税还要多，大使们不免要苛征，遂把四府税银停征，由巡抚司道公捐银款代完，但报部时并未说明。这些派来的大使虽然因银两停征而无所职掌，却仍旧设立在那里，以后的巡抚也相沿此法办理。他解任以后，到了江西巡抚汪漋，遂向皇帝上奏此事，并请裁汰大使。这样，便惹起了雍正的恼怒，说，如"此项税银不应征收，则白潢当奏请于圣祖仁皇帝（裕按：指康熙），施恩豁免；若系应征，则令商民完纳，何得公捐完课，曲示私恩！似此沽名邀誉，岂人臣事君之道？"于是白潢终于"照溺职例"革职。这一下子白潢就垮下去了。白潢死于乾隆二年。

别号"松斋"的白筠，可能是白潢的儿子，因上引敦诚文有云"松斋园亭乃其先相国白公（潢）之别墅也"，白园在北京朝阳门外。以白潢那样得康熙和雍正两帝的信任，并且在雍正朝做《圣祖仁皇帝实录》的总裁官，他那白园当年的胜境是可以想象的。可是，势败后，到了白筠的时候，却已经"楼台瓦砾，池沼荆榛，惟松数十株尚苍然挺秀于荒冈残石间，其下为老圃矣"。由同游的贻谋死于乾隆四十二年觇之，敦诚写此游记时约近四十岁，白筠可能还小些。仅仅过了二十多年，他的家境便由盛而衰到这种地步，岂不正应了那"没有个不散的筵席"的俗话？大概白家也和曹家一样，盛时不虑后事，到了敦诚写游记时候，可能生活已经很困顿了，所以看到上面所引《红楼梦》十三回的话，自然会发生"语语见道，字字伤心"而有"读此一段，几不知此身为何物矣"的感慨了。况且，那白潢获罪的事实，也不会使白家的人服气——他本来是忠于统治者给他的信任，生怕特派大员要苛征，贻害于纳税的人，所以才"公捐代完"的，不想却因此获罪。白筠有了这些事实缭绕在心头，遂提笔写了那几句话在上面，这是很合乎情理的。

然而，白筠究竟有什么能读到《红楼梦》的机会可考呢？按《潞河游记》一文记游者六人，一凯亭，名傅雯，满洲人，会画，官骁骑校。二墨翁，名额尔赫宜，即墨香，皇帝侍卫，是敦诚和敦敏的叔父，但年龄比敦诚还小十岁。三即松斋。四子明，即敦敏，号懋斋。五贻谋，名宜孙，敦诚的堂弟，做过右翼宗学副管。六即敦诚自己。由于没有直接的证据，姑且把白筠自己直接买到《红楼梦》抄本的可能除掉；也把他从敦氏弟兄手中借到的可能取消，因为他们弟兄有没有《红楼梦》也并无文字证明。单单就墨香这个人说，白筠就有从他那里借到《红楼梦》来读的可能。他便是乾隆三十三年永忠写因墨香得观《红楼梦》小说吊雪芹诗三首的那个墨香。从敦诚的游记看来，墨香和白筠是很接近的。一则曰："墨香往邀松斋"；再则曰："墨香松斋亦至；斫脍击鲜，极兴所至，叫嚣之声，与欸乃相杂。"那么，白筠从墨香那里得读《红楼梦》是完全可能的。

松斋批只上述一条，另外"松斋云"一条，可能还不是他直接批的，而是他对《红楼梦》中那一段文字的赞美，由旁人记上去的。总之，松斋批语是极少的。我疑心松斋只是在墨香那里随便翻看一下《红楼梦》，而不是长期借阅的。否则以他对《红楼梦》那样有兴趣，怎么能够不再多批下去呢？

考出松斋是谁，至少可以使我们知道《红楼梦》的批语绝不像某些人所设想的全是曹家的人批的。即以松斋所批这几句话而言，如果不知道松斋乃是同曹家不相干的白筠在发泄他自家的感慨，那么，说这几句批语是曹雪芹的叔叔批的，甚至说松斋就是脂砚斋的另一个别号，又何尝不可呢？但那样瞎猜下去，就把事实真相越猜越远了。当然，我们希望进一步知道脂砚斋是谁，畸笏叟是谁。知道他们和雪芹的关系，对于了解雪芹的身世和著书背景的帮助就更大了。

附记之一：答一粟同志

这篇短文是一九六二年三月十八日写的，刊于同月二十八日的《文汇报》。八月得吴世昌先生由英国牛津大学所寄其大著 *On the Red Cham-*

ber Dream，即英文本的《红楼梦探源》，得悉我的看法与他相同，见该书六二、七二、三二九、三四七等页。惟世昌先生考得白筠为白潢之孙，可以正我之失。在六月二日的《文汇报》上，有一粟《关于松斋》一篇驳我的文章。他认为考出"松斋"是谁，意义也不大云云，我却以为不然。我认为考出早期抄本的某些批者都是谁，对了解《石头记》作者写书时的一般状况和思想情况的帮助甚大。这一点不必在此详论。他又认为：白潢未被抄家，革职后景况并不坏，松斋何来"读此一段不知此身为何物矣"之感？我认为：白家衰落并不一定要被抄家，而他引的雍正三年白潢"归休私第"的生活，以及雍正五年革职后的"晚景"，也决不能与四十七八年之后敦诚写《潞河游记》时白家的情况，相提并论。试想：敦诚所说的"楼台瓦砾，池沼荆榛，惟松数十株尚苍然挺秀于荒冈残石间，其下为老圃矣"的白园，还能与四十多年前可以"怡情"、"闲游"，盛植"蔬果"，大艺"花木"的白园相比么？最莫明其妙的是，该文又说："曹寅有一位'松斋'大兄……能说他也就是这个松斋吗？"一粟举出一个曹雪芹还未出生时的"松斋"，来问我："他可是批《红楼梦》的松斋？"我认为这样的讨论态度是欠妥的。我说《潞河游记》中的松斋即批《红楼梦》的松斋，其重要理由之一，就是他和墨香是好朋友，而墨香是《红楼梦》抄本最早的收藏者之一。一粟的文章，对此点只字不提。故我当时没有答复他。

一九六二年八月廿八日。

附记之二：松斋并非杏斋

这里附带谈一点，即靖本《石头记》二十二回有一条与其他各本文字不同的批道："前批（指'凤姐点戏，脂砚执笔事'）知者聊聊〔寥寥〕，不数年芹溪、脂砚、杏斋诸子皆相继别去，今丁亥（裕按：乾隆三十二年）夏只剩朽物一枚，宁不痛杀！"其中的"杏斋"周汝昌同志说或系"松斋"，因为"松"字有一写法作"枩"，"枩"形近"杏"字。据说日本的伊藤漱平先生也有此看法。如果真是那样，则据前引批语，这个"松斋"就应该死于乾隆三十二年之前了。亦即雪芹死于乾隆二十八年，接着脂砚死了，最后"松斋"也死了,即所谓"相继别去"。

现知杏斋即松斋这一看法是错的,因为《潞河游记》中的参加者中有敦诚的弟弟贻谋,贻谋直到乾隆四十年仍在,并于乾隆四十年前后还同松斋参加了潞河之游。所以,那个在乾隆二十八年之后、三十二年之前死了的杏斋,显然不是这个松斋。

一九七七年一月八日于香山。

第四篇
"壬午九月索书甚迫"解
——答吴小如同志

读一九六二年六月五日《光明日报》的《东风》上吴小如先生《读脂批石头记随札》后,觉得他指出我把批语看错一点,还有一申浅见的必要。当然,我的看法不一定正确,但问题也并不像吴先生所设想的那样简单。

我最初读庚辰本脂批《石头记》第二十一回的批语"壬午九月,因索书甚迫,姑志于此,非批《石头记》也"(由于我最近的研究,知道壬午年的批语,都是畸笏叟所批,详看本书本卷第一篇《读靖藏本〈石头记〉批语和〈瓶湖懋斋记盛〉谈脂砚斋、畸笏叟和曹雪芹》。一九七二年五月,裕注),也和吴先生的看法一样,认为"索"的"书"是《秋树根偶谭》,"索者"是《偶谭》的所有者。可是,后来越想越不对,觉得畸笏叟不至于穷得桌上片纸皆无,而把他所珍视的《石头记》拿来当吴先生所谓"速记簿"使用,把一段"无干"的话抄在《石头记》书端。仔细推敲一下第二十一回有关各条批语后,我认为"赵香梗先生……心常耿耿"那段话,还不是像吴文所说和《石头记》毫不相干,而是有关联的。在畸笏叟的思想线索上,这段话中的赵"改"杜甫的《茅屋为秋风所破歌》中数句,是和宝玉"续"《庄子》的几句话有关系的。

按第一个与续《庄子》有关的批语是:"趁着酒兴不禁而续,是作者自站地步处,谓:'余何人耶,敢续《庄子》?'然奇极之笔,从何设想,怎不令人叫绝!己卯冬夜。"(此批见影印本,页四七二。据我最近的研究,己卯年这条批语是脂砚斋批的。一九七二年五月,裕注。)这是说,脂砚斋在乾隆二十四年冬读到雪芹"套"《庄子》中"故绝圣弃知,大盗乃止……"的调子而"续"出"焚花散麝……"那段文字时,对雪芹那种为了怕人家指斥他"你是什么人，敢续《庄子》？"而写出宝玉"趁着酒兴不禁提笔续曰……"横竖是醉后之笔的巧妙写法"叫绝"。脂砚斋认为，这是雪芹为自己"站地步处"。隔两三条又批"借阿颦诗自相鄙驳，见予前批不谬。己卯冬夜"。（见上书，页四七六）这是同年冬的另一批，是说，前一批言雪芹为了怕"批评"而说"趁着酒兴"续《庄子》乃是自站地步，是批对了；不是这里又借黛玉的诗"无端弄笔是何人，作践《南华庄子》因"，把自己"鄙驳"了一通么？

　　总起来说，就是脂砚斋很欣赏雪芹所"续"《庄子》那段话。到了乾隆二十七年（壬午）九月间或者再前些时，畸笏叟正看到赵香梗的《秋树根偶谭》中赵"改"的杜诗，他对于杜祠被毁既很同情，而对赵改的杜诗，也读之"感慨悲愤，心常耿耿"。因为他也同脂砚斋同样欣赏曹雪芹续《庄子》续得好，而是时又适值雪芹索书甚急，于是就把使他感动的赵"改"的杜诗也抄在《石头记》书端，给雪芹看看，这当然"非批《石头记》也"。因此，他才在抄完赵改的杜诗之后，就低一行批道：

　　　　壬午九月，因索书甚迫，姑志于此，非批《石头记》也；为续《庄子》因数句，真是打破胭脂阵，坐透红粉关，另开生面之文，无可评处。

　　（页四六七）

　　从俞平伯先生的《脂砚斋重评石头记辑评》开始，就把自"为"字起以下数句给割裂开，吴先生也照样不引用自"为"字以下的那几句话。这是很不妥当并且是"各取所需"地引用原句的。这"为"字正是对雪芹说："你读《庄子》这段话使我感到的确是彻悟之言，无可评处；我抄赵香梗改的几句杜诗，并不是为了评《石头记》，而是为了他改的诗也很感动我，值你索书甚急，就抄在书头上，给你看看罢。"如果不是这样解释，而照吴先生那种解法，不但把续《庄子》和改杜诗的关系完全漠视，而且批者畸笏叟手头竟无其他纸头可用的假想，也无法令人信服。尤其是，这个"为"字，恐怕也很难"交代"罢？

　　此外，据我不甚准确的统计，畸笏叟本年（壬午）的批最迟是到"重阳"。推测乾隆二十七年九月雪芹索回原稿,从事整理或改写,而到了乾隆二十八年(癸未)除夕雪芹就病死了。整个二十九年(甲申)畸笏叟没有批。这或者由于他感伤雪芹的逝世,不免睹物怀人,或者由于他事相牵,不得从事于此,就不得而知了。

因此,我说壬午九月索书甚急的索书者是曹雪芹,书是《石头记》,批者是畸笏叟。

【附记】本文是一九六二年六月十七日写的,刊于同月二十三日《光明日报》的《东风》上,原题为《读脂批石头记随札读后》。同年八月上旬得吴世昌先生书,谓他和我的看法相同。下旬得所寄《红楼梦探源》英文本,他的说法见页八二。其译批语中"为续《庄子》因数句……"之"为"字:It is because...,甚是。

一九七六年七月九日改定于沙滩。

附录　敦诚《四松堂集》集外诗文辑（增补）

第一　《四松堂集》集外诗辑（增补）

（一）录自《四松堂诗钞》

挽敏亭先生二首

［丁丑诗。原为二首，《四松堂集》中只收其第一首，此为第二首，见《四松堂集》二十六页。］

处困恒忧惋　先生有泰容　人间弃松菊　天上主芙蓉
谁作驴鸣吊　空悲马鬣封　碑铭属谁事　不愧郭林宗

渡青龙河

［丁丑诗。接上首。］

流澌不成冻　滦水急波洄　凫雁自相得　鸧鹒莫漫猜
徒杠撑乱木　古堞落残灰　瘿俗前途是　何劳辨颈腮

烈女墓

［在《腊月二十五日夜宿一片石》后，见集二十七页。］

烈女前明一片石关戍卒女也，美姿容，性庄重，年仅十六。有恶少挑之，诉于官，薄加惩责。烈女惭愤，遂自缢。奉敕建碑。前明御史傅公经过，为营葬，复吊以诗。丁丑十二月，余客一片石时，大风吹野，白日阴晦，因访烈女墓于荒荆蔓草中，凭吊之余，继以小诗即次傅公原韵。

碣字古苔侵　荒烟蔓草深　黄云横大漠　白日下寒林
野女严如昔　贞风播至今　相过须下马　一醑吊冰心

岁暮自述五十韵寄同学诸子

［戊寅诗。在《烈女吟二首》之后，见集三十一页。］

阏逢困敦岁　我年十一秋　二月辞家塾　负笈宗黉游
从学黄叔度　芸馆春风幽　同学尽同姓　五陵马与裘
文章溯唐汉　诗赋追曹刘　或为李昌谷　锦囊才无侔
或为李供奉　奏赋侍冕旒　谁谓吾宗内　曾不古人优
嗟余愧后学　操觚耽吟讴　雕虫矜小技　抚卷恣冥搜
旃蒙大渊献　涂月行欲周　我年二十一　文试偕朋俦
圣人下丹诏　座主垂青眸　不意黄卷客　竟点朱衣头
承恩叩御墨　自愧亦何由　垂云笑蜩鸴　大树撼蚍蜉
可笑不自量　谒选趋瀛洲　自非青铜质　安得万选收
选官与选佛　脱然两无求　归来闭门卧　殊增猿鹤羞
小园有邱壑　竹石托咏游　菊栽陶靖节　竹种王子猷
梅植孤山林　莲插濂溪周　酒饮阮步兵　诗梦康乐侯
禅论赞公房　钓泛龟蒙舟　一生几两屐　年华逐水流
无何别乡国　言驾三韩辀　晓风辞古驲　暮雨投荒邮
大漠卢龙塞　落日渔阳州　高山千叠翠　海水百丈湫
旅窗时泣月　羁思频登楼　呜呼更遭患　乌鸟声啾啾
游子悲何极　彼苍空悠悠　天涯类蓬转　人生如萍浮
复有松亭役　襆被荒城陬　寒天云漠漠　急雪风飕飕
空山叫鹳鹆　古木啼鸺鹠　荒榛窜狐兔　落日下羊牛
除夕客海上　哀恨何能休　和苏守岁诗　哀感杂羁愁
明年归故里　计拙营糟邱　思亲感风木　对客成楚囚
来往潞河间　上冢悲松楸　故友半凋落　北邙宿草蘙
凄然山阳笛　邂尔黄垆瓯　从此别宗学　闲居狎群鸥
犹幸雁行间　气味殊薰莸　辰夕乐相数　茗碗兼诗筹
过此二十六　老大益增忧　历叙年来事　酒酣斫吴钩

南霁云塑像

(像在城南道院)[己卯诗。在《一月中闻罗介昌(即西园)李迂甫(情)两先生天元上人皆作古人感而有作》一诗之后,见集三十三页。]

　　早得临淮兵数千　　睢阳未必遽摧残
　　公教南八男儿死　　断指无人灭贺阑

段司农

　　[己卯诗。接前诗。]

　　沟洫何能益庙堂　　苦心百计挽颓光
　　韩旻袭驾岐灵死　　一击桓桓振大纲

题沈苍画

　　[庚辰诗。在《广济寺》一诗后,见集三十五页。]

　　寺隐乔松一径深　　两山对峙见嶙峋
　　闲看鹿饮溪亭立　　蕉梦匆忙笑郑人

咏楚弓有感作

　　[庚辰诗。在《病鹤》一诗后,见集三十六页。]

　　楚国既失弓　　仍得楚人手
　　大哉先尼言　　人得为楚咎
　　失弓得工何足责　　楚也人也应有择
　　得失且莫问楚人　　但为宝弓弃之惜

题朱生画虎

　　[庚辰诗。在《村居二首》之后,见集三十六页。]

　　叶公只好画龙耳　　天龙下之翻惊起
　　世人好赝不好真　　我谓画虎亦如此
　　昔日裴旻猎北平　　获彪三十何纵横
　　忽遇真虎不敢射　　猎马避易萧萧鸣
　　朱君画师称好手　　为我画虎不类狗
　　急行渴势奔流泉　　目光夹镜明山阜

虎兮虎兮托山隅　更有何人捋尔须
却笑当年王介甫　以讥魏公何其愚

赠曹雪芹

[辛巳诗。在《平上闸观水势》一诗后,见集三十八页。]

满径蓬蒿老不华　举家食粥酒常赊
衡门僻巷愁今雨　废馆颓楼梦旧家
司业青钱留客醉　步兵白眼向人斜
阿谁买与猪肝食　日望西山餐暮霞

思亲

[辛巳诗。在《潇洒轩宴集》一诗后,见集四十页。]

不见慈亲面　悠悠五载余　音容犹昔日　昨夜梦回初
儿媳悲遗线　男孙解读书　终天风木恨　岁暮过茔庐

住移情泉石堂拙庵伯父命为小诗走笔却呈

[壬午诗。在前诗后,见集四十页。]

落泉绕寺急春流　水气虚堂冷似秋
蜡屐每教小阮从　凿山来与谢公游
但知云外寻枯衲　不向山中道故侯
久矣吾家诗是事　愿为短句纪林邱

初夏小雨

[癸未诗。在《黄西江(克显字去非)先生自蜀来京话旧感作》一诗后,见集五十页。]

喜见黄梅雨　空堂坐独吟　绿苔当径合　老箨入帘阴
蚕尾生迦砌　涎蜗上古琴　煎茶拾松子　花外湿烟沉

种竹

[癸未诗。在前诗之后。]

新筠戛绿玉　簌簌西窗阿　不知竹叶繁　但觉雨声多

挽曹雪芹

［甲申诗。当在《山月对酒有怀子明先生》一诗之后，见集五十三页。］

四十年华付杳冥　哀旌一片阿谁铭　孤儿渺漠魂应逐（前数月，伊子殇，因感伤成疾）　新妇飘零目岂瞑　牛鬼遗文悲李贺　鹿车荷锸葬刘伶　故人惟有青衫泪　絮酒生刍上旧坰

题桃花便面四首

［甲申诗。在《咏未放桃花》诗后，见集五十五页。□□是原缺字处。］

小红才向枝头结　怕见江南梦雨侵
浪蝶闲蜂过不采　尔时瞥见便留心（未开）
微笑窥人半面宜　东风尽日启葳蕤
艳香已许留君摘　待得红深未是迟（半开）
香满空庭红压溪　梦□□影画栏西
绕枝□□金铃锁　不□三春鸟雀栖（盛开）
晓风吹尽落香尘　净扫残□□锦茵
也解明年开更好　新红不是故枝春（已落）

听雨楼木芍药放花主人张幕宴客
其下酒半索余首唱诸公属和云

［甲午诗。在《题残荷飞鹭图》一诗后，见集七十页。］

檐幕高悬护艳红　朝来宴客竹楼东　且倾花下三春酒　莫忆江干五两风（主人酒酣每作归语）　许下飞英传范蜀　广陵嘉会问韩公　金铃宝槛非吾好　苦恋林逋放鹤笼

集修暇轩仍次前韵

［甲午诗。集中收第一首，见集七十一页，此为另一首。］

自笑朱颜是酒红　醉乡歧路任西东
夜过西岭黄梅雨　春尽南园落絮风
一饮便狂逢次老　每归倒载笑山公
烹鲜最喜都官婢　得鲫还应送箵笼

题寓翁南园壁翁时致仕

[甲午诗。在《未放芭蕉》诗后,见集七十一页。]

遂初吟罢卧林溪　莫怅归迟日未西
多少黄尘乌帽客　白头空听子规啼

臞仙馈平安酒寄谢

[丙申诗。在《醉写墨竹于壁戏题此诗》一诗之后,见集八十四页。]

贻我一樽酒　远自枿柦堂　浸以飞霜散　斟以紫霞觞
倚松坐石上　松风吹芳香　一酌愁破碎　再酌神飞扬
徘徊短篱下　菊萼初凝黄　绝胜江州馈　拘拘必重阳

鹩栖庵夜雨与桐崖暨小儿云多联四韵

[丙申诗。在《饮晚未得入城即宿草堂夜与松溪次前韵》一诗之后,见集八十八页。]

共听秋窗雨　潇潇夜欲赊　风檐鸣竹叶(庵主人)　山径湿松花　侍坐传云液(云多)　消醒试露芽　任教红烛炧(桐崖)　余兴转相加

过龚紫树柳巷故居有感二首

[丁酉诗。在《和桂圃客中清明》诗后,见集九十一页。]

巷口堂空落燕尘　醉中回马哭斜曛
华筵斗酒依稀记　翠管银筝问紫云

年时系马近庭西　庭树凄凉乌夜啼
寒食何人过野寺(停桡夕照寺)　孤魂和雨泣棠梨

筠园席上澄泉先归作此戏之

[丁酉诗。在《嵩山约游夕照亭酒间感赋》一诗后,见集九十八页。]

非关逼饮狂司马　失一老兵何足哗
可是凄凉通德怨　没靴□惜踏冰花

次臞仙山中遇雪原韵

[丁酉诗。在《臞仙以雪中往寿安寺访莲上人用东坡腊日游孤山韵见寄即次原韵

奉酬》一诗之后，见集九十九页。]

空山横石无车辙　　但见崖峦飞玉屑

山僧晓起汲深泉　　皮龟两手冰花结

老䝙长啸破山寒　　琼楼玉宇辞长安

旗亭红袖麾双鬟　　夜扪冻翠人所难

荇庄过草堂命酒联句即检案头闻笛集为题是集乃余追念故人录辑其遗笔而作也

[庚子诗。在《岁暮宿村寺不寐挑灯感赋二首》之后，见集一〇五页。]

常侍山阳意　王孙旧雨情　遗文寻故笥（荇庄）　老泪洒枯荆（近遭汝猷弟之痛）　忍对黄公酒（松堂）　空怀张翰羹　拥衾悲九日（荇庄　亡弟庄九日卧病）　分袂记孤城（记丁丑春日汝猷曾别于榆关）　是处青山恨（松堂）　年来白发生　风檐频检箧　雨夜独移檠　泪向西州落（荇庄）　魂犹南浦惊　人琴亡子敬（松堂）　金石感明诚　修短同归尽（荇庄）　控搏谁所令　诸君皆可述（松堂）　我辈漫相评　宴集思畴昔（荇庄）　联吟忆晦明　诗追李昌谷（松堂　谓曹芹圃）　词迈柳耆卿（谓紫树）　绣佛寻苏晋（荇庄　谓秀崖）　工书拟伯英（谓周廷尉）　珍收米海岳（松堂　廷尉得范忠贞公家藏南宫一品石诸同人赏之听雨楼各有跋语）　乩降许飞琼（谓璞翁将军尝有是癖）　懒过嵇中散（荇庄　谓寅圃）　狂于阮步兵（亦谓芹圃）　刘伶曾荷锸（松堂　谓罗介昌）　徐邈但衔枪（谓复斋）　武有花敬定（荇庄　谓明益庵在蜀中没于战事）　文如陆士衡（谓贻谋）　春船天上坐（松堂）　活火夜来烹　简为看花折（荇庄）　驴多踏雪行　高岩扪古翠（松堂）　小部度新声　剪烛敲寒漏（荇庄）　弹棋罢夜枰　秋风醒大梦（松堂）　今雨散佳盟　宿草荒原迥（荇庄）　遗墟故宅更　樵儿登马鬣（松堂）　吊客作驴鸣　细检生前句（荇庄）　空留身后名　感怀良自苦　有酒且同倾（松堂）

射腹谣和嵩山戏作

[庚子诗。在上诗后，见集一〇五页。]

猪王几赤槽上颈　　鬼叫华林猪继统
　　末年偷得李家儿　　却返宫人延刘种
　　长宁子孙无孑遗　　龙颡在侧竟不疑
　　新安市狗一声吠　　龙颡窥伺猪王棋
　　苍梧早是几上肉　　何在援弓射祖腹
　　弑君熟手王敬则　　更有国华与世族
　　昱也准也莫怨嗟　　官昔曾取司马家

汲水贮方塘中

〔庚子诗。在《东坡咏姑恶鸟云姑恶姑恶姑不恶妾命薄范石湖作后姑恶诗云姑恶妇所云恐是妇偏辞又云姑不恶妇不死与人作妇亦大难已死人言尚如此余复为之乃专恶于妇云》一诗之后,见集一○五页。〕

　　剖竹连筒隔石冈　　引来泉水泻方塘
　　最宜日午闲留客　　沁得茶瓜冰齿凉

春田吟

〔辛丑诗。在《北寺腊梅嵩山日使人探之今春稍迟至仲春下浣始放因相约入寺上人万钟置茗饮共赏其下且拈春字韵索诗即书以寄谢》一诗后,见集一○六页。〕

　　去年大水秋无稼　　田家卖牛供寒饥
　　今年地湿宜麦陇　　可奈无牛更无种
　　折屋买种借牛耕　　春寒露处何为生
　　君不见城中大半闲手足　　妇著绮纨男食肉

答蘖仙

〔辛丑诗。在《草堂集饮》一诗之后,见集一○七页。〕

　　虚空何处著悲欢　　盘走牟尼非至难
　　转到牟尼无转处　　湛然不动是空盘

谢嵩兄馈饼前韵

〔辛丑诗。在《筠园席上赠歌儿黛如前韵》一诗后,见集一○八页。〕

老兄喝吃云门饼　　钝齿残牙刀截难

　　始信向来皆画看　　今朝托出是和盘

三月十四夜与佩斋松溪瑞庵雨亭至黑山饮西廊看月

[癸卯诗。在《癸卯正月初十日乾清宫预宴恭纪二首》之后,见集一一二页。]

　　吾诗聊记编年事　　四十八年三月游

　　五客四童一瓮酒　　黄昏白月黑山头

赠王生

[癸卯诗。在《南溪晚眺》诗后,见集一一六页。]

　　生昔为双鬟发声辈,年二十后弃其技,奉母居萧寺中,誓不娶,暗修苾刍业。

　　舞衫脱却著莱衣　　日向花宫奉板舆

　　多少宦游京洛客　　空令白发倚门闾

寿伯兄子明先生

[癸卯诗。在上诗之后。]

岁卯月建亥	维时春小阳	乐安辟寿域	旭日华筵张
先生据案坐	德耀嫂其傍	大侄著莱衣	偕妇称霞觞
儿能了家事	妇能洁酒浆	诸孙竞头角	分甘时携将
大者诵书史	历代明且详	小者觅梨栗	余杯解索尝
最小媪褓负	锦绷著裲裆	已复来婿女	□□□□□
先期贺酒羊	更有诸宅相	衮衮聚一堂	痴弟最后至
拜起联雁行	顾之怡然乐	猗欤何其昌	先生少壮时
虎门曾翱翔	文章擢巍第	笔墨叨恩光	当年工射策
至今宗署藏	此岂曰不遇	与世衡低昂	□□□□□
先生掀髯笑	引满倾鹅黄	愿后三十年	年年歌此章

食菜戏占

[在《上巳后一日同佩斋瑞庵雨亭饮钓鱼台(台在都城西)》一诗后,见集一一七页。]

甲辰
盈盘菜甲绿离披　晚食真堪当肉縻
风味觉佳还自秘　诸公衮衮不教知

（二）录自《鹪鹩庵杂诗》

冬晓书怀

［壬午诗。见影印本《四松堂集》四十八页。自"二毛未上簪，廿九非云老"以下皆缺。］

重衾压青绫	梦觉犹慵晓	东檐上朝暾	冻树喧晴鸟
窗前施镜奁	山妇晨妆早	小婢谙酒渴	炉火茶烟袅
痴儿垂九龄	跳跃欣梨枣	逡巡趋家塾	诵书亦了了
整衣上高堂	白发康寿考	晓进季伟鸡	更荐卢城稻
入园课僮奴	石径频除扫	平生文字饮	好友相论讨
二毛未上簪	廿九非云老	胡为不自量	磊落负怀抱
三次藐大人	再蹶嗤群小	猿鹤相轻嘲	松竹几枯槁
真妄判荣辱	静燥分拙巧	从此恋云林	谋生非草草
更乞白旃檀	一切除热恼		

携家住南村作

［未详何年诗。］

孟夏月既望	朝日凌清辰	吟骖束襆被	晓镜严冠巾
白发下高堂	板舆施重茵	山妻偕儿女	促坐共后轮
婢媪五六辈	僮奴六七人	行行指南甸	□□出城闉
时届梅雨后	绿净良苗新	秣驷石桥畔	微风水粼粼
香圃绽红药	爱此麰尾春	斜日下遥嶂	车马抵柴门
茅屋八九间	潦水环孤村	桑柳杂榆槐	浓荫交烟昏
村老喜我来	载酒时启阍	村妪□□□	□□□□□
何以奉高堂	鸡黍供饔飧	暇日课儿子	旧读时教温

荒祠赛巫觋	箫鼓聚愚民	闲携小儿女	前往听歌频
歌声虽嘲哳	我意会其真	日夕返薄笨	沙软无车痕
麦浪兼天涌	一碧浑无垠	牛羊下远陇	鸦雀啄荒榛
晚饷欢野老	麦饭盈瓦盆	提篮散村女	香风动菜根
归来上高堂	言笑欣天伦	举头望霄汉	杳杳空青云
既无大力负	垂翅岂无因	志远鸢鸠笑	归来猿鹤嗔
□□□□□	□□□□□	何对儿子惭	且共山妻贫
况有负郭田	宁止二顷耘	稻秫可兼种	伏腊有余陈
□□□□□	□□□□□	葺我垡上宅	疏我林中滨
漫抱汉阴瓮	还卜西畴邻	回忆题桥志	一笑睇青旻

从军行送元如叔

〔未详何年诗。〕

丈夫磊落重怀抱　安能日对妻子老

酒冷灯昏剑铗寒　明日相逢万里道

万里长征行路难　落日西出玉门关

马嘶千营万营月　人度前塞后塞山

笙簫声中堪愁绝　黑水寒风燕支雪

征西壮士何日归　阴山黑夜磨刀血

匈奴犹未灭　臣子何为家

会须盾上磨墨作长檄　人生得意谁能加

男儿许身报国正今日　请缨无路空咨嗟

和子明兄典裘置酒赏桃花之作

〔当系癸未春日诗。《懋斋诗钞》有《典裘》诗，系癸未春日所作，有句云："典裘为春服。"与诗中所说正合。〕

朝来吹尽楝花风　卖饧天暖箫声中

黄貂白狐著不得　春衣女子纤纤缝

先生作人无长物　平生潇洒如王恭

却爱西园冠盖合　不教北海樽罍空

五花骏马呼儿出　何况此裘披蒙茸
鹔鹴且典拨愁闷　未妨犊鼻狂临邛
静补堂前桃正发　红衣灿烂迷房栊
绮霞浸入鸬鹚杓　绛云低落琉璃钟
翠叶照筵酒波绿　艳香染袖诗襟红
先生耳热仰天笑　一醉亡裘无乃同
长安俗子笑拍手　轻肥驰过五陵东

寅圃使老妪致札戏答以诗

君家老妪颇可解　秃发痂颜身㸌矮　行行汗流走不僵　两脚扑朔过疾孩　昨日投书排闼来　西窗□□惊黄奶　手进封函口道辞　辞简意达吾起骇　始言主人怅离别　次言主人具酒醢　再言新宅旁城隅　指画地图明于楷　郑家诗婢讵如伊　玉川赤脚欲似乃（出唐人《咏伛偻人》诗）回头一笑顾群奴　一蟹不能如一蟹

宿朝阳庵

〔未详何年诗。〕

霜月交相白　钟声破冻烟　不惊蕉鹿梦　谁问野狐禅
村犬狺寒吠　枯僧伴醉眠　殿铃鸣夜半　客思转凄然

山堂夜宿

〔未详何年诗。〕

窗白四更月　寥寥夜气凉　山风吹短烛　石濑响虚堂
只合疏慵客　来居云水乡　明朝陟绝顶　猿鹤共相将

南村道中遇雪同贻谋汝猷两弟作

〔癸未诗。原四首,见集六十一页,集缺此二首。〕

雁序相依伴　他乡兴不孤　栖乌惊野燎　征马啮残刍
客味凭村酒　人言静夜厨　明晨癸襆被　积雪满前途
古道冲寒去　微烟入渺茫　敲冰放鹅鸭　牧雪散牛羊
病客重裘薄　羸骖旧路长　吟诗寄同调　聊纪水云乡

易堂见示张尧峰登金山用王阮亭韵之
作时余前数朝曾梦游金陵感而和之

〔未详何年作。〕

树隐丹阳余故宅(梁武故宅)　云埋北固有危楼　大江一线青潮落　京口千帆暮雨收　文物君从啥处吊　江山我是梦中游　何年来试中冷水　海岳题诗满眼秋

送内弟毓舍人随驾木兰

〔未详何诗。〕

紫薇花下久徘徊　五色泥封手自裁

却下凤池随豹尾　常从虎塞近龙媒

三边白草关山远　千里黄云雕鹘回

惭愧无由叨侍从　长杨献赋羡君才

赠曹雪芹

〔辛巳诗。当在集三十九页《题芦雁四首》前,有异文。〕

满径蓬蒿老不华　举家食粥酒常赊

衡门僻巷愁今雨　废馆颓楼梦旧家

司业青钱留客醉　步兵白眼向人斜

何人肯与猪肝食　日望西山餐暮霞

挽曹雪芹

〔甲申诗。当在集《山月对酒有怀子明先生》一诗后,见集五十三页,多第二首,第一首有异文。〕

四十萧然太瘦生　晓风昨日拂铭旌　肠回故垅孤儿泣(前数月伊子殇,因感伤成疾)　泪迸荒天寡妇声　牛鬼遗文悲李贺　鹿车荷锸葬刘伶　故人欲有生刍吊　何处招魂赋楚蘅

开箧犹存冰雪文　故交零落散如云　三年下第曾怜我　一病无医竟负君　邺下才人应有恨　山阳残笛不堪闻　他时瘦马西州路　宿草寒烟对落曛

春晓漫兴

［未详何年诗。］

万鸟钩辀一雁迟　小园西畔立多时
春愁上发三千丈　花气熏人四五枝
书冒鼠尘随懒婢　字呼鱼鲁任痴儿
旧堂最喜归巢燕　顾我呢喃劝一卮

槐园夜坐雨舫中

［未详何年诗。］

人语静园林　窅然如空谷　入夜春风生　时响西廊竹

东皋

［未详何年诗。］

霜林千叶红　秋水一泓碧　临皋问主人　鸦乱荒林色

汉二疏

［不知何年诗。］

白发欣偕父老怡　黄金不为子孙遗
贤哉当日同归去　不去终如萧望之

无题二首

［不知何年诗。］

纱笼红烛掩猩屏　绣被绡帏春睡轻
欲把赠兰人细认　梦云梦雨不分明

春满梨花昼掩关　微吟柳絮小庭闲
绿窗日午焚香坐　自把新诗教小鬟

荷溪晚归

［未知何年诗。］

藕根菱叶露霎霎　斜日秋风望眼迷
谁采枯荷双桨轧　白鹇飞过板桥西

岳少保

〔未知何年诗。〕

拐子军残虏气颓　　书生叩马不教回

千年遗恨黄龙府　　未与诸君痛饮来

南溪

〔壬午诗。集收第二首,有异文,见集四十一页,此为第一首。〕

偶过南溪上废台　　陇头小麦碧于苔

春犁雨足黄牛健　　惭愧无由卖剑来

春日独酌

〔不知何年诗。〕

石上苔茵竹下樽　　烟云尽日变西园

松花满地竹鸠语　　一客不来春掩门

题枯林系骞图

〔不知何年诗。〕

忍使羁縻老此生　　东家俯首一长鸣

阿谁为解青丝络　　风雪教他自在行

过寅圃墓感赋

〔癸巳诗。共四首,集收第三四首,有异文,见集六十五页,下为第一二首。〕

旧雨飘残今雨新　　城隅门巷长荒榛

孤魂不返秋风暮　　弱女零丁寡妇贫

逐鹿文场共解嘲　　相期六翮待摩霄

十年前已辞升斗　　愧向人间尚折腰

嵩山寄诗次韵答之

〔不知何年诗。〕

伸欠鹪庵屋打头　　北窗凉气宛如秋

满庭绿树多榆柳　　不种蔷薇芒刺钩

僻巷希闻雷走车　地偏吾亦爱吾庐
温经不到忍饥诵　且罢与人乞米书

（三）敦诚联句辑存

书怀联句同敬亭用昌黎纳凉联句原韵

［见《懋斋诗钞》一百一十五页，大约是甲申年诗。因由此诗可以窥见敦敏和敦诚的志趣，故辑录于此。］

蟪蛄无春秋　朝菌昧晦朔懋　淄渑辨浅深　泾渭分清浊敬　阿谁苦骥伏　何人奋鹏擢懋　痴情散楚云　迁泪洒华岳敬　激湍矫潆湲　砥柱立瀺灂懋　世味薄于纱　境遇冷如霣敬　对人畏巉岩　律身慕端悫懋　始菀讵知枯　端忧已兆乐敬　嗟哉彼燕雀　哑然笑鸾鷟懋　诗穷怜孟郊　酒狂忆徐邈敬　少小勤下帷　经史日盈握懋　世好鄙区区　自强奋卓卓敬　每喜宴宾朋　颇许荣头角懋　群儿不随奔　长老容置啄敬　对策御笔新　赐墨天恩渥懋（故事宗学季课，钦命题优等，颁笔墨，余同敬亭，屡承恩赐。）　缀文亦自奇　吟诗不须捉敬　涵覆荷乾坤　收登愧轮桷懋（用蔡襄语）　风趣帆可驶　水清缨可濯敬　祖鞭何寂寥　匣剑自卓荦懋　精金炼莫邪　完玉秘太璞敬　颖无毛生椎　拙守农夫穑懋　崎岖似茧足　危险任累觳敬　山海忆遨游　衣襟耻龌龊懋　关碛壮胸怀　风霜健砻斫敬　古塞少人烟　匹马横弓槊懋　猿猱乱秋吟　彪虎惊晓觉敬　归掩松菊关　羞对风尘儿懋　一枝觅新巢　三冬恋旧学敬　青云阿谁登　坦路何自扑懋　雄飞翮未齐　雌伏足如鋜敬　闭门种野芹　抱瓮同茝药懋　我身愧浮沉　我命岂蹇剥敬　众口聚嚣纷　蛾眉滋谣诼懋　好峰多嵚崎　幽岩自磅磕敬　疾行趋径迂　恶影举足数懋　射虎犹神驰　雕虫唯笔搦敬　纨袴侈轻肥　布衣甘素朴懋　文辞屏藻缋　古简费研榷敬　焦案仍咿唔　鸡窗听嘤喔懋　弄泉岂流枕　爱山非石敩敬　联床忆夜雨　棣萼怜花愕懋　明珠加磨莹　荆璞须采琢懋

观棋联句呈李适园宗丞二首

[见永忠《延芬室集》,己丑年三十五岁诗。联句中署"诚"字者,即敦诚诗。]

斋禁适清和　冰衙德宿罗　红灯楸局展永忠　绿橘酒颜酡　豪兴期然絮敦诚　词源欲倒波　思沉蜩甲化忠　形据犬牙多　花院重重闭诚　方田井井过　出奇争欲劫忠　败北悔先戈　犹喜收奁后诚　输赢竟若何忠

久识鸿泥意　相逢岂偶然　残灯棋散夜诚　月里雨余天　兴洽心同得忠　情深榻可联　僵屏由倦仆诚　剪烛欲留仙　起草书官牍忠　无劳更絮燃诚

六月五日雨后敬亭过我小饮并见小儿绵周(时五岁)酒边联句

[见同上书。署"臞"字者,即永忠诗。]

乘闲来看竹敬　杯酒好论文　雨过天新爽臞　晴余风愈熏　笋苞抽短碧敬　杏子摘园殷　密树漏云日臞　香畦纵雪芹　味清螺掌凸敬　真率藿盘纷　长日期投辖臞　狂书可换鹅　食牛儿五岁敬　蘸墨笔千斤臞　枣栗惟知觅臞　饧梨早解分　常时秉爷笏敬　异日涤翁群　驯谨传家法臞　飞腾继世勋　杯能斟潋滟敬　书欲力耕耘　左右逢源取臞　觚筹泥客醺　不辞还倒载敬　偶尔效殷勤　独乐惭迁叟臞　重来问此君敬

敬亭来小饮出画共赏联句

[见同上书。丙申年四十二岁诗。联句中署"蘖仙"者,为永忠诗。]

老屋凉深竹树昏　我来踏破碧苔痕　风檐障苇不和暑敬亭　冰簟检书能涤烦　薄酒未邀高士醉蘖仙　新诗特就道人论　云生雪壁悬晴嶂敬亭　为有奇怀恣吐吞蘖仙

（四）录自《四松堂集》付刻前底稿本

和乐天招东邻韵寄贻谋

［丙申诗。在《对酒自嘲二首》之后，见集八六页。］

照酒松下月，近水竹间床。共此清夜好，勿嫌秋露凉。

晚酌池上小女出话欣然口占

［丁未诗。在《清明前嵩山庭中梅花盛开……》之后，见集一二三页。］

我岂独无左家乐，汝焉能写北山吟？

应教老学庵中客，潋滟深杯笑女斟。

放翁有"酌酒儿斟潋滟杯"之句

因病止酒蔬食小诗柬同人

［丁未诗。在《次子明先生忆松堂景物原韵》之后，见集一二五页。］

岂听刘家妇，非謦周太常。养疴近水竹，避湿具椒姜。

但作茶瓜客，真成藜苋肠。小童有喜色，且慢注糟床。

入斋初日嵩山馈以佳制蔬肴次韵寄谢

［丁未诗。接上首。］

兰肴经手制，芳味岂寻常。末下调盐豉，黄门斫笋姜。

便教果饔腹，应笑哙猪肠。若谓清谈胜，来联听雨床。

南溪过虚斋墓怆然感赋即次其去岁村居原韵

［丁未诗。接上首。］

去年留客醉，清溪菡萏秋。今年客再至，白杨土馒头。

茅堂与华屋，同一归山邱。九原厚蝼蚁，此语念蒙休。

西风动宿草，涕零可自由。

感书一绝

［丁未诗。在《九日大风墨翁子明兄来松堂嵩山因病不至口号却寄二首》，见集一

二六页。]

　　黄土青枫娇女恸,素车白马故人悲。

　　迩来触目皆如此,洗面何堪老泪垂。

苈庄近诗多且益工再次前韵却寄并戏

[丁未诗。在《苈庄以食蕨诗见寄次韵答之》,见集一二七页。]

　　鹅湛新黄蟹满筐,提携远上古台荒。

　　清贫我以文与可,好句君如金履祥。

　　若使雪庭逢谢女,可犹天壤笑王郎。

　　鸾笺十幅频相寄,殿帅从来肯换芊。

村寺夜与李秀才凤冈饮

[戊申诗。在《春晓开门老妻问一婢云……》之后,见集一二九页。]

　　得青字

　　野塍闲步叩禅扃,忽漫逢君为小停。

　　旋贳村醪留远客,更烧佛火照荒庭。

　　春阴似酿西畴雨,夜响时闻古殿铃。

第二　《四松堂集》集外文辑

《鹪鹩庵笔麈》十六则

文殊问庵提遮女曰:"生以何义?"女曰:"生以不生生为义。"殊曰:"云何?"女曰:"若能明知地水火风四缘未尝自得,有所和合而能随其所宜,是为生生义。"殊曰:"死以何为义?"女曰:"死以不死死为义。"殊曰:"云何?"女曰:"若能明知地水火风四缘未尝自得,有所离散而能随其所宜,是为死义。"此语即是吾儒夭寿不贰修身以俟之意。(在"班健仔云"条下)

唐路岩赐死之处,乃杨收之榻。天之巧于报施乃尔!(在前条下)

高颎对隋高祖平陈之策,后周王朴对世宗语,多师其意。(在前条下)

南朝高帝使褚思庄与琅邪王抗弈,自食时至日暮,一局始竟。上倦遣还省,至五更方决。抗即睡于局后,思庄达旦不寐,其苦状乃尔。近日嵩山与周廷尉,每见辄弈,至日夕不辍。余在座亦不观,但饮酒歌啸于其傍,余之酣适可知矣。未知二公苦状,较彼若何?(在"天下人嗜好"条下)

朱子曰:归根本;老氏语毕竟无归。天地之性,当初不是自彼来入此,亦不是自性而复归。如月影在一盆水,除了盆水便无了。岂是这月影又飞上天去归那里哉!又如这花落便无这花了,岂是归去那里,明日又复来生在枝上哉!(在"明刘忠宣"条下)

朱子曰:人死虽终归于散,然亦未便散尽,故祭祀有感格之理。然已散者不可复聚,释氏却谓人死为鬼,鬼复为人,如此则天地间只是许多气,来来去去,更不有造化生生,必无是理。(在前条下)

余旧有咏明人四绝句云:"故主飘零故国更,空山犹可度余生;哭残举世无知己,水浸《骚》经觅屈平。"(雪庵和尚)"往来夔庆意何如?市上冯翁尚识予;莫讶补锅生计贱,朝廷遗老半呼猪。"(补锅匠)"行乞金城哭未休,西河还是葛衣游;莫愁缕缕不堪著,六月君王尚敝裘。"(葛衣翁六月建文至史彬家,衣履敝甚,留二日为制布衣去。)"欲托山樵可隐名,旧君新诏太无情;首阳薇蕨都污浊,只有东湖水尚清。"(东湖樵夫)又有过建文墓诗云:"去国归来两鬓皤,老僧重认旧山河;宫中阿监含羞死,犹记当年食子鹅。"懋斋兄云:"即以本事直书,意在言外,可谓善于咏古。"(在"御制诗"条下)

一友新仕,偶持游鱼便面索题,因漫应之。末句云:"才得监河数升水,便忘涸辙索枯鱼!"欣然持之去。后为人所怂,以为语涉嘲讥,颇衔之。然予不过因题作意耳,实非借此为能事者。可见诗文一事,尤宜慎重。"彼自咏桧耳!"此语令人感嗟!(在前条下)

一姻亲某性喜声歌,家素饶,资舞宴集,夜以继日。食品声技,妙绝一时。今未十年,而北海座上客散如雨,所谓曲廊洞房者,亦数易主矣。歌舞云飞,豪华顿尽,一瞬息间,沧桑若此。人世亦何可恃耶!(在"草桥秋晚"条下)

夜宿槐园风露,皓然明月从木末疏叶间,穿照石上,衣裾皆碎影痕。因与墨翁、子明小酌静补堂。复煎茶雨舫中。已复衔杯于薰风谷石上,亦人生佳候也。壬午八月初七日记。(在"渔洋先生"条下)

客临榆日,一夕迅雷骤雨,城西三清观后一柳为雷所击,予亲见爪痕,抵暮而柳枯矣。(在"子明兄自"条下)

余内弟(仁和)其族中子爵缺出,宜袭者甚众。引见日,前后列者,皆大位,而弟年甫冠。上笑谓近侍曰:"天时不如地利,地利不如人和。"竟得承袭。(在"先定庵公"条下)

紫金山在抚宁县西南十里许,客途纡道一登,寒岩日暮,荆棘牵衣,天约二鼓始下。闻兔耳山多虎,夜尝过此,都无顾虑,率尔轻行。少年结习,每每如此。(在"余昔为"条下)

值西苑,暇日同友庄、素村、墨叔游行憩湖亭,荷柳吹风看袭衣袖。素村剖莲作碧筒杯,墨叔倚槛观澜,独予与友庄拇战醁觥。复登小舟轧中流,采菱藕下酒。因咏蜀宫中消夏词"冰肌玉骨凉无汗,水殿风来暗香满"之句,泠然有御风之思。丙戌七月廿一日记。(在"五泉庵"条下)。

贻谋家藏古画数十轴,皆宋元明人名迹。一日在东轩焚沉香,瀹佳茗,命余一一品题,各为小诗。内有谢时臣"溪山岁晚"一轴,泼墨苍古,洵非时笔所拟。余以晴谷老人"松风亭子"易之。又有仇实父"东山携妓图",人物飘逸,上有王文肃公题句,笔墨遒劲可爱。余又安得以东坡仇池石易之耶!(在"贻谋作"条下)

紫兰一名蝉官,慎邸伶人也。王逝后,飘零都下,一日宴集槐园,紫兰奏技,犹旖旎动人。予赠之诗云:"蝉鬓兰香尚有情,红牙小部旧知名;邠王老去诸伶散,零落当年玉笛声。"彼亦欷歔久之,有江南落花之感。(在"余一日"条下)

裕按:以上十六则系录自《四松堂集》付刻前底稿本。其中《笔麈》分二册,一作"笔麈",一作"杂志",其实一也。

第三 《四松堂集》未刻永瑢、永忠、刘大观的序文和纪昀的附识

(一)《四松堂集》永瑢序

士抱磊落不羁之才者,为之豪杰;蕴温厚和平之旨者,为之诗人。而诗人多失之疏狂宕逸,必有温厚和平以济之,方能不失古人风雅之遗音,斯非涵养醇粹,有得于中者,岂易云哉!敬亭与余交卅年,不见喜愠之色,平居恂恂然若懦,不出口。每论史则目光如炬,有毅然不可夺之色,其抱负可知矣。夫物不得其平则鸣,昌黎尚以此言赠东野,敬亭岂有不平之鸣哉?直以窗明几净,笔精墨良,书其胸中浩浩落落之气耳。故其诗文皆不激不随□深得古人之奥,《闻笛》一集尤见其笃于友谊之厚,信乎,渊明之言曰:"纵浪大化中,不喜亦不惧,乘化以归尽,乐乎天命复奚疑。"始知千古之人,有若合符契者。敬亭又别有轩曰"梦陶",盖深有达于斯旨焉。

时岁在乾隆疆圉协洽清和月望后一日,嵩山永瑢。

裕按:此序未刊入刻本,却保存在《四松堂集》付刻前的底稿本中。序中谈到了敦诚的《闻笛集》,可见永瑢看到的底稿本中还保存着《闻笛集》,而现存底稿本中,却不见了《闻笛集》!估计此集必单订一册,后来遗失了。或者,在敦诚死后,敦敏和桂圃为他刻集时,给抽出去了。其中必有关于曹雪芹的重要材料,失之诚为可惜。

(二)《四松草堂诗集序》(三十一年丙戌)

耳熟敬亭有年,意谓工吟咏、解声律已耳。春间,敬亭登仕途,寒温而外,未暇请益也。越半载始得读《四松堂集》,时方寒夜,烛再易卒不忍释。读且竟,乃叹曰:"嘻!妙矣,技成矣!"其体沉雄,其才风发,浑浑灏灏,出入三唐两宋间,卓然名家,岂仅徘青俪白,嘲风弄月而已耶!令兄懋斋,尝以阮亭期之;余谓敬亭齿方壮,使遇合如阮亭,宦游江海,持节陇、蜀,纵观乎名山大川,以畅遂其志意,发为文章,必有瑰奇卓荦之篇,以豪长一代之

风雅,为吾宗之传人,阮亭不难至也。敢以此语,质之西樵,请删定为小引。丙戌十月十九日宗弟永忠并书。

裕按:永忠此序题"四松草堂诗集",仍当作"四松堂集"为是;又清人又有《四松草堂诗集》,但非敦诚之《四松堂集》,故亦易混淆。乾隆三十五年敦诚有《寄子明兄》一书,有云:"松堂草稿(裕按:指《四松堂集》原稿)嵩山已序之矣;尚留简端,待兄一言,幸即挥付。臞仙旧序,希为转致,异日同在虎门一书,何如?"这里"永忠并书"的序正是那"臞仙旧序",是亲笔写在《四松堂集》那"尚留"着的"简端"(裕按:实即空白页)上面的。这篇序未刊入刻本中,此系自永忠的《延芬室集》抄出。

(三)《四松堂集》刘大观序

昔贾长江自注其送无可上人诗云:"二句三年得,一吟双泪流。知音如不赏,归卧故山秋。"可见古今攒眉摇膝之人,得一真赏识,固非易事也。观初阅四松堂诗,以为不过偶然遣兴而已,非如《谈龙录》所云"诗中有人,言外有事"也。及读其文,如《笔尘》,如《记梦》,如《南村记》,如注来笔札二十余帖:忽为漆园之达,忽为柱下之元,忽为释迦、维摩之通透;忽为正言庄论如陆贽,忽为旁引曲喻如淮南;忽为悲歌慷慨如易水之荆卿,忽为弄月吟风如濂溪之茂叔。相由心造,情随境生。一切欢喜烦恼之因,升沉聚散之感,悉于三寸管城子宣泄而无遗。夫然后乃知居士胸中固无物不有,其诗亦无义不该,向之所谓偶然遣兴者,非徒遣兴已也。自古金枝玉叶耽志风雅,如昭明太子而外,则唯唐之李才江、宋之赵松雪耳。才江爱贾岛为诗,铸其像,事之如神。吾今欲奉居士如岛,而窃僭拟于江,未知无本禅师塔下尘,容我敝帚一扫否?

乾隆壬子闰四月中浣,山左刘大观。

裕按:此序录自《四松堂集》付刻前底稿本。

(四)四松堂集纪昀附识

诗意高超古雅,诚得温柔敦厚之遗者。至其议论独辟处,虽古人不多让焉。后之读者能不钦为风雅之宗!《笔尘》上下两卷,虽不多,然一字一句,皆卓有高识。且立言俱得中和之气,诚挥麈之雄谈,艺林之佳品。速付诸梓,以公同好。

丙辰冬日　　　　　　　　　　　　　纪昀又识

按上章钤于序末

裕按:此《附识》末署的"按上章钤于序末"七字当是敦敏或桂圃的主张。但此《附识》不见于刻本《四松堂集》纪昀的序末。